MINHAS UNIVERSIDADES

TRADUÇÃO E PREFÁCIO Rubens Figueiredo
POSFÁCIO Boris Schnaiderman

COSACNAIFY

MAKSIM GÓRKI

MINHAS UNIVERSIDADES

PREFÁCIO

Rubens Figueiredo

Minhas universidades, o último volume da trilogia das memórias de Górki, foi escrito em 1922, no início do seu segundo período de exílio. O primeiro havia começado em 1906. O escritor deixara a Rússia em razão das perseguições políticas promovidas pelo governo tsarista, que se acirraram após a fracassada insurreição revolucionária de 1905. Górki fixou residência em Capri, na Itália, e só voltou ao seu país em 1913, por ocasião de uma anistia assinada pelo tsar.

Em 1921, quatro anos após o fim da monarquia e a tomada do poder pelos comunistas, de novo Górki deixou a Rússia para residir na Europa ocidental. Desta feita, sob a alegação de necessitar de cuidados médicos, uma vez que sua tuberculose continuava a se agravar. No entanto os motivos eram mais complicados. Górki apoiou a revolução de fevereiro de 1917, que derrubou a monarquia. Contudo, embora fosse um adepto do partido de Lênin, opôs-se à tomada do poder pelos bolcheviques, em outubro daquele mesmo ano. Classificou-a de "ruína da Rússia". Em 7 de novembro, escreveu:

> Lênin e Trótski nem imaginam o significado das palavras liberdade e direitos humanos. Ambos estão contaminados pelo veneno malévolo do poder, e isso fica patente na atitude vergonhosa que

manifestam pela liberdade de expressão individual e por todas as demais liberdades democráticas.

Seus artigos sobre o assunto foram publicados no jornal *Nóvaia Jizn* [Vida Nova]. Em seguida, os artigos foram reunidos no volume *Pensamentos intempestivos*, publicado no exterior e nunca divulgado na Rússia, durante o regime comunista.

Nos meses e anos seguintes, suas relações com as autoridades oscilaram muito. Sob o assédio de Lênin, Górki reconsiderou suas idéias sobre os acontecimentos de outubro e passou a apoiar o governo. Fundou a editora Literatura do Mundo e criou uma Comissão para a Melhoria das Condições de Vida dos Intelectuais e Cientistas. Ambas foram de grande valia para a sobrevivência de muitos intelectuais e artistas, naqueles tempos extremamente difíceis para o país, e isso não seria possível sem algum apoio das autoridades.

Todavia o empenho de Górki no trabalho dessas instituições colocou-o em constante choque com o governo. Ao protestar contra a prisão de intelectuais do Partido Constitucional Democrático (Kadet), por exemplo, Górki recebeu de Lênin uma carta em que, embora admitindo o exagero de certas prisões, as justificava no geral e classificava os detidos de "esses insignificantes lacaios do capital, os membros da *intelligentsia*, que se imaginam o cérebro do país. Na verdade, não são seu cérebro, mas seus excrementos".

No início de 1920, por meio de uma comunicação interna, Lênin proibiu que a revista *Internacional Comunista*, órgão oficial da Internacional Comunista, voltasse a publicar artigos de Górki. Sua mensagem aos editores afirma que neles "nada há de comunista e há muito de anticomunista". Ao mesmo tempo, Lênin passou a fazer pressão constante para que Górki deixasse a Rússia. Enviou-lhe uma carta em que recomendava: "Você deve mudar radicalmente suas condições e seu ambiente de vida, seu trabalho e seu local de moradia, do contrário a vida se tornará irremediavelmente insuportável para você". Numa outra carta, disse: "Vá para o exterior, para a Itália ou Davos. [...] Se não for, teremos de mandá-lo". Argumentava que o escritor desperdiçava seu tempo em assuntos políticos, em vez de produzir as obras literárias, das quais, segundo ele, o país tanto precisava.

Em 1921, o poeta Aleksandr Blok encontrava-se muito doente e queria tratar-se na Finlândia. As autoridades, porém, não lhe concediam o visto. Górki redigiu repetidos apelos a membros do governo e em agosto o poeta morreu sem ser atendido. No mesmo mês, um outro poeta, Nikolai Gumiliov, ex-marido da poeta Anna Akhmátova, foi fuzilado, acusado de conspiração, também sem que os apelos de Górki em seu favor produzissem efeito. O escritor Zamiátin declarou que nunca vira Górki "tão irado como na noite em que Gumiliov foi morto".

Em outubro, Górki partiu para a Alemanha, onde logo se integrou ao ambiente dos russos exilados. Mais tarde, foi morar em Sorrento, na Itália. A atividade literária nesse meio era intensa. Górki tomou parte das discussões travadas entre os emigrados, publicou em seus periódicos e mantinha uma posição crítica em relação ao governo soviético. Em 1922, membros do Partido Socialista Revolucionário foram a julgamento e Górki apelou ao escritor francês Anatole France que iniciasse uma campanha internacional em sua defesa, para evitar aquilo que, numa carta a um membro do governo soviético, chamou de "assassinato vil e premeditado". Em resposta a tais iniciativas, Górki foi duramente atacado no jornal *Pravda*, o principal órgão do governo. Na época, agentes do partido no exterior vigiavam diariamente o escritor, bem como quem entrava em contato com ele.

Apesar de tudo, sua atitude continuava a ser marcada por fortes oscilações. Após a morte de Lênin, em 1924, Górki escreveu e publicou um longo ensaio em homenagem ao líder bolchevique. Numa carta ao romancista francês Romain

Rolland, Górki tentou explicar: "A morte de Lênin foi um golpe pesado para mim. Eu o amava. Eu o amava com rancor". De outro lado, quando a viúva de Lênin mandou banir das bibliotecas livros de Shakespeare, Dante, Schopenhauer, além da Bíblia e do Corão, o escritor chegou a pensar em renunciar à cidadania soviética.

Para muitos, Górki dava a impressão de incoerência. Como ele próprio chegou a reconhecer, faltava certa argúcia ou frieza à sua visão da prática política. Essa carência se tornava mais patente à medida que aumentava a complexidade dos conflitos em curso, se multiplicavam as situações de choque de lealdade e se intensificavam os esforços de ambas as partes em atrair a simpatia do escritor para o seu lado.

Minhas universidades foi escrito nessas circunstâncias. Górki tinha 54 anos e era uma celebridade internacional. Havia escrito peças famosas, representadas pela companhia de Stanislávski, como *No fundo* (no Brasil, às vezes intitulada *Ralé*), *Os veranistas* e *Os inimigos*, além do romance *A mãe*, suas memórias *Infância* e *Ganhando meu pão*, e seus melhores contos, como "Vinte e seis e uma". Alguns deles, aliás, são mencionados e comentados nas páginas de *Minhas universidades*, onde o leitor poderá também localizar parte do material autobiográfico que deu origem a muitas obras de Górki. Um exemplo é a sua tentativa de suicídio, posteriormente aproveitada no conto "Um incidente na vida de Makar".

O relato de *Minhas universidades* compreende a vida do escritor entre 1884 e 1888, ou seja, entre os dezesseis e os vinte anos de idade. Começa no ponto exato onde termina a narrativa de *Ganhando meu pão*, quando o adolescente parte sozinho de sua cidade natal, Níjni-Nóvgorod, e segue para a cidade de Kazan, no intuito ingênuo de ingressar na universidade. Em Kazan, o jovem, em extrema penúria, logo se envolve com os estudantes que se opunham ao tsarismo. Mas sua militância assume uma forma inusitada: o trabalho estafante numa padaria que fornece alimento gratuito para os jovens conspiradores. Na segunda parte, Górki muda-se para uma pequena aldeia à margem do Volga, onde se envolve numa atividade da mesma natureza, porém agora em companhia de camponeses analfabetos, rústicos, que parecem ter saído das lendas.[1]

A diversidade das figuras humanas que encontra em suas andanças permite que Górki faça valer os pontos fortes do seu talento: a capacidade de observação de detalhes relevantes e a vivacidade da memória. As descrições dos ambientes e, em especial, dos personagens são compostas em traços fundos e bem marcados, antes relevos do que pinturas. A linguagem difere da que encontramos em *Infância*. É menos brusca, mais nivelada, assim como o ritmo da narração não apresenta os cortes repentinos que caracterizam o primeiro volume da trilogia.

Mesmo assim, o leitor deve estar atento ao significado de certos saltos no tempo. Reveladora é a passagem em que Górki recorda uma conversa ocorrida dois anos antes da redação do livro e trinta anos após os fatos que vinha narrando até ali. Trata-se da conversa que teve com um operário que, após a Revolução, se tornou um "figurão da política", como diz o texto. Na passagem, Górki aponta sutilmente o preconceito contra os judeus, contra os intelectuais, contra as mulheres, e certa aspiração de desfrutar a um só tempo os privilégios do mando e os prazeres do ócio. Os versos de Henrik Ibsen com que Górki fecha a cena sugerem o ceticismo que devia rondar o espírito do autor na época em que escreveu *Minhas universidades*.

O motivo de tais deslocamentos no tempo é que, talvez mais neste livro do que nos anteriores da trilogia, a memória de

1 Em apêndice, esta edição acrescenta dois textos curtos que se referem aos anos imediatamente seguintes. Górki manifestou o desejo de que fossem publicados num mesmo volume, junto com *Minhas universidades*.

Górki é guiada pela preocupação de ressaltar o significado histórico dos fatos e das palavras. Detalhes, por vezes ínfimos, são escolhidos e valorizados não por conta de um possível efeito pitoresco. À luz dos trinta anos que separam a redação do livro e os fatos nele narrados, tais pormenores ganham densidade e deixam entrever o seu potencial alcance histórico.

A partir da última década do século XX e das revelações surgidas após o fim da União Soviética, a imagem de Górki tem sofrido duros golpes. De fato, em virtude de sua intensa participação na vida política, Górki sempre foi objeto de acusações e defesas exaltadas. Para complicar mais ainda, sua obra é, sem dúvida, feita de altos e baixos. Estas suas memórias, aliás, como em geral os seus escritos autobiográficos, constituem um dos pontos mais altos, e dificilmente se pode negar a elas um destaque na literatura memorialística mundial.

Para ir direto ao ponto, tem pesado contra Górki sua adesão ao governo de Stálin na década de 1930. À medida que os crimes cometidos por aquele regime vão sendo revelados em escala crescente, sua sombra tende a manchar também a reputação do escritor. Contudo o retrato negativo que tem sido apresentado em trabalhos recentes baseia-se apenas nos seus últimos anos de vida. Mais exatamente, trata-se do intervalo entre 1928 e 1936. E nesse caso é preciso ter em mente que, a partir de 1928, ainda residindo na Itália, Górki fez algumas visitas à Rússia, sempre guiadas, monitoradas e manipuladas pelas autoridades, que sabiam muito bem como fazê-lo. Apenas em 1931 mudou-se para a União Soviética, atraído por uma sistemática bajulação promovida sob a orientação direta de Stálin. Foi nessa fase que Górki participou, em posição de destaque, do Primeiro Congresso de Escritores Soviéticos, e as autoridades, por força de uma campanha internacional, consagraram sua figura como o fundador do realismo socialista.

Após o congresso, Górki só viveria mais dois anos. Em 1934, seu filho morreu de modo repentino. Recentes revelações nos arquivos secretos soviéticos indicam que foi envenenado por ordem de Iagoda, chefe da polícia política, que estava apaixonado pela sua esposa. A partir daí, Górki foi caindo numa apatia crescente. Por sua vez, Stálin também deu claros sinais de que já não precisava do escritor como antes. O *Pravda* estampou uma caricatura na qual Górki era ridicularizado por seu "liberalismo" e por defender que o romance *Os demônios*, de Dostoiévski, voltasse a ser publicado na Rússia.

Deprimido, envelhecido e cada vez mais doente, Górki passou a viver quase sem sair de casa, numa condição próxima à prisão domiciliar. Sua residência, aliás, era infestada de agentes da polícia política. Seu secretário particular foi recrutado por Iagoda, a quem prestava contas de tudo o que ali se passava e se dizia. Além disso, desfrutava à vontade do dinheiro que cabia a Górki, pois o escritor pouco se preocupava com seus bens. Por várias vezes, as autoridades chegaram a entregar na sua residência exemplares do *Pravda* montados na gráfica especialmente para ele, a fim de ocultar fatos que pudessem provocar reações indesejáveis no escritor. Por fim, nesses anos finais, nem mesmo os textos publicados na imprensa com o nome de Górki podem ser atribuídos com segurança à sua autoria. Depois que morreu, encontrou-se entre seus escritos pessoais um caderno de capa de lona onde Stálin é comparado a uma "pulga monstruosa".

Entre tais acontecimentos e os fatos narrados em *Minhas universidades* há também um salto no tempo. Este livro, extraordinário em si mesmo, pode ganhar uma leitura ainda mais rica se o leitor tiver em mente aquilo que mais tarde viria a acontecer com o seu autor. A exemplo da experiência que Górki nos propicia em suas memórias, tal deslocamento nos situa como que sob um arco de tempo, de onde podemos, com mais proveito, nos indagar sobre o significado histórico dos fatos.

MINHAS UNIVERSIDADES

"Ali, sentindo o cheiro dos cadáveres de gatos e cachorros, sob o rumor da chuvarada e o suspiro do vento,
logo percebi que a universidade era uma fantasia e que eu agiria de modo mais sensato se partisse para a Pérsia."

Pois bem – quem diria, lá fui eu para estudar na universidade de Kazan.

Quem incutiu em mim a idéia da universidade foi N. Evréinov, estudante do liceu, um jovem simpático, bonito, com uns olhos carinhosos de mulher. Morava no sótão da mesma casa que eu, muitas vezes me via com um livro nas mãos, isso despertou o interesse dele, fizemos amizade e Evréinov tratou logo de me convencer de que eu era dotado de "faculdades excepcionais para a ciência".

– A natureza criou o senhor para servir à ciência – dizia ele, sacudindo de um jeito bonito os cabelos compridos que nem uma juba.

Naquela altura, eu ainda não sabia que se podia servir à ciência no papel de cobaia, mas Evréinov demonstrou para mim com toda a clareza: as universidades precisavam de rapazes exatamente como eu. E, nem é preciso dizer, perturbou-se o repouso do fantasma de Mikhail Lomonóssov.[1] Evréinov disse que, em Kazan, eu ia morar na casa dele, faria o curso do liceu durante o outono e o inverno, prestaria "um ou outro" exame – falava assim: "um ou

1 Mikhail Lomonóssov (1711-65): astrônomo, químico e escritor russo, símbolo do iluminismo no país. [N.T.]

outro" exame –, na universidade me dariam uma bolsa de estudos e depois de uns cinco anos eu seria um "sábio". Tudo era muito simples porque Evréinov tinha dezenove anos e um bom coração.

Depois de prestar os seus exames, ele foi embora e, umas duas semanas depois, viajei ao seu encontro.

Ao despedir-se de mim, a avó aconselhou:

– Não se irrite com as pessoas, você se irrita com tudo, ficou severo e arrogante! Nisso, você puxou ao avô, mas quem é ele, o avô? Viveu, viveu, e acabou um burro, um velho amargo. Lembre-se de uma coisa: não é Deus que julga as pessoas, o Diabo é que gosta disso! Adeus, então...

E, enxugando as lágrimas escassas do rosto flácido e pardacento, ela disse:

– Nunca mais nos veremos, você vai para longe, não pára quieto, e eu vou morrer...

Nos últimos tempos, eu andava afastado da velha bondosa e a via poucas vezes, mas então, de repente, com uma pontada de dor, senti que jamais encontraria uma pessoa apegada a mim de maneira tão íntima, tão afetuosa.

De pé na popa da embarcação, eu via como ela se benzia com uma das mãos, na beira do cais, enquanto a outra – com a ponta do xale velho – enxugava o rosto, os olhos escuros, cheios do brilho de um indestrutível amor pelas pessoas.

E lá estava eu numa cidade semitártara, num quarto apertado de uma casa de um só andar. A casinha sobressaía isolada numa colina, no fim de uma rua estreita e pobre, uma das paredes dava para um terreno baldio que sobrara de um incêndio e nesse terreno cresciam densas ervas daninhas, e no meio das moitas de absinto, de bardana e de azedas-bravas, no meio dos arbustos de sabugueiros, erguiam-se as ruínas de um prédio de tijolos, ao pé das ruínas havia um vasto porão, ali moravam e morriam cães abandonados. Eu gostava muito desse porão, uma das minhas universidades.

Os Evréinov – mãe e dois filhos – viviam de uma pensão miserável. Desde os primeiros dias, percebi com que aflição trágica a pequena viúva apagada, ao chegar do mercado e abrir sobre a mesa da cozinha o embrulho das compras, resolvia uma tarefa difícil: como transformar pequenos pedacinhos de carne ruim num alimento bom e suficiente para três rapazes saudáveis, sem falar nela mesma?

Era calada; em seus olhos cinzentos coagulava-se a desesperada e submissa obstinação de um cavalo que, com todas as suas forças, cumpre o seu trabalho: o cavalinho arrasta a carroça morro acima e sabe que não vai conseguir – e, mesmo assim, puxa!

Uns três dias depois da minha chegada, de manhã, quando as crianças ainda dormiam e eu a ajudava a descascar os legumes na cozinha, ela me perguntou, baixinho e com cuidado:

– Para que o senhor veio?

– Estudar, na universidade.

Suas sobrancelhas deslizaram para cima, junto com a pele amarela da testa; ela feriu o dedo com a faca e, chupando o sangue, afundou na cadeira, mas logo se levantou e disse:

– Ah, diabo...

Depois de enrolar num lenço o dedo ferido, me elogiou:

– O senhor sabe descascar bem as batatas.

Ora, como poderia não saber? E lhe contei do meu trabalho no navio a vapor. Ela perguntou:

– O senhor acha que isso é o bastante para entrar na universidade?

Nessa época, eu não entendia direito o humor. Levei a pergunta a sério e enumerei a seqüência de ações ao fim da qual as portas do templo da ciência deveriam abrir-se à minha frente.

Ela deu um suspiro:

– Ah, Nikolai, Nikolai...

E nesse instante, Nikolai entrou na cozinha para se lavar, sonolento, desgrenhado e, como sempre, alegre.

– Mamãe, que tal fazer uns *pelmiéni*?[1]

– É, seria bom – concordou a mãe.

No intuito de brilhar com os meus conhecimentos de arte culinária, falei que, para fazer *pelmiéni*, aquela carne era ruim, além de pouca.

Então Varvara Ivánovna se zangou e me dirigiu algumas palavras tão fortes que minhas orelhas ficaram cheias de sangue e começaram a se esticar para cima. Ela saiu da cozinha, depois de atirar sobre a mesa um feixe de cenouras, enquanto Nikolai, piscando o olho para mim, explicou o comportamento da mãe com estas palavras:

– Está de mau humor...

Sentou-se num banco e me fez saber que as mulheres, em geral, eram mais nervosas do que os homens, isso era próprio da natureza delas; foi o que demonstrou de forma incontestável um sábio de grande reputação, um suíço, parece. John Stuart Mill, um inglês, também disse algo a esse respeito.

Nikolai gostava muito de me dar lições e aproveitava toda oportunidade para enfiar no meu cérebro algo indispensável, sem o qual era impossível viver. Eu o escutava com avidez, e assim Fouchs, La Rochefoucauld e La Rochejacquelein fundiam-se num só rosto em minha mente e eu não conseguia lembrar quem tinha cortado a cabeça de quem: Lavoisier cortou a cabeça de Dumouriez ou foi o contrário? O excelente rapaz desejava com sinceridade "fazer de mim um homem", prometia-me isso com toda a convicção, mas não tinha tempo nem as demais condições necessárias para ocupar-se de mim a sério. O egoísmo e a leviandade da juventude não lhe permitiam ver com que força renhida, com que astúcia, a sua mãe cuidava dos assuntos domésticos, e muito menos ao irmão dele, um calado e corpulento aluno do liceu. Mas, quanto a mim, fazia tempo que

1 Ravióli à moda russa. [N.T.]

eu conhecia muito bem os complicados truques da química e da economia da cozinha, eu percebia muito bem a habilidade da mulher, diariamente obrigada a enganar o estômago dos filhos e ainda alimentar um rapaz de fora, de aparência desagradável e com maus modos. Era natural que cada pedaço de pão que eu recebesse caísse na minha alma como uma pedra. Comecei a procurar algum trabalho, qualquer um. Eu saía de casa de manhã, para não almoçar ali, mas quando o tempo estava ruim eu ficava no terreno baldio, dentro do porão. Ali, sentindo o cheiro dos cadáveres de gatos e cachorros, sob o rumor da chuvarada e o suspiro do vento, logo percebi que a universidade era uma fantasia e que eu agiria de modo mais sensato se partisse para a Pérsia. E eu já me via como um mago de barba grisalha que descobria um jeito de cultivar grãos de cereais do tamanho de maçãs, batatas de um *pud*[1] de peso, e chegava até a imaginar uma porção de benfeitorias para este mundo, onde viver era tão diabolicamente difícil, e não só para mim.

Eu já aprendera a sonhar com aventuras extraordinárias e grandes proezas. Isso me ajudava muito nos dias difíceis da vida e, como tais dias eram numerosos, eu me esmerava cada vez mais nos sonhos. Não esperava receber nenhuma ajuda de fora e não contava com nenhum acaso favorável, mas pouco a pouco desenvolveu-se em mim uma tenacidade vigorosa e, quanto mais difíceis se tornavam as condições de vida, mais forte e até mais inteligente eu me sentia. Compreendi muito cedo que é a resistência ao meio que cria o homem.

Para não passar fome, eu caminhava pelo Volga, rumo ao cais, onde era fácil arranjar trabalho e ganhar quinze, vinte copeques. Lá, no meio dos estivadores, dos vadios, dos ladrões, eu me sentia como um pedaço de ferro metido no carvão incandescente – todo dia me saturava de impressões penetrantes,

1 Antiga medida russa equivalente a 16,3 quilos. [N.T.]

abrasadoras. Ali, à minha frente, rodavam em turbilhão homens descaradamente cobiçosos, de instintos brutais – eu gostava do rancor que tinham da vida, gostava da atitude deles, ironicamente hostil contra todo mundo e descuidada com relação a si mesmos. Tudo o que eu havia sofrido de forma direta me impelia na direção daquelas pessoas, despertava em mim o desejo de mergulhar em seu ambiente corrosivo. Bret Harte e a enorme quantidade de romances vulgares que eu tinha lido estimulavam ainda mais a minha simpatia por aquele ambiente.

O ladrão profissional Báchkin, ex-aluno do instituto de formação de professores, homem cruelmente alquebrado, tuberculoso, me ensinava com eloqüência:

– O que é que você tem para ficar todo encolhido feito uma garotinha, será que tem medo de perder a honra? Para uma garota, a honra é todo o seu patrimônio, mas para você é só um cabresto. O boi é honrado porque tem a barriga cheia de feno!

Arruivado, barbeado, igual a um ator, com os movimentos ágeis e suaves do seu corpo miúdo, Báchkin fazia lembrar um gato. Dirigia-se a mim com um ar professoral, protetor, e eu via que ele, de coração, me desejava sucesso e felicidade. Bastante inteligente, lia muitos livros bons e, mais que todos, lhe agradava *O conde de Montecristo*.

– Esse livro tem coração e tem um propósito – dizia.

Amava as mulheres e falava sobre elas estalando os lábios com gosto, admiração, uma espécie de espasmo no corpo alquebrado; havia algo de doentio nesse espasmo, provocava em mim um sentimento de nojo, mas eu ouvia as palavras dele com atenção, sentia a sua beleza.

– Mulher, mulher! – falava, com voz cantada, e a sua cara amarela se afogueava, se ruborizava, os olhos escuros reluziam de entusiasmo. – Por uma mulher, eu faria tudo. Para ela, como para o diabo, não existe pecado! Viver apaixonado, ainda não inventaram coisa melhor!

Era um contador de histórias talentoso e compunha com facilidade para as prostitutas umas cançõezinhas comoventes sobre as tristezas do amor infeliz; suas canções eram cantadas por todas as cidades do Volga e – entre outras – é de sua autoria esta canção muito difundida:

Sou feia, pobre,
Me visto mal,
Ninguém vai casar
Com uma jovem assim...

Trússov, homem sombrio, bem-apessoado, que se vestia com esmero e tinha dedos compridos de músico, me tratava com muita consideração. Possuía uma lojinha na vila do Almirantado, com uma tabuleta "Relojoeiro", mas sua ocupação era vender objetos roubados.

– Escute aqui, Piechkóv, não vá se acostumar com as tramóias dos ladrões! – dizia-me, enquanto afagava a barba meio grisalha com ar sério, os olhos semicerrados, astutos e insolentes. – Eu estou vendo: o seu caminho é outro, você é um homem do espírito.

– O que quer dizer um homem do espírito?

– Ah, que não tem inveja de nada, só curiosidade...

Isso era falso em relação a mim; eu tinha muita inveja, e de muita gente; entre outras coisas, me dava inveja a capacidade de Báchkin falar de um modo diferente, à maneira dos poemas, usando comparações e expressões inesperadas. Recordo o início de um conto seu a respeito de uma aventura amorosa:

"Numa noite turva, estava eu – feito uma coruja no oco da árvore – dentro de um quarto de hotel, na miserável cidade de Sviájski, e era outono, outubro, caía uma chuva preguiçosa, o vento soprava como a canção de um tártaro humilhado, que estica a voz: o-o-o-u-u-u...

"... E então ela chegou, ligeira, cor-de-rosa, como uma nuvem ao nascer do sol, e nos olhos uma enganosa pureza de alma. 'Querido', diz, com voz honesta, 'nada fiz de errado em relação a você.' Eu sei que mente, mas acredito, é verdade! Com a razão, sei com segurança; com o coração, não acredito, de forma alguma!"

Enquanto contava, ele se balançava ritmadamente, encobria os olhos e muitas vezes, com um gesto brando, tocava a mão no peito, no coração.

A voz dele era abafada, opaca, mas as palavras eram brilhantes e nelas cantava algo de um rouxinol.

Eu tinha inveja de Trússov – aquele homem falava de um jeito interessante e assombroso a respeito da Sibéria, de Khiva, de Bukhara, falava de forma sarcástica e maliciosa a respeito da vida dos bispos, e certa vez, com um ar misterioso, falou sobre o tsar Alexandre III:

– Esse tsar é um mestre no seu ofício!

Trússov parecia-me um daqueles "malfeitores" que, no fim dos romances – inesperadamente, para o leitor –, transformavam-se em heróis generosos.

Às vezes, nas noites abafadas, essas pessoas atravessavam o rio Kazanka, até o prado, os arbustos, e lá bebiam, comiam, conversavam sobre os negócios e, com mais freqüência, sobre as dificuldades da vida, sobre a estranha confusão das relações humanas e, em especial, conversavam muito sobre mulheres. Falavam delas com exasperação, com mágoa, às vezes de modo comovente, e quase sempre com um sentimento como o de quem tenta enxergar numa escuridão repleta de surpresas horríveis. Passei duas ou três noites com eles, debaixo do céu escuro, de estrelas baças, no calor sufocante de uma baixada densamente coberta por arbustos de salgueiro. Na escuridão úmida, por causa da proximidade do Volga, arrastavam-se de todos os lados, como aranhas douradas, as chamas das lanternas dos mastros, disseminavam-se bolas e fios de fogo na massa negra da margem montanhosa – assim brilhavam as janelas das tabernas e das casas da rica aldeia de Uslon. As pás da roda das barcas batiam surdamente na água, os marinheiros, numa caravana de barcaças, uivavam em agonia como lobos, em algum lugar um martelo batia contra o ferro, uma canção se arrastava tristonha – uma alma ardia aos poucos, em fogo lento –, por causa da canção, o peito se cobria de cinzas.

E era mais triste ainda ouvir a fala baixa e escorregadia daqueles homens – pensavam na vida, e cada um falava de seus assuntos, quase sem ouvir uns aos outros. Sentados ou deitados sob os arbustos, eles fumavam cigarros, tomavam vodca e cerveja a intervalos – não com sofreguidão – e, por meio de lembranças, retrocediam para outros lugares.

– Pois comigo aconteceu um caso – dizia alguém, esmagado contra a terra pela escuridão da noite.

Depois de ouvir o relato, as pessoas concordavam:

– Isso acontece, acontece de tudo...

"Havia", "acontece", "aconteceu" – eu escutava e me parecia que naquela noite aqueles homens tinham chegado às últimas horas de suas vidas – tudo já havia passado, nada mais ia acontecer!

Isso me afastava de Báchkin e de Trússov, mas mesmo assim eu gostava deles e, de acordo com toda a lógica que eu havia experimentado, seria absolutamente natural que eu os seguisse. A humilhada esperança de elevar-me, de começar a estudar, também me impelia para eles. Nas horas de fome, raiva e desgosto, eu me sentia perfeitamente capaz de cometer um crime, e não só contra "a sagrada instituição da propriedade". No entanto, o romantismo da juventude me impedia de me desviar do caminho que eu estava condenado a seguir. Além do humano Bret Harte e dos romances vulgares, eu já lera uma boa quantidade de livros sérios – eles despertaram em mim uma ânsia de alguma coisa vaga, porém mais importante do que tudo o que eu via.

E ao mesmo tempo surgiam para mim conhecimentos novos, impressões novas. No terreno baldio, ao lado do quarto de Evréinov, reuniam-se os estudantes do liceu para jogar malha, e um deles me fascinava – o Gúri Pletnióv. Bronzeado, de cabelos azulados que nem um japonês, o rosto cheio de pontinhos pretos, como se tivesse esfregado pólvora, de uma alegria inabalável, ágil no jogo, espirituoso na conversa, possuía com fartura os embriões dos mais variados talentos. E, a exemplo de quase todos os russos de talento, vivia com os recursos fornecidos pela natureza, não se empenhava em reforçá-los e desenvolvê-los. Dotado de um ouvido apurado e de uma intuição musical magnífica, com amor à música, ele tocava com arte o *gúsli*,[1] a balalaica, a sanfona, mas não tentava dominar um instrumento mais nobre e mais difícil. Era pobre, vestia-se mal, mas à sua audácia, aos movimentos vivazes do corpo fibroso, aos gestos largos, vinham bem a calhar a camisa rasgada e amarrotada, as calças remendadas e esburacadas, os sapatos cambaios.

Parecia um homem que, depois de uma doença longa e difícil, tinha acabado de levantar da cama, ou um prisioneiro solto da prisão no dia anterior – para ele, tudo na vida era novo, agradável, tudo dava motivo para uma alegria ruidosa – ele saltava pela terra que nem um busca-pé.

Depois que ele soube como eu vivia de forma difícil e perigosa, propôs que eu fosse morar com ele e me preparasse para ser professor rural. E lá fui eu morar num cortiço alegre e estranho – "Marússovka", na certa um lugar conhecido por mais de uma geração de estudantes de Kazan. Era uma casa grande, semidestruída, na rua Ribnoriádskaia, que parecia ter sido tomada do seu proprietário por estudantes famintos, prostitutas e umas pessoas meio fantasmas, que haviam sobrevivido a si mesmas. Pletnióv estava alojado no corredor, embaixo da escada do sótão; ali ficava

1 Antigo instrumento de cordas russo semelhante ao saltério. [N.T.]

o seu catre e, no fim do corredor, junto à janela: uma mesa, uma cadeira e mais nada. Três portas davam para o corredor, atrás de duas delas moravam prostitutas e, na terceira, um matemático tuberculoso, ex-seminarista, comprido, descarnado, um homem quase aterrador, cheio de pêlos ruivos e duros, que mal se cobria com uns trapos imundos; através dos furos dos trapos, reluziam horrivelmente a pele azulada e as costelas do esqueleto.

Pelo visto, ele só se alimentava das próprias unhas, roía até sangrar, dia e noite fazia desenhos, cálculos, e tossia sem parar, com sons que vibravam de maneira surda. As prostitutas tinham medo dele, achavam que era maluco, mas, de pena, colocavam pão, chá e açúcar na sua porta; ele pegava o embrulho no chão e levava para dentro, roncando que nem um cavalo cansado. Se as prostitutas esqueciam ou, por alguma razão, não podiam trazer sua dádiva, ele abria a porta e berrava para o corredor com voz rouca:

– Pão!

Em seus olhos, afundados em covas escuras, brilhava o orgulho de um maníaco, feliz na consciência da sua grandeza. Às vezes vinha ao seu quarto um monstrinho corcunda, de pernas tortas, com óculos de lentes fortes sobre o nariz inchado, cabelos grisalhos, um sorriso astuto na cara amarela de castrado.[1] Trancavam bem a porta e ficavam calados por horas, num silêncio estranho. Só uma vez, já tarde da noite, fui despertado por um grito rouco e furioso do matemático:

– Pois eu digo: uma prisão! A geometria é uma jaula, sim! Uma ratoeira, sim! Uma prisão!

O monstrinho corcunda soltou uma gargalhada estridente, repetiu várias vezes uma palavra esquisita e o matemático, de repente, desatou a berrar:

1 Seita dos escopitas, fundada na Rússia no séc. XVIII, cujos adeptos e adeptas se castravam, em geral após terem o primeiro filho. [N.T.]

– Vá para o diabo! Fora daqui!

Quando o convidado saiu aos trambolhões para o corredor, entre resmungos, com voz esganiçada, agasalhando-se num manto largo – o matemático, de pé no limiar da porta, comprido, assustador, com os dedos da mão enfiados nos cabelos desgrenhados, dava gritos roucos:

– Euclides era um burro! Um bur-ro... Vou demonstrar que Deus é mais inteligente do que o grego!

E bateu a porta com tanta força que alguma coisa dentro do quarto caiu com estrondo.

Pouco depois, eu soube que aquele homem queria – com base na matemática – provar a existência de Deus, mas morreu antes de conseguir fazer isso.

Pletnióv trabalhava na tipografia de um jornal como revisor noturno, ganhava onze copeques por noite e, se eu não conseguisse ganhar nada, viveríamos consumindo quatro libras[1] de pão, dois copeques de chá e três de açúcar por dia. E eu não tinha tempo para trabalhar – precisava estudar. Vencia as ciências com enorme dificuldade, em especial me oprimia a gramática, com suas formas monstruosamente estreitas, ossificadas, eu não conseguia de jeito nenhum espremer ali dentro a língua russa, viva e difícil, caprichosamente maleável. Mas logo, para minha satisfação, revelou-se que eu tinha começado a estudar "cedo demais" e que, mesmo se fosse aprovado nos exames para professor rural, não receberia a vaga – por causa da idade.

Pletnióv e eu dormíamos no mesmo catre: eu, de noite; ele, de dia. Amarrotado por uma noite inteira sem dormir, com o rosto ainda mais escurecido e os olhos ainda mais inflamados, ele chegava de manhã cedo, e na mesma hora eu corria até a taberna para pegar água fervente – samovar, é claro, não tínhamos. Depois, sentados junto à janela, tomávamos chá com pão.

1 A libra russa equivale a cerca de quatrocentos gramas. [N.T.]

O Gúri me contava as notícias do jornal, lia poemas engraçados de um cronista-alcoólatra que se assinava "Dominó Vermelho" e me surpreendia com a sua atitude jocosa em relação à vida – parecia-me que tratava a vida como se ela fosse a Gálkina, mulher de cara grande, vendedora de roupas de segunda mão para senhoras e alcoviteira.

Na casa dessa mulher, ele ocupava um canto debaixo da escada, mas não tinha com que pagar pelo seu "quarto", e pagava com gracejos alegres, tocando canções comoventes na sanfona; quando cantava com sua voz de tenor, um risinho brilhava nos olhos dele. Gálkina tinha sido corista de ópera na mocidade, só as canções a afetavam e não raro, de seus olhos insolentes, nas faces rechonchudas e cinza-azuladas de bêbada e glutona, rolavam com abundância umas lagrimazinhas miúdas, ela as enxotava da pele do rosto com os dedos gordos e depois enxugava cuidadosamente os dedos num lencinho imundo.

– Ah, Gúrotchka – dizia ela, suspirando –, o senhor é um artista! E se fosse um bocadinho mais bonito, eu faria a sua sorte! Quantos jovens já uni a mulheres cujo coração andava entediado com a vida na solidão!

Um desses "jovens" morava ali mesmo, acima de nós. Era um estudante, filho de um peleteiro, rapaz de altura mediana, peito largo, quadris monstruosamente estreitos, semelhante a um triângulo com o vértice virado para baixo, um vértice um pouco rombudo – a planta dos pés do estudante era pequena, como os pés de uma mulher. E a cabeça, enterrada bem fundo entre os ombros, também era pequena, guarnecida de cabelos ruivos e cerdosos, e no rosto branco, sem sangue, arregalavam-se enormes olhos proeminentes, esverdeados.

Com imensa dificuldade, passando fome feito um cachorro de rua, ele, contra a vontade do pai, conseguira terminar o liceu e entrar na universidade, mas descobriram que tinha uma voz suave de baixo profundo e lhe veio a vontade de estudar canto.

Gálkina o agarrou por isso e uniu-o a uma comerciante de quarenta anos; o filho dela já era estudante da terceira série, a filha havia terminado o liceu. A comerciante era uma mulher magricela, reta, empinada feito um soldado, um rosto seco de monja asceta, grandes olhos cinzentos escondidos em covas escuras, usava um vestido preto, um antiquado lenço de seda na cabeça, nas orelhas tremiam brincos com pedras de um verde venenoso.

Às vezes, ao anoitecer ou de manhã cedo, ela vinha visitar o seu estudante, e mais de uma vez observei como essa mulher entrava pelo portão como que de um salto e avançava pelo pátio a passos resolutos. Seu rosto parecia assustador, tinha os lábios contraídos com tanta força que quase não se viam, os olhos arregalados miravam para a frente com um ar irremediavelmente perdido, melancólico, e até parecia que era cega. Não se podia dizer que fosse horrenda, mas sentia-se nela com clareza uma tensão que a desfigurava, como que esticava o seu corpo e comprimia o seu rosto até a dor.

– Veja – dizia Pletnióv –, parece maluca!

O estudante detestava a comerciante, escondia-se dela, mas a mulher o perseguia como um credor implacável ou um espião.

– Sou um homem acabado – confessava ele, depois de beber. – E para que eu preciso cantar? Com essa fuça e essa figura, não vão me deixar subir num palco, não vão deixar!

– Ponha um fim nessa história! – aconselhava Pletnióv.

– Sim. Mas tenho pena dela! Não suporto, mas tenho pena! Se vocês soubessem como ela... eh...

Nós sabíamos, pois ouvíamos como aquela mulher, parada de noite na escada, suplicava com voz surda, trêmula:

– Em nome de Cristo... pombinho, ah, em nome de Cristo!

Era proprietária de uma grande fábrica, possuía uma casa, cavalos, dava milhares de rublos para patrocinar um curso de parteiras e, feito uma mendiga, pedia a esmola de uns carinhos.

Depois do chá, Pletnióv ia dormir, enquanto eu saía para procurar trabalho e só voltava para casa tarde da noite, na hora em que o Gúri precisava dirigir-se à tipografia. Se eu trazia pão, chouriço ou tripas cozidas, dividíamos o butim meio a meio e Pletnióv levava a parte dele.

Sozinho, eu vagava pelos corredores e recantos da Marússovka, observando como viviam as pessoas novas para mim. A casa estava repleta daquelas pessoas e parecia um formigueiro. Pairava um cheiro azedo, corrosivo, e sombras densas, hostis, escondiam-se por todos os cantos. Desde a manhã até tarde da noite, a casa bramia; as máquinas de costura matraqueavam sem parar, as coristas de opereta punham a voz à prova, o estudante arrulhava escalas no registro de baixo, o ator semilouco e embriagado declamava em voz alta, as prostitutas, de ressaca, berravam histéricas, e me ocorria a pergunta natural, mas insolúvel:

"Para que tudo isso?"

Em meio àquela juventude esfomeada, flanava calado um homem ruivo, careca, de maçãs do rosto salientes, barriga grande, pernas finas, boca enorme e dentes de cavalo – por causa dos dentes, chamavam-no de Cavalo Alazão. Há três anos, travava uma disputa judicial com alguns parentes, uns negociantes da Sibéria, e declarava para todo mundo:

– Nem quero mais viver, só quero ver essa gente na ruína! Vão ter de mendigar, vão viver três anos pedindo esmola, depois disso eu vou devolver para eles tudo o que eu tiver ganhado na Justiça, vou entregar tudo e perguntar: E aí, demônios? Que tal?

– É esse o propósito da sua vida, Alazão? – perguntavam.

– Com todo o meu ser, toda a minha alma, eu tenho isso em mente e não posso fazer mais nada!

Dias inteiros, ele rondava as cercanias do fórum, da câmara, ia ter com o seu advogado e muitas vezes à noite, num coche de aluguel, trazia uma porção de saquinhos, embrulhos, garrafinhas, e promovia umas festanças barulhentas no seu quarto, um cômodo imundo, de teto afundado e chão torto; convidava os estudantes, as costureiras – todos os que quisessem comer com fartura e embriagar-se um pouquinho. O próprio Cavalo Alazão só bebia rum, bebida que havia deixado manchas avermelhadas e indeléveis na toalha de mesa, na roupa e até no chão – ele bebia até o fim e esbravejava:

– Vocês são os meus passarinhos queridos! Amo vocês, são gente honesta! Mas eu sou um horrível canalha, um cr-rocodilo, quero arruinar meus parentes, e vou arruinar! Juro por Deus! Nem quero mais viver, só quero...

Os olhos do Alazão piscavam lastimosos, o rosto descomposto, de zigomas salientes, encharcava-se em lágrimas de bêbado; ele enxugava com a palma das mãos e esfregava nos joelhos – suas calças largas sempre tinham manchas oleosas.

– Como vocês vivem? – gritava ele. – Fome, frio, se vestem mal... Será que isso é uma lei? O que se pode aprender numa vida como essa? Ah, se o imperador soubesse como vocês vivem...

E depois de tirar do bolso um maço de cédulas de várias cores, oferecia:

– Quem precisa de dinheiro? Peguem, irmãos!

As coristas e as costureiras arrancavam sofregamente o dinheiro de suas mãos peludas, ele dava gargalhadas e dizia:

– Mas isto não é para vocês! É para os estudantes.

Só que os estudantes não pegavam o dinheiro.

– Para o diabo, o dinheiro! – gritava, irritado, o filho do peleteiro.

Certa vez, embriagado, ele mesmo ofereceu a Pletnióv um maço de notas de dez rublos, amassadas numa bola compacta, jogou-a na mesa e disse:

– Tome, você não precisa? Eu, eu não preciso...

Deitou-se em nosso catre e começou a rosnar e soluçar de tal modo que foi preciso dar água para ele beber e para despejar um pouco em seu rosto. Quando adormeceu, Pletniόv tentou ajeitar as notas, mas viu que era impossível – tinham sido espremidas com tanta força que seria necessário molhar as cédulas com água para separar uma da outra.

No quarto enfumaçado e imundo, com janelas que davam para um muro de pedras da casa vizinha, a sensação era de opressão e sufocamento, de barulho e de pesadelo. O Alazão rugia cada vez mais alto. Eu perguntei:

– Por que você mora aqui e não num hotel?

– Meu caro, é pela alma! Com vocês, a alma se aquece...

O filho do peleteiro retrucou:

– É verdade, Alazão. Comigo também é assim. Noutro lugar, eu me perderia...

O Alazão pediu ao Pletnióv:

– Toque! Cante um pouco...

Depois de colocar o gúsli sobre os joelhos, Gúri cantou:

Sobe, sobe, sol vermelho...

Sua voz era suave, penetrava na alma.

O quarto ficou tranqüilo, todos escutavam pensativos as palavras e os sons baixos das cordas do gúsli.

– Bonito, diabo! – rosnou o infeliz consolador da comerciante rica.

Entre os estranhos habitantes da casa velha, Gúri Pletnióv, dotado daquela sabedoria cujo nome é alegria, representava o papel do gênio bom dos contos de fadas. Sua alma, tingida com as cores radiantes da juventude, iluminava a vida com os fogos de artifício dos gracejos simpáticos, das canções bonitas, das caçoadas cortantes a respeito dos hábitos e costumes das pessoas, das palavras corajosas sobre as graves injustiças da vida. Acabara de completar vinte anos, tinha o aspecto de um adolescente, mas todos na casa tratavam-no como um adulto que, num dia difícil, podia dar um conselho inteligente e era sempre capaz de ajudar de algum modo. As pessoas melhores gostavam dele, as piores o temiam e até o velho guarda-cancela Nikíforitch sempre cumprimentava o Gúri com um sorriso de raposa.

O pátio da Marússovka servia de passagem, subia pelo morro e ligava duas ruas: a Ribnoriádskaia e a Staro-Gorchétchni; nesta, numa esquina não longe do portão da nossa moradia, instalava-se confortavelmente a guarita de Nikíforitch.

Era o chefe de polícia do nosso bairro; um velhote alto, seco, coberto de medalhas, de rosto inteligente, sorriso amável, olhos astutos.

Vigiava com muita atenção a ruidosa colônia das pessoas residentes ou de passagem; várias vezes por dia, sua figura arrumada com esmero surgia no pátio, caminhava devagar e observava pela janela dos quartos com um olhar de vigia de jardim zoológico em frente às jaulas das feras. No inverno, num dos quartos, prenderam o oficial maneta Smírnov e o soldado Murátov; os dois tinham sido condecorados com a medalha da Cavalaria de São Jorge, foram membros da expedição Akhal-Tekin, comandada por Skóbeliev;[1] prenderam ambos e também Zóbnin, Ovsiánkin, Grigóriev, Krílov e ainda um outro – por tentarem montar uma tipografia clandestina, razão pela qual Murátov e Smírnov, em pleno dia, num domingo, foram roubar tipos na tipografia de Kliútchnikov, numa rua movimentada. Por isso foram pegos. E certa vez, à noite, na Marússovka, os guardas prenderam um morador alto, sisudo, que eu tinha apelidado de Campanário Ambulante. De manhã, ao saber da prisão, Gúri despenteou os cabelos pretos com grande agitação e me disse:

– Pronto, Maksímitch, com trinta e sete diabos, corra, irmão, bem depressa...

Depois de me explicar para onde eu devia correr, acrescentou:

1 General russo (1843-82), que combateu os turcos. A expedição mencionada aqui ocorreu em 1880-81, no Turquestão. [N.T.]

– Veja bem, tome todo o cuidado! Pode haver agentes secretos da polícia por lá...

A missão secreta me alegrou tremendamente, e fui voando à vila do Almirantado, na velocidade de um gavião. Lá, na escura oficina de um caldeireiro, vi um jovem de cabelo crespo e de olhos extraordinariamente azuis, ele estanhava uma panela, mas não parecia um operário. E num canto, junto aos tornos, esmerilhando uma torneira, atarefado, havia um velhote miúdo, com uma faixinha em volta dos cabelos brancos.

Perguntei ao caldeireiro:

– Tem trabalho na oficina do senhor?

O velhote respondeu, zangado:

– Trabalho tem, mas não para você!

O jovem, depois de olhar para mim por um momento, baixou a cabeça outra vez sobre a panela. Chutei o pé dele bem de leve – com surpresa e raiva, cravou em mim os olhos azuis, com a panela segura na mão, e fez menção de arremessá-la contra mim. Mas ao perceber que eu piscava o olho para ele, falou com calma:

– Vá embora, vá...

Pisquei de novo para ele, saí pela porta, fiquei parado na rua; o crespo, espreguiçando-se, também saiu e, calado, cravou os olhos em mim enquanto fumava um cigarro.

– O senhor é o Tíkhon?

– Sou, sim!

– Prenderam o Piotr.

Ele franziu as sobrancelhas irritado, sondando-me com os olhos.

– Quem é esse Piotr?

– Um alto, parece um diácono.

– E daí?

– Daí nada.

– E o que eu tenho a ver com o tal de Piotr, diácono ou o que for? – perguntou o caldeireiro, e o caráter da pergunta me convenceu em definitivo: ele não era um operário. Corri para casa, orgulhoso de ter sido capaz de cumprir a missão. Foi a minha primeira participação em atividades "conspiratórias".

Gúri Pletnióv era chegado a tais atividades, mas, em resposta ao meu pedido de introduzir-me naquele círculo, disse:

– É cedo para você, irmão! Estude...

Evréinov apresentou-me a um homem misterioso. Essa apresentação foi envolvida em precauções que incutiram em mim o pressentimento de algo muito sério. Evréinov levou-me para fora da cidade, para o Campo Árski, e no caminho me preveniu de que aquele contato exigia um enorme cuidado, era preciso mantê-lo em segredo. Depois, ao mostrar à distância uma figura pequena e cinzenta, que caminhava a passos vagarosos pelo campo deserto, Evréinov voltou-se e falou baixinho:

– Lá está ele! Siga-o e, quando ele parar, aproxime-se, depois de dizer: "Cheguei..."

O mistério é sempre agradável, mas ali me pareceu ridículo: um dia claro, abrasador, um homem solitário no campo oscila como uma haste cinzenta de capim – e mais nada. Após alcançá-lo junto ao portão do cemitério, vi na minha frente um jovem com uma carinha miúda e seca, e olhos de expressão severa, redondos como os de um pássaro. Vestia um paletó cinzento de estudante do liceu, mas os botões reluzentes tinham sido descosturados e substituídos por botões pretos de osso, no boné surrado distinguia-se a marca do escudo retirado e havia em toda a sua pessoa algo de uma ave que troca de penas cedo demais – como se ele tivesse pressa em mostrar-se um homem plenamente amadurecido.

Sentamo-nos em meio aos túmulos, à sombra de uns arbustos densos. O homem falava de modo seco, prático, e tudo nele, de ponta a ponta, me desagradou. Depois de perguntar com ar severo o que eu estava lendo, propôs que eu participasse de um círculo organizado por ele, eu concordei e nos separamos – ele se afastou primeiro, olhando cautelosamente para os lados, no campo deserto.

No círculo, integrado por mais três ou quatro jovens, eu era o mais moço de todos, e não estava nem um pouco apto a estudar o livro de John Stuart Mill, com comentários de Tchernichévski.[1] Reuníamo-nos no alojamento de Milóvski, um estudante do Instituto de Professores – mais tarde, ele escreveu uns contos sob o pseudônimo de Eleónski e, depois de ter escrito uns cinco volumes, suicidou-se – quanta gente que conheci deixou a vida por vontade própria!

Era um homem calado, tímido de idéias, cauteloso com as palavras. Morava no porão de uma casa imunda e ocupava-se com trabalhos de marcenaria, para "o equilíbrio do corpo e da alma". Sua companhia era maçante. A leitura do livro de Mill não me entusiasmava, em pouco tempo os princípios fundamentais da economia revelaram-se bastante familiares para mim, eu os assimilara de imediato, estavam inscritos na minha pele e pareceu-me que não valia a pena redigir um livro grosso com palavras difíceis sobre algo que estava perfeitamente claro para qualquer pessoa que despendia as próprias energias a fim de garantir o bem-estar e o conforto de gente estranha, alheia. Com grande esforço, eu esperava duas, três horas naquele calabouço, impregnado do cheiro de cola, observando como as lacraias rastejavam pela parede suja.

Certa vez, o nosso catequista se atrasou, não chegou na hora de costume e nós, pensando que não viria mais, organizamos uma pequena farra, compramos uma garrafa de vodca, pão e pepino. De repente, através da janela, vimos mover-se ligeiros os pés cinzentos do nosso professor; mal tivemos tempo de

1 Nikolai Gavrílovitch Tchernichévski (1828-89). Intelectual russo, um dos expoentes da chamada geração de 1860, que representou uma guinada no movimento revolucionário. Autor do célebre romance *O que fazer?*, escrito na prisão. [N.T.]

esconder a vodca debaixo da mesa e ele surgiu entre nós, e teve início uma explanação sobre as argutas deduções de Tchernichévski. Ficamos sentados e imóveis, que nem estátuas, esperando com pavor que um de nós derrubasse a garrafa com um esbarrão do pé. Foi o instrutor quem a derrubou e, após espiar debaixo da mesa, não disse nenhuma palavra. Ah, seria muito melhor se tivesse rogado pragas violentas!

O silêncio dele, o rosto ferrenho e os olhos semicerrados e ofendidos perturbaram-me terrivelmente. Lançando um olhar de esguelha para os rostos dos meus companheiros, ruborizados de vergonha, eu me senti o autor de um crime contra o catequista e tive pena dele, de coração, embora a vodca não tivesse sido comprada por minha iniciativa.

As leituras eram maçantes, eu tinha vontade de fugir para o bairro dos tártaros, onde pessoas simpáticas e carinhosas levavam uma vida diferente, digna; falavam russo de um modo divertido, deformado; ao entardecer, as vozes estranhas dos muezins, no alto dos minaretes, chamavam para as mesquitas – eu achava que entre os tártaros a vida estava toda organizada de um modo diferente, desconhecido para mim, muito distinta da vida que eu conhecia e que não me dava alegria.

Eu tinha uma atração pelo Volga, pela música da vida do trabalho; essa música até hoje embriaga de prazer o meu coração; tenho uma lembrança bonita do dia em que experimentei pela primeira vez a poesia heróica do trabalho.

Perto de Kazan, uma grande barcaça com mercadorias persas bateu numa pedra e rachou no fundo; a cooperativa dos estivadores levou-me para descarregar a barcaça. Era setembro, um vento soprava na direção das cabeceiras do rio, ondas pulavam raivosas na água cinzenta e o vento, enquanto varria as cristas com fúria, borrifava o rio com uma chuva fria. Os membros da cooperativa, meia centena de homens, com ar soturno, instalaram-se no convés vazio da barcaça, agasalhando-se em esteiras e lonas; um pequeno rebocador a vapor puxava a barcaça, engasgava, cuspia no meio da chuva feixes de fagulhas vermelhas.

Anoitecia. O céu de chumbo, um céu molhado, ia escurecendo, baixava sobre o rio. Os estivadores resmungavam e rogavam pragas, maldiziam a chuva, o vento, a vida, arrastavam-se preguiçosamente no convés, tentavam esquivar-se do frio e da umidade. Parecia-me que aquela gente sonolenta não seria capaz de trabalhar, não salvaria o carregamento que naufragava.

Por volta da meia-noite, chegamos a um banco de areia, atracamos a barcaça vazia bordo a bordo na barcaça avariada; o estaroste da cooperativa, um velhote virulento, bexiguento, desbocado e esperto, com olhos e nariz de falcão, depois de arrancar do crânio careca um quepe encharcado, berrou com voz alta e fina de mulher:

– Rezem, rapaziada!

No escuro, no convés da barcaça, os estivadores se aglomeraram num amontoado preto e começaram a rosnar como ursos, e o estaroste, que terminou de rezar antes de todos, pôs-se a gritar com voz esganiçada:

– As lanternas! Vamos, garotos, mostrem serviço! Dignidade, meninos! Com a graça de Deus, vamos começar!

E aquela gente pesada, preguiçosa, encharcada, começou a "mostrar serviço". Como que numa batalha, atiraram-se para o convés e para dentro do porão da barcaça que submergia – com uivos, rugidos, zombarias. À minha volta, com a leveza de travesseiros de penas, voavam sacos de arroz, fardos de passas, de couro, de peles de cordeiro, figuras atarracadas corriam, incentivando-se mutuamente com uivos, assovios, palavrões violentos. Era difícil acreditar que trabalhassem com tanta alegria, agilidade e rapidez aquelas mesmas pessoas pesadas, soturnas que, pouco antes, com tamanho desânimo, se lamentavam da vida, da chuva e do frio. A chuva ficou mais grossa, mais fria, o vento soprou mais forte, rasgava as camisas, empurrava a parte de baixo da camisa por cima da cabeça, deixava as barrigas de fora. Na escuridão molhada, sob a luz fraca de seis lanternas, aquela gente escura se agitava, batendo os pés com um som surdo no convés da barcaça. Trabalhavam como se estivessem famintos de trabalho, como se esperassem havia muito tempo o prazer de jogar sacos de sessenta e cinco quilos dos braços de um para os braços do outro e de correr com fardos sobre as costas. Trabalhavam brincando, com o entusiasmo alegre de crianças, com aquele inebriante contentamento de agir, que só é menos doce do que os abraços de uma mulher.

Um homem grande e barbado, com um casacão pregueado na cintura, molhado, escorregadio – na certa o dono da carga ou alguém de sua confiança –, de repente começou a berrar, num alvoroço:

– Rapaziada, vou dar um balde! Piratinhas, dois baldes! Vamos lá.

De pronto, várias vozes rugiram de todos os lados da escuridão:

– Três baldes!

– Três, combinado! Vamos lá, mãos à obra!

E o turbilhão do trabalho ganhou mais força.

Eu também pegava os sacos, carregava, jogava, corria de novo e pegava mais um, e me parecia que eu mesmo e todos à minha volta começávamos a girar numa dança tempestuosa, me parecia que aquelas pessoas podiam trabalhar daquela maneira terrível e alegre sem se cansar, sem se poupar – durante meses, durante anos –, que eles poderiam agarrar a cidade pelos campanários e minaretes e carregá-la para onde quisessem.

Passei aquela noite numa alegria que nunca havia experimentado, o desejo de viver a vida inteira naquele êxtase de atividade meio louco iluminou a minha alma. Ondas dançavam junto às bordas, a chuva chicoteava os conveses, o vento assoviava sobre o rio na bruma cinzenta do amanhecer, homens seminus e molhados corriam de modo impetuoso e incansável, e gritavam, riam, deliciados com a própria força, com o próprio trabalho. E então o vento rasgou a pesada massa das nuvens e, numa mancha azul e clara do céu, brilhou um raio de sol cor-de-rosa – aquelas feras alegres o receberam com um rugido amistoso, enquanto sacudiam os pêlos molhados de seus belos focinhos. Dava vontade de abraçar e beijar aqueles animais de duas pernas, tão inteligentes e habilidosos em seu trabalho, e que por ele se entusiasmavam de forma tão abnegada.

Parecia que nada era capaz de resistir à intensidade daquela força, com o seu furor alegre, ela podia fazer milagres sobre a terra, podia cobrir a terra inteira, numa só noite, com belos palácios e cidades, como se diz nas lendas proféticas. Depois de observar por um ou dois minutos o trabalho daquela gente, o raio de sol foi vencido pela espessura das nuvens e afundou no meio delas, como uma criança no mar, e a chuva converteu-se numa tempestade.

– Chega! – gritou alguém, mas lhe retrucaram em tom feroz:

– Chega coisa nenhuma!

E até as duas horas da tarde, até descarregar toda a mercadoria para a outra barcaça, aquela gente seminua trabalhou sem descanso, sob a chuva torrencial e sob o vento cortante, o que me obrigou a compreender com reverência como o mundo humano é rico de forças poderosas.

Depois passamos para o vapor e ali dormimos que nem bêbados e, ao chegar a Kazan, desabamos na areia da margem como se fôssemos uma torrente de lama cinzenta, e fomos para a taberna a fim de beber os três baldes de vodca.

Lá, aproximou-se de mim o ladrão Báchkin, olhou-me bem e perguntou:

– O que fizeram com você?

Eu lhe contei com empolgação a respeito do trabalho, ele escutou e, depois de um suspiro, falou com desprezo:

– Burro. Pior ainda, idiota!

Assoviando, sacudindo o corpo como um peixe, ele nadou entre as mesas, muito próximas umas das outras – nelas, os estivadores banqueteavam-se ruidosamente, num canto, alguém com voz de tenor começou a entoar uma canção indecente:

Ah, foi durante a noite que aconteceu –
Uma dama saiu para passear no jardim – Ei!

Uma dezena de vozes pôs-se a mugir com estrondo, enquanto as palmas das mãos batiam nas mesas:

O vigia vigia a cidade,
Vê que a dama está deitada...

Gargalhadas, assovios, retumbaram palavras que, pelo cinismo desesperado, provavelmente não têm iguais na terra.

Alguém me apresentou a Andrei Diérenkov, proprietário de uma pequena mercearia, escondida no fim de uma rua pobre, estreitinha, ao pé de um barranco atulhado de lixo.

Diérenkov, um homem de braço atrofiado, cara bondosa, barbicha clara e olhos inteligentes, possuía a melhor biblioteca de livros proibidos e raros da cidade – serviam-se deles os estudantes de numerosos estabelecimentos de ensino de Kazan e diversas pessoas de espírito revolucionário.

A mercearia de Diérenkov situava-se num anexo baixinho, junto à casa de um cambista adepto da seita dos Castrados; a porta da mercearia levava a uma sala grande, fracamente iluminada por uma janela voltada para o pátio; atrás da sala – prolongando-a – ficava uma cozinha apertada; atrás da cozinha, numa passagem escura, entre o anexo e a casa, num canto, escondia-se uma despensa e nela ocultava-se a biblioteca perniciosa. Parte de seus livros era copiada à mão em cadernos grossos – entre eles, *Cartas históricas*, de Lavrov, *O que fazer?*, de Tchernichévski, alguns artigos de Píssarev, *O reino da fome*, *Uma mecânica astuta*[1] – todos esses manuscritos tinham sido muito lidos, estavam amarrotados.

Quando entrei na mercearia pela primeira vez, Diérenkov, ocupado com os fregueses, indicou-me com um movimento da cabeça a porta que dava para a sala; entrei e vi: na penumbra, num canto, de joelhos, rezando com fervor, um velhote miúdo parecido com um retrato de São Serafim de Sarov. Tive a sensação de algo incongruente, contraditório, ao olhar para o velhinho.

Falaram-me de Diérenkov como se fosse um "populista";[2] na minha maneira de ver, um populista era um revolucionário, e um revolucionário não devia acreditar em Deus – o velhinho piedoso parecia-me deslocado naquela casa.

Ao terminar de rezar, ele arrumou cuidadosamente os cabelos e os pêlos da barba, observou-me e disse:

– Sou o pai do Andrei. E o senhor, quem é? Não me diga! E eu, que pensei que era um estudante disfarçado.

– Para que um estudante ia se disfarçar? – perguntei.

– Pois é – ponderou o velhinho em voz baixa –, por mais que a gente se disfarce, Deus sempre sabe!

Saiu para a cozinha e eu, sentando-me junto à janela, me pus a pensar, mas de repente ouvi uma exclamação:

– Aí está ele!

No limiar da porta da cozinha, estava uma jovem vestida de branco; seus cabelos claros eram muito curtos, no rosto pálido

1 Piotr Lavrovitch Lavrov (1823-1900) e Dmítri Ivánovitch Píssarev (1840-68) foram escritores e militantes revolucionários russos, expoentes da geração de 1860, a exemplo de Tchernichévski. [N.T.]

2 Em russo, *naródnik*, adepto de um movimento revolucionário chamado *khojdiénie v narod*, ou seja, "marcha ao encontro do povo", que floresceu em especial na década de 1870. [N.T.]

e rechonchudo brilhavam uns olhos azuis que sorriam. Parecia-se muito com um anjo, do modo como são representados em estampas baratas.

– Por que o senhor se assustou? Sou tão horrível assim? – disse ela, com voz fina e trêmula, e moveu-se na minha direção, devagar e com cuidado, segurando-se na parede, como se andasse não no chão firme, mas numa corda bamba, estendida em pleno ar. Essa inaptidão para andar reforçava ainda mais o seu aspecto de criatura de outro mundo. Toda ela estremecia, como se agulhas se cravassem nos seus pés e as paredes queimassem as suas mãos rechonchudas de criança. E os dedos das mãos estavam estranhamente imóveis.

Fiquei parado na sua frente, em silêncio, com um sentimento de estranha confusão e de pena pungente. Tudo era extraordinário naquela sala escura.

A moça sentou-se numa cadeira com tamanho cuidado que parecia ter medo de que a cadeira fugisse debaixo dela. De maneira simples, como ninguém faz, contou-me que só começara a andar havia cinco dias e que, antes disso, tinha ficado três meses de cama – com os braços e as pernas paralisados.

– Foi uma espécie de doença nervosa – disse ela, sorrindo.

Lembro ter desejado que a sua condição se explicasse de outra forma: doença nervosa era uma coisa simples demais para uma jovem como ela, e ainda por cima numa sala estranha como aquela, onde todos os objetos se comprimiam timidamente junto às paredes e num canto, diante dos ícones, a chama de uma lamparina ardia com um brilho excessivo, e a sombra de suas correntinhas de cobre se arrastava a esmo sobre a toalha branca da grande mesa de jantar.

– Falaram-me muito do senhor, e então tive vontade de ver como era – ouvi sua voz fina de criança.

A moça me examinava com um olhar insuportável, eu via nos olhos azuis algo que me avaliava com perspicácia. Não conseguia – e nem saberia – falar com aquela moça. E fiquei calado, enquanto contemplava retratos de Herzen,[1] Darwin, Garibaldi.

Num pulo, veio da mercearia um adolescente da mesma idade que eu, louro, de olhos insolentes, ele sumiu no interior da cozinha, depois de gritar com uma voz frágil:

– Que idéia é essa de sair se arrastando por aí, Mária?

– É o meu irmão mais novo, Aleksiei – disse a moça. – Eu estudava num curso de parteiras e aí fiquei doente. Por que está calado? O senhor é tímido?

Andrei Diérenkov entrou, com o braço murcho metido no peito por trás da camisa, afagou em silêncio os cabelos macios da irmã, desalinhou-os e passou a perguntar que tipo de trabalho eu estava procurando.

Em seguida, apareceu uma jovem de cabelo ruivo e encaracolado, olhos esverdeados, fitou-me com ar severo e, após segurar a moça branca pelo braço, levou-a embora, dizendo:

– Chega, Mária!

O nome não casava com a moça, era grosseiro para ela.

Também saí, estranhamente emocionado, e um dia depois, ao anoitecer, estava de novo sentado naquela sala, tentando compreender como e para que viviam ali. Viviam de um modo estranho.

O velho Stiepan Ivánovitch, gentil, dócil, muito branco e como que transparente, estava sentado num cantinho e de lá observava, remexendo os lábios escuros, sorrindo de leve, como se pedisse:

– Não me toquem!

Um sobressalto de lebre morava nele, o inquieto pressentimento de uma desgraça – que para mim era claro.

Andrei, de braço atrofiado, vestido com uma japona cinzenta, o peito tão lambuzado de manteiga e de farinha que ficara

1 Aleksandr Ivánovitch Herzen (1812-70), escritor e célebre pensador político russo, um dos primeiros difusores de idéias socialistas no país. [N.T.]

com a dureza de uma casca de árvore, andava pela sala com um sorriso meio de lado, um ar de culpa, igual a uma criança a quem acabaram de perdoar por alguma travessura. Alieksiei, um rapaz preguiçoso, rude, ajudava-o a vender. O terceiro irmão, Ivan, estudava num instituto de formação de professores e, morando lá no internato, só vinha para casa nos fins de semana – era um rapaz pequeno, bem vestido, penteado com esmero, parecia um velho funcionário. Mária, a doente, morava em algum lugar no sótão e raramente descia, mas quando ela vinha eu me sentia todo embaraçado, como que amarrado por peias invisíveis.

Os trabalhos domésticos na casa dos Diérenkov eram feitos pela amásia do proprietário do prédio, um homem da seita dos Castrados, mulher alta, magrela, com rosto de boneca de pau e olhos severos de monja cruel. Por ali zanzava também a sua filha ruiva, Nástia – quando ela olhava para os homens com seus olhos verdes, as asas do nariz pontudo tremiam.

Mas os verdadeiros donos de casa na residência dos Diérenkov eram os estudantes da universidade, da Academia de Teologia, do Instituto de Veterinária – um ruidoso ajuntamento de pessoas que viviam num estado de preocupação com o povo russo, numa inquietação incessante a respeito do futuro da Rússia. Sempre excitados com os artigos dos jornais, com as teses dos livros que tinham acabado de ler, com os acontecimentos na cidade e na universidade, eles se reuniam na mercearia de Diérenkov ao anoitecer, vindos de todas as ruas de Kazan, para travar discussões furiosas e sussurrar pelos cantos. Traziam livros grossos e, marcando as páginas com os dedos, gritavam uns para os outros, defendendo verdades ao gosto de cada um.

Naturalmente, eu pouco entendia de tais discussões, as verdades se perdiam para mim na profusão de palavras, como estrelinhas de gordura na sopa gordurosa dos pobres. Alguns estudantes me faziam lembrar os velhos doutores teológicos das seitas do Volga, mas eu compreendia estar diante de pessoas que se preparavam para mudar a vida para melhor e, embora a sua sinceridade ficasse abafada pela tempestuosa torrente de palavras, não se afogava nelas. Os problemas que eles tentavam resolver eram muito claros para mim e eu me sentia pessoalmente interessado na solução eficaz de tais problemas. Parecia-me, muitas vezes, que nas palavras dos estudantes ressoavam meus pensamentos mudos e eu tinha por aquelas pessoas quase que uma admiração extasiada, como um prisioneiro a quem prometem a liberdade.

Eles me encaravam como um marceneiro vê um pedaço de madeira com o qual se pode fazer um objeto totalmente fora do comum.

– É um mineral em estado bruto! – recomendavam-me uns para os outros com muito orgulho, da maneira como os meninos de rua mostram uns para os outros a moeda de cobre que acharam na calçada. Por algum motivo, eu não gostava quando me chamavam de "mineral em estado bruto" e "filho do povo" – sentia-me um enteado da vida e às vezes sentia em excesso o peso da força que guiava o desenvolvimento da minha inteligência. Certa vez, ao ver na vitrine de uma livraria um livro intitulado com as palavras, por mim nunca vistas, *Aforismos e máximas*, fui inflamado pelo desejo de ler a obra e pedi a um estudante da Academia de Teologia que me desse um exemplar.

– Ora viva! – exclamou em tom irônico o futuro bispo, homem com cabeça de negro, cabelo crespo, lábios grossos, dentuço. – Isso é besteira, irmão. Leia aquilo que lhe dão e não meta o nariz onde não é chamado!

O tom rude do professor me magoou muito. O livro, eu o comprei, é claro, em parte com o dinheiro do meu trabalho no porto e, em parte, com um empréstimo de Andrei Diérenkov. Foi o primeiro livro sério comprado por mim e guardo o volume comigo até hoje.

No geral, eles me tratavam com bastante severidade: quando terminei de ler o *ABC das ciências sociais*, pareceu-me que o autor exagerava o papel das tribos de pastores na organização da vida cultural, ao mesmo tempo que insultava os laboriosos nômades e caçadores. Comuniquei minhas dúvidas a um filólogo – mas ele, tentando dar ao seu rosto de mulher uma expressão imponente, falou-me durante uma hora inteira sobre o "direito de crítica".

– Para ter o direito de criticar, é preciso acreditar em alguma verdade, e em que o senhor acredita? – perguntou.

Ele lia livros até na rua – caminhava pela calçada com o rosto encoberto pelo livro e esbarrava nas pessoas. Quando caiu doente de tifo, causado pela fome, ele gritava no seu sótão:

– A moral deve combinar harmonicamente, em seus elementos, a liberdade e a coerção... harmonicamente, har-mo-ni-ca-men-te...

Homem carinhoso, meio doente em virtude da subnutrição crônica, extenuado pela busca tenaz da verdade, não conhecia outra alegria a não ser a leitura de livros e, quando lhe parecia ter conciliado as contradições de dois intelectos poderosos, seus olhos de criança, gentis e escuros, sorriam de felicidade. Uns dez anos depois de ter vivido em Kazan, eu o reencontrei em Khárkov; havia cumprido pena de cinco anos de degredo em Kem e estava outra vez estudando na universidade. Tive a impressão de que ele vivia num formigueiro de idéias contraditórias – enquanto a tuberculose o destruía, ele tentava conciliar Nietzsche e Marx, escarrava sangue e falava com voz rouca, segurando as minhas mãos com os dedos frios e viscosos:

– Sem síntese, é impossível viver!

Morreu a caminho da universidade, no vagão de um bonde.

Vi muitos desses mártires da razão – a memória deles é sagrada para mim.

Umas duas dezenas de pessoas desse tipo reuniam-se na sala de Diérenkov; entre elas, havia até um japonês, aluno da

Academia de Teologia, chamado Panteleimon Sato. Às vezes, aparecia um homem grande, de peito largo, densa barba em leque e cabeça raspada como um tártaro. Parecia costurado com firmeza ao seu casaco cinzento de cossaco, hermeticamente abotoado em colchetes até o queixo. Em geral, sentava-se num canto qualquer, fumava cachimbo e observava a todos com os olhos cinzentos, serenamente perscrutadores. Seu olhar, muitas vezes, fixava-se no meu rosto, eu sentia que a seriedade daquele homem me avaliava em pensamento e, por algum motivo, eu o temia. O seu silêncio me assombrava, todos em volta falavam muito, em voz alta e com firmeza, e quanto mais veementes soavam as palavras, é claro, mais elas me agradavam – demorei um bom tempo para perceber que, com muita freqüência, pensamentos deploráveis e hipócritas se ocultam nas palavras veementes. Por que motivo aquele gigante barbudo não falava nada?

Chamavam-no de "Ucraniano" e parecia que ninguém, exceto o Andrei, sabia o nome dele. Logo vim a saber que o tal homem, pouco tempo antes, voltara do degredo na região de Iakutsk, onde passara dez anos. Isso aumentou o meu interesse por ele, mas não me incutiu a coragem de me apresentar, embora eu não sofresse nem de acanhamento, nem de timidez, ao contrário, vivia atormentado por uma curiosidade inquietante, por uma avidez de conhecer tudo, e o mais depressa possível. Esse traço me impediu, durante a vida inteira, de ocupar-me seriamente com uma coisa só.

Quando falavam sobre o povo, eu sentia, surpreso e desconfiado de mim mesmo, que não conseguia pensar nesse assunto da maneira como pensavam aquelas pessoas. Para elas, o povo surgia como a encarnação da sabedoria, da beleza espiritual e da compaixão, um ser quase divino, e a única essência, a única fonte de onde provinha tudo o que havia de belo, de justo, de elevado. Eu não conhecia esse povo. Eu via carpinteiros, estivadores, pedreiros; conhecia o Iákov, o Óssip, o Grigóri; mas ali falavam precisamente de um povo em pura essência, e se colocavam em algum ponto abaixo dele, subordinados à vontade do povo. Já para mim parecia que eram justamente aquelas pessoas que encarnavam a beleza e a força do pensamento, nelas se concentrava e ardia uma força de vontade generosa, filantrópica, em favor da vida, da liberdade, com o propósito de construir a vida segundo novos cânones filantrópicos.

Era exatamente aquele amor à humanidade que eu não encontrava nos homúnculos em meio aos quais eu vivera até então, mas que ali ressoava em cada palavra, ardia em cada olhar.

As palavras dos adoradores do povo caíram no meu coração como uma chuva refrescante, e foi de grande ajuda para mim a literatura ingênua sobre a vida soturna nas aldeias, sobre o mártir-mujique. Eu sentia que só amando os homens com muita força, com muito ardor, poderia extrair desse amor a energia indispensável para descobrir e entender o sentido da vida. Parei de pensar em mim e passei a dar mais atenção às pessoas.

Andrei Diérenkov confidenciou-me que os rendimentos modestos do seu comércio serviam integralmente para ajudar as pessoas que acreditavam na "felicidade do povo, acima de tudo". Andrei rodava no meio deles como um sacristão que acredita sinceramente nos serviços que presta a um bispo durante a missa, sem esconder o entusiasmo diante da sabedoria vivaz daqueles devoradores de livros; sorrindo com felicidade, o braço murcho metido debaixo do peito da camisa, puxando a barba macia para todos os lados com a outra mão, ele me perguntava:

– É bom, não é? Pois então, pois então!

E quando o veterinário Lavrov cometia a heresia de contestar os populistas – tinha uma voz estranha, parecida com o grasnido de um ganso –, Diérenkov, fechando os olhos com ar assustado, sussurrava:

– Que criador de caso!

Sua atitude em relação aos populistas era semelhante à minha, mas a atitude dos estudantes em relação a Diérenkov parecia-me um tanto rude e negligente, à semelhança da atitude de um patrão com um trabalhador, de um dono de taberna com um empregado. Ele mesmo não percebia. Muitas vezes, depois de acompanhar as suas visitas até a porta e se despedir, ele me deixava pernoitar ali; limpávamos a sala e depois, deitados no chão, sobre um feltro grosso, conversávamos amistosamente em sussurros na escuridão muito mal iluminada pela chamazinha de uma lamparina. Com a alegria serena de um crente, ele me dizia:

– Vão se agregar centenas, milhares de pessoas boas como essas, vão ocupar todas as posições de destaque na Rússia e, de um só golpe, a vida inteira vai se transformar.

Era uns dez anos mais velho do que eu, e notei que a ruiva Nástia lhe agradava muito, ele tentava não olhar para os seus olhos provocantes, entre outras pessoas falava com ela num tom meio seco, numa voz autoritária de patrão, mas a seguia com um olhar suspiroso e, quando falava a sós com ela, afagava a barbicha, sorrindo com um ar confuso e tímido.

A irmã mais nova de Andrei observava num cantinho as batalhas verbais; seu rosto infantil inchava de maneira engraçada, com uma atenção intensa, os olhos se arregalavam e, quando soavam palavras especialmente ásperas, soltava uns suspiros, como se a tivessem borrifado com água gelada. À sua volta, como um galo cheio de si, passeava um estudante de medicina arruivado, falava com ela num meio-sussurro misterioso e franzia as sobrancelhas com ar grave. Tudo isso era extremamente interessante.

Porém – veio o outono, viver sem um trabalho constante tornou-se impossível para mim. Empolgado com tudo o que se passava à minha volta, eu trabalhava cada vez menos e me alimentava do pão alheio, mas ele passava sempre muito apertado pela garganta. Era preciso procurar uma "posição" para o inverno, e eu a encontrei na padaria e confeitaria de Vassíli Semiónov.

Esse período da vida foi retratado em meus contos "Patrão", "Konovalov", "Vinte e seis e uma". Tempos difíceis! No entanto, instrutivos.

Foram tempos difíceis fisicamente, mas ainda mais difíceis moralmente.

Quando desci ao porão da padaria, ergueu-se um "muro de esquecimento" entre mim e aquelas pessoas que eu tinha absoluta necessidade de ver e ouvir. Nenhuma delas vinha me visitar na padaria e eu, como trabalhava catorze horas diárias, não podia ir até a casa de Diérenkov nos dias úteis, e nos feriados eu dormia, ou ficava com meus companheiros de trabalho. Desde os primeiros dias, parte deles passou a me ver como um palhaço engraçado, alguns me tratavam com o amor ingênuo que as crianças têm por uma pessoa que sabe contar histórias interessantes. Só o diabo pode saber o que é que eu dizia para aquela gente, mas está claro que eu dizia tudo o que pudesse lhes incutir esperança numa outra vida, mais leve e mais consciente. Às vezes, eu tinha êxito e, ao ver como os rostos inchados se iluminavam com uma tristeza humana, ao passo que os olhos rebentavam de ofensa e de raiva, sentia-me em festa e pensava com orgulho que eu "trabalhava no povo", "ilustrava o povo".

Porém, é claro, na maioria das vezes eu experimentava a minha impotência, a minha falta de conhecimento, a minha incapacidade de responder até às questões mais simples da vida, do dia-a-dia. Então eu me sentia lançado num fosso escuro, onde as pessoas fervilhavam como vermes cegos, sem pretender outra coisa senão esquecer a realidade, e encontravam esse esquecimento nas tabernas e nos abraços frios das prostitutas.

A visita às casas de tolerância era obrigatória, todos os meses, no dia do pagamento do salário; sonhavam em voz alta com aquele prazer uma semana antes do dia feliz e, depois que ele passava, conversavam muito tempo uns com os outros sobre as delícias que haviam provado. Em tais conversas, se gabavam cinicamente do seu vigor sexual, achincalhavam as mulheres de maneira cruel, falavam delas com nojo, cuspindo.

Porém – que estranho! – em tudo isso eu percebia – era essa a minha impressão – a tristeza e a vergonha. Eu via que nas casas de tolerância, onde por um rublo se podia comprar uma mulher por uma noite inteira, os meus companheiros se portavam de modo constrangido, culpado – isso me parecia natural. Mas alguns deles se mostravam desembaraçados demais, com uma audácia na qual eu percebia fingimento e falsidade. Eu me interessava tremendamente pelas relações sexuais e observava a questão com uma acuidade especial. Eu mesmo ainda não desfrutara os carinhos de uma mulher e isso me deixava numa situação desagradável: os companheiros e também as mulheres escarneciam de mim com maldade. Logo pararam de me convidar para ir à casa de tolerância e me declararam com franqueza:

– Não vá com a gente, irmão.

– Por quê?

– Ora! Com você, não tem graça.

Eu me agarrei tenazmente a essas palavras, sentindo haver nelas algo importante para mim, mas não recebi nenhuma explicação mais sensata.

– Ora, você tem cada uma! Já dissemos para não ir e pronto. É chato ir com você...

Só Artiom falou, sorrindo:

– É que nem estar com um padre, ou com o pai da gente.

As moças, de início, zombavam do meu retraimento, depois passaram a perguntar, em tom ofendido:

– Sente nojo?

Uma "moça" de quarenta anos, a bela e exuberante polonesa Tereza Boruta, a "governanta", olhando para mim com seus olhos inteligentes de cão de raça, disse:

– Deixem-no em paz, amigas. Com certeza ele tem uma noiva, não é? Um atleta como ele com certeza tem uma noiva, nem se discute.

Alcoólatra, bebia sem parar, e bêbada, era indescritivelmente repugnante, mas quando ela estava sóbria eu me surpreendia com a sua atitude ponderada em relação às pessoas e com a sua maneira calma de procurar um sentido no que elas faziam.

– As pessoas mais difíceis de compreender são, sem dúvida nenhuma, os estudantes da Academia de Teologia, sim! – explicava Tereza para os meus companheiros. – Eles fazem assim com as moças: mandam ensaboar o chão, depois mandam que uma moça nua fique de quatro, as mãos e os pés dentro de pratos, e a empurram por trás, para ver até onde ela desliza pelo chão. Assim mesmo, e é uma depois da outra. Vejam só. Por que será que fazem uma coisa dessa?

– Está mentindo! – eu dizia.

– Ah, não! – exclamava Tereza, sem se ofender, com calma, e nessa calma havia algo de esmagador.

– Você inventou isso.

– Como é que uma moça pode inventar uma coisa assim? Por acaso eu sou maluca? – ela perguntava, de olhos arregalados.

As pessoas escutavam o nosso debate com uma atenção sôfrega, mas Tereza sempre contava as brincadeiras dos fregueses no tom impassível de alguém que só precisava de uma coisa: entender por que agiam assim.

Os ouvintes, com nojo, cuspiam para o lado, xingavam barbaramente os estudantes, mas eu – vendo que Tereza despertava hostilidade em relação às pessoas que eram as minhas favoritas – retrucava que os estudantes amavam o povo, queriam o seu bem.

– Esses são os estudantes da rua Voskresnaia, os civis, da universidade, eu aqui estou falando dos estudantes de teologia, do Campo Árski! Eles, os de teologia, são todos órfãos e um órfão forçosamente vira ladrão ou arruaceiro, vira uma pessoa ruim, ele não se prende a nada, o órfão!

Os relatos calmos da "governanta" e as queixas maldosas das moças contra os estudantes, contra os funcionários e contra o "público honesto" em geral despertavam nos meus companheiros não só repulsa e hostilidade, mas também quase uma alegria que se expressava com estas palavras:

– Quer dizer que os instruídos são piores do que a gente!

Para mim era amargo e penoso ouvir tais palavras. Eu via que a sujeira da cidade afluía para dentro dos quartos pequenos e na penumbra, como se escorresse para uns buracos; ali, começava a ferver numa chama fumegante, saturava-se de hostilidade, de rancor, e ia desaguar de novo na cidade. Eu observava como, naquelas grutas para onde o instinto e o tédio da vida empurravam as pessoas, formavam-se, a partir de palavras absurdas, canções comoventes sobre as tribulações e os tormentos do amor, como surgiam lendas monstruosas sobre a vida das "pessoas instruídas", como se engendrava uma atitude hostil e zombeteira em relação ao que eles não entendiam – e eu via que as "casas de tolerância" constituíam universidades onde os meus companheiros adquiriam um conhecimento de teor bastante venenoso.

Eu via como as "moças da alegria" se deslocavam pelo chão imundo arrastando os pés, via como sacudiam o corpo de modo repugnante ao som do ganido importuno da sanfona, ou do irritante estalo das cordas de um piano quebrado, eu via – e nasciam em mim umas idéias obscuras, mas alarmantes. O tédio escorria de tudo à minha volta, envenenava a alma com um desejo impotente de ir para qualquer lugar e se esconder.

Quando, na padaria, eu começava a contar que existiam pessoas que buscavam desinteressadamente um caminho para a liberdade, para a felicidade do povo – retrucavam:

– Pois é, mas as meninas não falam deles, não!

E impiedosamente, com maldade cínica, escarneciam de mim, mas eu era um cachorrinho fogoso, me sentia mais inteligente e mais corajoso do que os cães crescidos – eu também ficava com raiva. Começando a entender que os pensamentos sobre a vida não eram menos penosos do que a própria vida, eu às vezes experimentava na alma um clarão de ódio em relação àqueles homens pacientes, no meio dos quais eu trabalhava. O que mais me indignava era a sua capacidade de sofrer, o desespero dócil com que se sujeitavam aos escárnios semiloucos do patrão bêbado.

E – como que de propósito – logo naqueles dias difíceis calhou de eu travar contato com uma idéia inteiramente nova, que me perturbou bastante, embora eu fosse organicamente hostil a ela.

Numa dessas noites tempestuosas, quando o vento, uivando com raiva, parece rasgar o céu cinzento em farrapos minúsculos que se espalham pela terra e a ocultam sob montes de poeira gelada, e parece que a vida sobre a terra chegou ao fim, que o sol se apagou e não vai mais nascer – numa noite assim, na semana do Carnaval, eu voltava da casa dos Diérenkov para a padaria. Caminhava de olhos fechados, contra o vento, através da ebulição turva do caos cinzento, e de repente caí, depois de esbarrar num homem estirado no meio da calçada. Nós dois praguejamos, eu em russo e ele em francês.

– Ah, diabo...

Isso atiçou a minha curiosidade, eu o levantei, pus o homem de pé – era de baixa estatura, leve. Empurrando-me, ele gritou com raiva:

– Cadê o meu gorro? O diabo que o carregue! Me dá esse gorro aqui! Eu vou congelar!

Depois de encontrar o gorro na neve, sacudi-o, coloquei-o em cima da sua cabeça eriçada, mas ele tirou o gorro e, brandindo-o na minha direção, praguejou nos dois idiomas, me enxotou:

– Suma!

De súbito, lançou-se para a frente e submergiu naquela massa em ebulição. Um pouco adiante, avistei-o de novo – estava de pé, abraçado a um poste de madeira do qual pendia uma lanterna apagada, e dizia, em tom insistente:

– Lena, eu estou morrendo... ah, Lena...

Era óbvio que estava bêbado e que na certa iria congelar, se eu o deixasse na rua. Perguntei onde morava.

– Que rua é esta? – começou a berrar, com lágrimas na voz. – Não sei para onde ir.

Abracei-o pela cintura e o conduzi, enquanto indagava onde morava.

– Em Bulak – balbuciou, tremendo. – Em Bulak... lá tem uns lugares para tomar banho, umas casas...

Ele pisava em falso, atabalhoadamente, e atrapalhava os meus passos; eu ouvia como seus dentes batiam:

– Si ti savé – balbuciou, me empurrando.

– O que o senhor disse?

Ele parou, levantou a mão e falou com clareza – com orgulho, assim me pareceu:

– *Se tu savais où je te mène...*[1]

E enfiou os dedos da mão na própria boca, enquanto se balançava e quase caía. Abaixei-me, coloquei-o nas minhas costas e o carreguei, enquanto ele, com o queixo apoiado no meu crânio, resmungava:

– *Se tu savais où...* Mas vou congelar, ah, meu Deus...

Em Bulak, consegui que me dissesse em que casa morava; por fim, subimos até a entrada de uma casinha escondida no fundo de um pátio e num turbilhão de neve. Ele tateou a porta, bateu com cuidado e falou, com voz sibilante:

– Pss! Devagar...

1 Em francês: "Se você soubesse para onde o estou levando..." [N.T.]

A porta foi aberta por uma mulher de roupão vermelho, com uma vela acesa na mão; depois de nos dar passagem, ela se afastou para o lado sem falar nada e, após pegar um *lorgnon* não sei onde, ficou me observando.

Contei a ela que as mãos do homem pareciam estar congeladas e que era preciso trocar sua roupa e deitá-lo na cama.

– É? – perguntou ela, com voz sonora e jovem.

– É preciso mergulhar as mãos dele na água fria...

Em silêncio, apontou para um canto com o *lorgnon*, ali onde havia um quadro num cavalete – um rio, uma árvore. Fitei com espanto o rosto estranhamente imóvel da mulher, mas ela se afastou para outro canto do quarto, para a mesa onde ardia um lampião, por trás de um abajur cor-de-rosa, sentou-se ali e, após pegar um valete de copas na mesa, pôs-se a examiná-lo.

– A senhora não tem vodca? – perguntei, em voz bem alta. Ela não respondeu, enquanto colocava as cartas na mesa. O homem que eu tinha trazido estava sentado numa cadeira, a cabeça inclinada para baixo, as mãos vermelhas pendentes ao longo do tronco. Coloquei-o no sofá e comecei a tirar a roupa dele, sem entender nada, agindo como que num sonho. A parede à minha frente, acima do sofá, estava inteiramente coberta por fotografias, entre elas, com um brilho embaçado, reluzia uma coroa dourada, com laços de fita brancos, com uma inscrição na ponta, em letras douradas:

"À incomparável Gilda."

– O diabo que te carregue! Devagar! – pôs-se a gemer o homem, quando comecei a esfregar as mãos dele.

A mulher baixava as cartas na mesa em silêncio e com ar preocupado. Tinha um rosto narigudo de pássaro, que os grandes olhos imóveis iluminavam. Então, com mãos de adolescente, enfunou os cabelos grisalhos, luxuriantes feito uma peruca, e perguntou em voz baixa, mas sonora:

– Você viu o Micha, Jorge?

O Jorge me empurrou, sentou-se depressa e falou, afobado:

– Mas, ora, ele partiu para Kíev...

– É, para Kíev – repetiu a mulher, sem desviar os olhos das cartas, e notei que a voz dela soava monótona, inexpressiva.

– Vai voltar logo...

– É?

– Ah, sim! Logo, logo.

– É? – repetiu a mulher.

Jorge, seminu, deu um pulo para o chão e em duas passadas se pôs de joelhos aos pés da mulher, dizendo-lhe alguma coisa em francês.

– Estou calma – respondeu ela, em russo.

– Eu me perdi, sabe? Uma tempestade, um vento terrível, pensei que ia congelar. A gente bebeu um pouco – explicou Jorge, afobado, enquanto olhava para a mão dela, que jazia sobre o joelho. O homem tinha uns quarenta anos, seu rosto vermelho de lábios grossos e bigode preto parecia assustado, alarmado, ele esfregava com força as cerdas grisalhas do cabelo no crânio redondo e falava em tom cada vez mais sóbrio.

– Amanhã iremos para Kíev – disse a mulher, num tom que não era de pergunta nem de afirmação.

– Sim, amanhã! Mas você precisa descansar. Por que não se deita? Já é muito tarde...

– Ele não vai vir hoje, o Micha?

– Ah, não! Com uma tempestade dessa... Vamos, está na hora de ir para a cama...

Ele a conduziu a uma portinha, ao lado de uma estante de livros, depois de pegar o lampião em cima da mesa. Fiquei muito tempo sentado sozinho, sem pensar em nada, ouvindo a voz dele, baixa, rouca. Patas peludas roçavam nos vidros da janela. A chama de uma vela refletia-se timidamente numa poça de neve derretida. Um cheiro morno e estranho enchia o quarto atravancado de objetos, entorpecia o pensamento.

Então Jorge apareceu, cambaleante, o lampião seguro nas mãos; o quebra-luz tilintava de modo intermitente contra o vidro.

– Está deitada.

Pôs o lampião sobre a mesa, parou com ar pensativo no meio do quarto e pôs-se a falar, sem olhar para mim:

– E então? Sem você, na certa eu teria morrido... Obrigado! Quem é você?

Inclinou a cabeça para o lado, prestou atenção num leve ruído no quarto vizinho e estremeceu.

– É sua esposa? – perguntei baixinho.

– É minha esposa. É tudo. Tudo na vida! – falou com nitidez, sem erguer a voz, olhando para o chão, e de novo começou a esfregar a cabeça com força, com a palma das mãos.

– Vamos tomar um chá, hein?

Desatento, caminhou rumo à porta, mas se deteve ao lembrar que a empregada tinha comido peixe demais e fora levada para o hospital.

Eu me ofereci para preparar o samovar, ele fez que sim com a cabeça e, pelo visto, tendo esquecido que estava seminu, batendo os pés descalços no piso molhado, levou-me para uma pequena cozinha. Lá, apoiando as costas na estufa, repetiu:

– Sem você, eu teria congelado... obrigado!

E de súbito, com um tremor, cravou em mim os olhos assustados, dilatados.

– E o que seria dela, então? Ah, meu Deus...

Rápido, num sussurro, enquanto olhava para o vão escuro da porta, falou:

– Você está vendo, ela está doente. O filho, um músico, se matou com um tiro em Moscou e ela continua esperando por ele, já faz dois anos, quase...

Depois, quando tomávamos chá, ele, de forma incoerente e com palavras incomuns, contou que a mulher era proprietária de terras e ele era professor de história, foi professor particular do filho dela, apaixonou-se, ela deixou o marido, um barão alemão, foi cantar na ópera, viviam muito bem, embora o primeiro marido tentasse por todos os meios estragar sua vida.

Contava como quem lesse algo em letras mal escritas, os olhos semicerrados, mirando intensamente alguma coisa na penumbra da cozinha imunda, cujo chão estava apodrecido perto da estufa. Queimava-se ao sorver o chá aos golinhos, o rosto se franzia, os olhos redondos piscavam medrosos.

– Quem é você? – perguntou de novo. – Sei, trabalha numa padaria. Estranho, não parece. O que isso quer dizer?

Suas palavras soavam inquietas, olhava para mim com ar de desconfiança, um olhar acuado.

Falei de mim de maneira sucinta.

– Será possível? – exclamou em voz baixa. – Ora, vejam só...

E de repente ele ficou animado e perguntou:

– Você conhece o conto do "Patinho Feio"? Já leu?

Seu rosto se transfigurou, ele começou a falar com fúria, assombrando-me com o timbre agudo, forçado – quase um ganido –, da sua voz rouca.

– Esse conto seduz a gente! Na sua idade, eu também pensava que podia virar um cisne. E pronto... Era para eu ir para a Academia de Teologia, mas entrei na universidade. Meu pai era sacerdote e me renegou. Em Paris, estudei a história das desgraças da humanidade, a história do progresso. Até escrevi. Ah, como tudo isso...

Ergueu-se da cadeira com um salto, ouviu com atenção e depois me disse:

– Essa história de progresso foi inventada para a gente se consolar! A vida é um absurdo, não tem sentido. Sem escravidão, não existe progresso, sem a submissão da maioria à minoria, a humanidade ficaria parada no meio do caminho. No intuito de tornar mais fácil a nossa vida, o nosso trabalho, só fizemos piorar a vida, aumentar o trabalho. As fábricas e as máquinas servem para fazer cada vez mais máquinas, isso é uma estupidez. Há cada vez mais operários, no entanto só o camponês é de fato necessário, o produtor de alimento. O alimento: isso é tudo o que precisamos extrair da natureza por meio do trabalho. Quanto menos necessidades tem o homem, mais feliz ele é; quanto mais desejos, menos liberdade.

Talvez não tenham sido essas palavras, mas foram exatamente essas as idéias estonteantes que ouvi pela primeira vez, ainda que de forma crua e brusca. Depois de soltar um ganido de nervosismo, fixou o olhar amedrontado na porta, aberta para os cômodos internos, escutou o silêncio por um minuto e de novo sussurrou, quase com furor:

– Veja bem, o homem precisa de pouca coisa: um pedaço de pão e uma mulher...

Depois de falar sobre as mulheres, num sussurro misterioso, com palavras que eu não conhecia, com versos que eu não tinha lido, de repente ele ficou igual ao ladrão Báchkin.

– Beatrice, Fiametta, Laura, Ninon – sussurrava nomes que eu desconhecia e falava de reis e poetas apaixonados, recitava poemas franceses, marcando o ritmo com o braço fino e nu até o cotovelo.

– O amor e a fome governam o mundo – ouvi o seu sussurro ardente e recordei que aquelas palavras estavam escritas debaixo do cabeçalho de um folheto revolucionário intitulado *O Tsar Fome*, e isso conferiu a elas um significado especialmente sério no meu pensamento.

– As pessoas procuram o esquecimento, o consolo, mas não o saber!

Essa idéia abalou-me de uma vez por todas.

Saí da cozinha já de manhã – o pequeno relógio na parede marcava seis e pouco. Caminhei na bruma cinzenta pelos montes de neve, eu ouvia o uivo da tempestade e lembrava os ganidos furiosos daquele homem arrasado; sentia que suas palavras tinham ficado atravessadas na minha garganta, sufocavam. Eu não tinha vontade de ir para a padaria e ver gente – e, arrastando comigo um monte de neve, vaguei pelas ruas do bairro tártaro até ficar claro e até as figuras dos habitantes da cidade começarem a mergulhar no meio das ondas de neve.

Nunca mais encontrei o professor, nem queria encontrá-lo. Porém, mais tarde, ouvi repetidas vezes os mesmos discursos sobre a falta de sentido da vida e a inutilidade do trabalho – ditos por peregrinos analfabetos, por vagabundos sem casa, por "tolstoístas"[1] e por gente de cultura elevada. O mesmo foi dito por um monge, por um mestre em teologia, por um químico que trabalhava com substâncias explosivas, por um biólogo neovitalista e por muitos outros. Mas tais idéias já não causaram em mim o mesmo efeito atordoante de quando travei o primeiro contato com elas.

E aconteceu que apenas uns dois anos atrás – mais de trinta anos depois da primeira conversa sobre esse tema –, ouvi inesperadamente as mesmas idéias, e quase com as mesmas palavras, ditas por um velho conhecido meu, um operário.

Certa vez, eu e ele entabulamos uma conversa "do fundo do coração" e aquele homem que, rindo sem alegria, se intitulava um "figurão da política", contou-me com a sinceridade sem medo que só os russos parecem ter:

– A. M., meu caro, nada é necessário, nada disso leva a lugar nenhum: academia, ciências, aeroplanos, tudo isso é inútil! O que é preciso é só um canto sossegado e uma mulher para beijar, quando se tem vontade, e que corresponda lealmente, de corpo e alma, e pronto! O senhor raciocina como os intelectuais, o senhor já não é um dos nossos, mas sim um homem envenenado, para o senhor as idéias estão acima das pessoas, o senhor pensa como os judeus: o homem é feito para o sabá?

1 Tolstoístas ou tolstoianos: seguidores das doutrinas difundidas pelo escritor Liev Tolstói, aproximadamente entre 1890 e 1910. [N.T.]

– Os judeus não pensam assim...

– Só o diabo sabe como eles pensam, povinho escuro – retrucou, enquanto jogava uma ponta de cigarro dentro do rio e a seguia com o olhar.

Estávamos sentados na beira do rio Nieva, num banco de granito, numa enluarada noite de outono, ambos arrasados por um dia de uma agitação inútil, de um obstinado, mas insensato, desejo de fazer algo bom, útil.

– O senhor está conosco, mas não é um dos nossos, é isso o que estou dizendo – prosseguiu em voz baixa, com ar pensativo. – Os intelectuais gostam de se inquietar, desde o início dos séculos eles se unem às rebeliões. Como Cristo era um idealista e se rebelou por idéias supraterrenas, assim também toda a *intelligentsia* se rebela por uma utopia. Rebela-se, é idealista, e junto com ela vão os inúteis, os imprestáveis, os canalhas, e todos movidos só pelo rancor: vêem que para eles não existe um lugar na vida. O trabalhador se insurge pela revolução, ele precisa conquistar uma distribuição justa dos instrumentos e dos frutos do trabalho. Uma vez tomado o poder, o senhor acha que ele vai consentir em compor um Estado? De jeito nenhum. Todos vão se dispersar e cada um vai montar por conta própria um canto sossegado...

"O senhor fala na técnica? Pois ela aperta ainda mais o nó em nosso pescoço, nos amarra com mais força ainda. Não, o que é preciso é libertar-se do trabalho inútil. O homem quer sossego. As fábricas e as ciências não trazem o sossego. Uma pessoa precisa de pouca coisa. Para que eu haveria de amontoar toda uma cidade, quando só preciso de uma casinha pequena? Onde as pessoas vivem amontoadas, tem de haver também água encanada, tubulações de esgoto, eletricidade. Mas experimente só viver sem isso, veja como será mais fácil! Não, temos muita coisa inútil e tudo isso vem da *intelligentsia*. Por isso eu também digo: a *intelligentsia* é uma categoria nociva."

Respondi que ninguém mais do que os russos tinha uma capacidade tão profunda e tão resoluta de privar a vida de todo sentido.

– É o povo mais livre em espírito – o meu interlocutor deu um sorriso. – Mas, o senhor não se zangue, eu raciocino de forma justa, assim pensam milhões entre nós, está certo, não sei falar bonito... É preciso tornar a vida mais simples e então a vida será misericordiosa com as pessoas...

Esse homem nunca foi um "tolstoísta", não demonstrava inclinação pelo anarquismo – conheço bem a história do seu desenvolvimento espiritual.

Depois da conversa, não pude deixar de refletir: e se de fato milhões de russos só suportam os pesados suplícios da revolução porque acalentam, no fundo de sua alma, a esperança de libertar-se do trabalho? O mínimo de trabalho – o máximo de prazer, isso é muito atraente e seduz, como tudo o que é irrealizável, como toda utopia.

E lembrei os versos de Henrik Ibsen:

Eu, um conservador? Ah, não!
Sou o mesmo que fui, toda a vida.
Não gosto de mudar as peças de lugar,
Queria, sim, embaralhar o jogo todo.

Só me recordo de uma revolução.
Ela foi mais inteligente do que as seguintes
E poderia ter destruído tudo –
Refiro-me, é claro, ao Dilúvio.

Mas também daquela vez tapearam o Diabo!
Vocês sabem, Noé tornou-se o ditador.

Ah, se fosse possível agir de modo mais honesto,
Eu não me recusaria a ajudá-los –

Vocês se empenham por um Dilúvio,
Já eu, de bom grado, enfiaria um torpedo no fundo da Arca.

A venda de Diérenkov dava um lucro insignificante, mas o número de pessoas e de "servicinhos" que necessitavam de ajuda material era cada vez maior.

– É preciso inventar alguma coisa – dizia Andrei, enquanto apalpava a barba com ar preocupado, dava um sorriso de culpa e soltava suspiros pesados.

Eu tinha a impressão de que aquele homem se considerava condenado a trabalhos forçados perpétuos em favor das pessoas e, embora estivesse resignado ao seu castigo, mesmo assim às vezes aquilo pesava sobre ele.

Mais de uma vez, com palavras variadas, eu perguntei:

– Por que o senhor faz isso?

Obviamente sem entender minhas perguntas, ele respondia à questão – para quê? – falando, de modo livresco e ininteligível, sobre a árdua vida do povo, sobre a necessidade de instrução, de saber.

– Mas será que as pessoas querem, procuram o saber?

– Ora, como não? Claro! O senhor, por exemplo, não quer?

– Sim, eu quero. Mas... – lembrei-me das palavras do professor de história:

"As pessoas procuram o esquecimento, o consolo, mas não o saber."

É nocivo o encontro de idéias tão aguçadas quando se tem apenas dezessete anos de idade; as idéias ficam embotadas nesses encontros, e as pessoas também não saem ganhando.

Comecei a ter a impressão de que eu sempre notava a mesma coisa: as pessoas só gostavam de histórias interessantes porque as ajudavam a esquecer, durante uma hora, a sua vida penosa, mas costumeira. Quanto mais "invencionices" houvesse na história, mais avidamente a escutavam. Os livros mais interessantes eram os que tinham muitas "invencionices" bonitas. Em resumo – eu navegava numa neblina estonteante.

Diérenkov imaginou abrir uma padaria. Lembro que ficou perfeitamente calculado que essa empresa deveria render não menos de trinta e cinco por cento sobre cada rublo investido. Eu deveria trabalhar de "auxiliar" de padeiro e, como era "um deles", deveria vigiar para que o padeiro não roubasse farinha, ovos, manteiga e mercadorias prontas.

E então eu me transferi de um porão grande e sujo para um pequeno e mais limpo – o cuidado com a limpeza era obrigação minha. Em vez de uma equipe de quarenta pessoas, diante de mim havia só um homem – ele tinha suíças cinzentas, barbicha pontuda, cara seca, defumada, olhos escuros, pensativos, e uma boca esquisita: pequena como a boca de uma perca, lábios carnudos, grossos e arranjados de tal modo que ele parecia beijar a si mesmo. E algo zombeteiro brilhava no fundo de seus olhos.

Ele, está claro, roubava – na primeira noite de trabalho, separou uma dezena de ovos, três libras de farinha e um bom pedaço de manteiga.

– Isso aí vai para onde?

– Vai para uma garota – respondeu em tom amigável e, franzindo a pele entre as sobrancelhas, acrescentou: – Uma garota boazinha!

Tentei convencê-lo de que o roubo era considerado um crime. Mas – ou por não ter eloqüência, ou por eu mesmo não estar convencido o bastante daquilo que tentava demonstrar – o meu discurso não obteve sucesso.

Deitado sobre um caixote de massa de pão e olhando para as estrelas através da janela, o padeiro começou a murmurar, com assombro:

– Ele me... dá lições! Me encontra pela primeira vez e pronto!, me dá lições. E ainda é três vezes mais jovem do que eu. Engraçado...

Contemplou as estrelas e perguntou:

– Será que eu já vi você antes, em algum lugar? Onde trabalhava? Na padaria de Semiónov? Lá, onde se revoltaram? Sei. Então eu vi você num sonho...

Dias depois, notei que aquele homem podia dormir o quanto quisesse e em qualquer posição, mesmo de pé, apoiado numa pá. Enquanto dormia, levantava as sobrancelhas e o rosto se modificava de um modo estranho, assumindo uma expressão irônica e espantada. E seus temas prediletos eram histórias sobre tesouros e sonhos. Dizia, convicto:

– Eu enxergo através da terra e toda ela está recheada de tesouros, que nem um empadão: caldeirões de dinheiro, cofres, potes de ferro enterrados por todo canto. Aconteceu várias vezes: vi num sonho um lugar conhecido, uma casa de banho, digamos; num canto, embaixo dela, estava enterrado um cofre com uma baixela de prata. Acordei e fui cavar de noite, escavei um *archin*[1] e meio de profundidade e vi: carvão e o crânio de um cachorro. E ali estava, achei!... De repente, *crac!*, a janela se estilhaça e uma mulher berra feito louca: Guarda, ladrões! Eu fugi, é claro, senão iam me dar uma surra. Engraçado.

Ouvi muitas vezes essas palavras: engraçado! Mas Ivan Lutonin não ria, apenas estreitava uns olhos risonhos, franzia a pele entre as sobrancelhas e dilatava as narinas.

Seus sonhos não eram engenhosos, eram tão maçantes e absurdos quanto a realidade, e eu não entendia uma coisa: por que ele contava os sonhos com tanto entusiasmo, ao passo que não gostava de falar do que acontecia à sua volta?*

A cidade toda se alvoroçou: a filha de um abastado comerciante de chá, forçada a casar contra a sua vontade, matou-se

1 Medida russa, equivalente a 71 cm. [N.T.]

* No fim da década de 1890, li numa revista de arqueologia que Lutonin-Koroviákov encontrou um tesouro em algum lugar no distrito de Tchistopólski: uma tigela cheia de dinheiro árabe.

com um tiro logo depois do casamento. Atrás do caixão, vinha uma multidão de jovens, alguns milhares de pessoas, estudantes fizeram discursos ao pé da sepultura, a polícia os dispersou. Numa lojinha ao lado da padaria, todos esbravejavam a respeito desse drama, a sala nos fundos da loja estava repleta de estudantes e chegavam até nós, no porão, as vozes exaltadas, as palavras veementes.

– Devem ter surrado muito pouco essa menina, quando era pequena – disse Lutonin, e logo depois contou: – Pesquei uma carpa num tanque, de repente veio um policial: Parado aí, como é que você se atreve? Não havia para onde fugir, mergulhei na água e... acordei.

Embora a realidade transcorresse em algum ponto além dos limites da sua atenção, Lutonin logo se deu conta de que algo fora do comum se passava na padaria: na loja, mocinhas inaptas para o serviço cuidavam dos negócios, moças que liam uns livrinhos – a irmã do patrão e uma amiga, moça grande, de faces rosadas, olhos afetuosos. Os estudantes chegavam, ficavam muito tempo na sala dos fundos da loja e conversavam aos berros ou aos sussurros sobre alguma coisa. O patrão raramente aparecia e eu – o "auxiliar" – acabava dando a impressão de ser o gerente da padaria.

– Você é parente do patrão? – perguntou Lutonin. – Por acaso ele quer que você seja seu genro? Não. Engraçado. Mas para que os estudantes ficam nesse entra-e-sai? Por causa das senhoritas... Sei. Bom, pode ser... Se bem que as senhoritas não são lá muito apetitosas, nem bonitas... Esses estudantezinhos, pelo visto, vêm mais para comer pão do que para cuidar de senhoritas...

Quase todo dia, às cinco ou seis horas da manhã, na rua, junto à janela da padaria, aparecia uma jovem de pernas curtas; feita de hemisférios de vários tamanhos, ela parecia um saco cheio de melancias. Depois de meter os pés descalços no fosso junto à janela, a moça chamava, bocejando:

– Vânia!

Na cabeça, trazia um lenço colorido, por baixo dele escapavam cabelos encaracolados, claros, que cobriam com aneizinhos miúdos as suas faces vermelhas, inchadas como bolas, e também a testa estreitinha, fazendo cócegas nos olhos sonolentos. Preguiçosamente, ela afastava do rosto os cabelos, com as mãos pequenas, os dedos entreabertos de um modo engraçado, como os de uma criança recém-nascida. Era interessante saber sobre o que se podia conversar com uma garota assim. Eu acordava o padeiro, ele perguntava à garota:

– Chegou?

– Está vendo.

– Dormiu?

– Ora, como não?

– E o que sonhou?

– Não lembro...

A cidade estava em silêncio. Só a vassoura de um zelador raspava o chão, em algum canto, e cantavam pardais que tinham acabado de acordar. Nos vidros das janelas, batiam os raios mornos do sol nascente. Eu achava muito agradável esse pensativo começo dos dias. Depois de enfiar a mão peluda através da janela, o padeiro apalpava as pernas da moça, ela se sujeitava à exploração com indiferença, sem um sorriso, piscando os olhos de ovelha.

– Piechkóv, tire a massa, já está na hora.

Eu retirava do forno as chapas de ferro, o padeiro recolhia delas uma dezena de pãezinhos doces, folhados, broas, jogava-os na barra da saia da menina e ela, enquanto atirava de uma mão para a outra um pãozinho doce muito quente, mordiscava com os dentes amarelos de ovelha, se queimava e ficava zangada, grunhia.

Deliciado com ela, o padeiro dizia:

– Baixe a barra da saia, sua sem-vergonha...

E quando a garota ia embora, ele se gabava comigo:

– Viu só? Que nem uma ovelhinha, toda cheia de cachinhos. Eu, meu irmão, sou um homem decente: não vivo com mulheres, só com garotas. Essa é a minha décima terceira. É afilhada de Nikíforitch.

Ao ouvir o entusiasmo dele, eu pensava:

"E eu, será que vou viver assim?"

Depois de tirar do forno o pão branco vendido a peso, eu colocava numa prancha comprida uns dez, doze pães cortados e os levava às pressas para a loja de Diérenkov, e voltava, enchia uma cesta de dois *pudes* com pãezinhos e pães doces e levava para a Academia de Teologia, a fim de chegar a tempo do chá matinal dos estudantes. Lá, no amplo refeitório, eu ficava parado junto à porta, fornecia pãezinhos aos estudantes, "fiado" ou "à vista" – ficava ali de pé e ouvia como discutiam sobre Tolstói; um dos professores da Academia – Gússev – era inimigo feroz de Liev Tolstói. Às vezes, dentro da minha cesta, por baixo dos pães, vinham uns livros, e cabia a mim passá-los, sem que ninguém visse, às mãos desse ou daquele estudante, e de outras vezes os estudantes escondiam livros e manuscritos na minha cesta.

Uma vez por semana, eu ia ainda mais longe – ao "Asilo de Loucos", onde o psiquiatra Bekhtierev dava aulas, mostrando os doentes. Certa vez, apresentou aos estudantes um paciente que sofria de mania de grandeza: quando aquele homem comprido surgiu nas portas do auditório, de bata branca e com um gorro semelhante a uma meia, não pude deixar de rir, mas ele, parando por um segundo ao meu lado, lançou um olhar para o meu rosto e eu dei um pulo para trás – foi como se ele tivesse acertado um golpe no meu coração, com a ponta negra, mas ardente, do seu olhar. E durante todo o tempo que Bekhtierev, repuxando a barba, palestrava de forma respeitosa com o paciente, eu afagava o meu rosto de leve, com a palma da mão, como se tivesse sido queimado por um pó cáustico.

O paciente falava em voz surda, num timbre de baixo, exigia não sei o que e, de dentro do roupão, de modo ameaçador estendia a mão comprida, com dedos compridos, parecia-me que o seu corpo inteiro se esticava de forma antinatural, crescia ao infinito, parecia que com aquela mão escura, e sem sair do lugar, ele me alcançaria e apertaria a minha garganta. O olhar penetrante dos seus olhos negros brilhava de forma ameaçadora e imperiosa, no fundo das covas escuras do rosto ossudo. Umas duas dezenas de estudantes observavam aquele homem com o seu gorro estapafúrdio, alguns sorriam, a maioria se mostrava concentrada e triste, os olhos deles pareciam exageradamente comuns em comparação com os olhos ardentes do homem. Era aterrador e havia nele, de fato, algo de grandioso.

A voz do professor ressoava no meio da mudez de peixe dos estudantes, cada pergunta dele suscitava gritos terríveis de uma voz surda, que parecia vir de debaixo do chão, de trás das paredes mortas, brancas, os movimentos do corpo do paciente tinham a lentidão e a imponência de um bispo.

À noite, escrevi uns versos sobre o maníaco, chamei-o de "o soberano de todos os soberanos, amigo e conselheiro de Deus", e por muito tempo sua imagem viveu comigo, atrapalhou a minha vida.

Como trabalhava das seis da tarde até quase o meio-dia, eu dormia à tarde e só podia ler durante o trabalho, depois de sovar a massa, enquanto esperava que outra massa fermentasse e depois de colocar o pão no forno. À medida que eu ia dominando os segredos do ofício, o padeiro passava a trabalhar cada vez menos, ele me "instruía", falando com uma admiração carinhosa:

– Você tem jeito para o serviço, em um ou dois anos vai ser padeiro. Engraçado. Você é moço, não vão dar atenção a você, não vão respeitar...

Quanto ao meu entusiasmo pelos livros, ele o encarava com desaprovação:

– Você faria melhor se dormisse, em vez de ler – aconselhava, solícito, mas nunca perguntou que livros eu estava lendo.

O sonhos, os devaneios sobre tesouros e sobre a garota redonda e baixinha o absorviam completamente. Muitas vezes, a garota vinha à noite e então ele a levava para a entrada, no meio dos sacos de farinha, ou – se estivesse frio – me dizia, franzindo a pele entre as sobrancelhas:

– Dê uma saidinha, só meia hora.

Eu saía e pensava: que diferença terrível entre aquele amor e o amor sobre o qual escrevem nos livros...

Num quartinho nos fundos da loja, morava a irmã do patrão, eu fervia o samovar para ela, mas me empenhava em vê-la o mais raramente possível – me sentia acanhado com ela. Seus olhos infantis me fitavam com o mesmo olhar insuportável dos nossos primeiros encontros, no fundo daqueles olhos eu desconfiava haver um sorriso, e me parecia um sorriso de zombaria.

Por excesso de força, eu era muito desajeitado; o padeiro, ao observar como eu revirava e puxava sacos de cinco *pudes*, dizia, com pena:

– Força, você tem, igual à de três homens, mas nada de habilidade. E, apesar de ser comprido, mais parece um boi...

A despeito de já ter lido muitos livros, gostar de poesia e ter até começado a escrever poemas, eu falava "com as minhas palavras". Eu sentia que eram palavras pesadas, brutas, mas me parecia que só por meio delas eu poderia expressar a tremenda barafunda de meus pensamentos. E às vezes eu dizia grosserias de propósito, como um protesto contra aquilo que me era alheio e que me irritava.

Um de meus professores, um estudante de matemática, censurou-me:

– Só o diabo sabe como o senhor fala. Não usa palavras, mas halteres!

No geral, eu não gostava do meu jeito, como costuma acontecer com os adolescentes; achava-me ridículo, grosseiro. Tinha a cara de um calmuco,[1] as maçãs do rosto salientes, a voz não me obedecia.

E a irmã do patrão se movimentava depressa, com agilidade, como uma andorinha no ar, parecia-me que a leveza dos seus movimentos contradizia a sua figurinha arredondada, fofa. Havia algo falso em seus gestos e no seu modo de andar, algo estudado. Sua voz soava alegre, ria com freqüência e, ao ouvir aquele riso sonoro, eu pensava: ela quer que eu esqueça a maneira como a vi pela primeira vez. Mas eu não queria esquecer, tudo o que era fora do comum tinha grande valor para mim, eu precisava saber que aquilo era possível, existia.

Às vezes, ela me perguntava:

– O que o senhor está lendo?

Eu respondia de forma sucinta e sentia vontade de perguntar:

– E para que a senhora quer saber?

Certa vez, o padeiro, enquanto acariciava a garota de pernas curtas, me disse, com voz embriagada:

– Saia um pouquinho. Eh, devia ir ver a irmã do patrão, por que você fica aí comendo mosca? Já os estudantes...

Jurei que ia quebrar a cabeça dele com uns halteres, se falasse mais qualquer coisa desse tipo, e fui para a entrada, onde ficavam os sacos. Pela fresta da porta entreaberta, eu ouvia a voz de Lutonin:

– Para que eu iria me zangar com ele? Sugou os livros até se entupir, e vive que nem um doido...

Na entrada, as ratazanas chiavam e faziam algazarra; na padaria, a garota rosnava e gemia. Saí para o pátio; lá, preguiçosamente, quase sem ruído, caía uma chuva suave, mas mesmo assim estava abafado, o ar estava saturado de um cheiro de quei-

1 Calmuco: povo de origem mongólica que habita a Sibéria. [N.T.]

mado, tinham posto fogo na mata. Já passava bastante de meia-noite. Na casa em frente à padaria, as janelas estavam abertas; nos quartos mal iluminados, cantavam:

São Varlam em pessoa,
Com a cabeça dourada,
Olhando para elas do alto,
Sorri...

Tentei imaginar Mária Diérenkova deitada nos meus joelhos – como a garota do padeiro se deitava nos joelhos dele – e senti com todo o meu ser que aquilo era impossível, terrível até.

E a noite inteira,
Ele bebe e canta,
E também... faz
Mais uma coisa.

Com entusiasmo, um grave Ô de baixo se destacava do coro. Curvado, apoiando as mãos nos joelhos, espiei por uma janela; através das rendas da cortina, pude ver uma toca quadrada, as paredes cinzentas eram iluminadas por um pequeno lampião com um quebra-luz azul, abaixo do lampião, com o rosto voltado para a janela, estava sentada uma garota, e ela escrevia. E então levantou a cabeça e, com um porta-penas vermelho, ajeitou uma mecha de cabelo na têmpora. Seus olhos estavam semicerrados, o rosto sorria. Lentamente, dobrou a carta, fechou o envelope, passou a língua pela borda e, após jogar o envelope sobre a mesa, ameaçou-o com um dedo pequeno – menor que o meu dedo mindinho. Mas pegou a carta outra vez, rasgou a beirada do envelope, leu, fechou-a dentro de outro envelope, redigiu o endereço, curvada sobre a mesa, e brandiu a carta no ar, como uma bandeira branca. Girando, de braços erguidos, foi até um canto, onde ficava a sua cama, depois saiu dali, já sem a blusa de dormir – tinha os ombros redondos feito pãezinhos doces –, apanhou o lampião na mesa e desapareceu num canto. Quando a gente observa como se comporta uma pessoa completamente sozinha, dá a impressão de que ela está louca. Fiquei andando pelo pátio, pensando em como aquela moça vivia de forma estranha, quando estava sozinha em sua toca.

Mas quando o estudante ruivo vinha vê-la e, em voz baixinha, quase num sussurro, lhe dizia algo, ela se encolhia toda, ficava ainda menor, olhava para ele, sorria com timidez e escondia a mão atrás das costas ou debaixo da mesa. Eu não gostava daquele ruivo. Não gostava nem um pouco.

Cambaleando, agasalhando-se num xale, a garota de pernas curtas veio caminhando e rosnou para mim:

– Volte para a padaria...

O padeiro, enquanto retirava a massa da forma, contou-me como a sua bem-amada era consoladora e infatigável, e eu pensei:

"E comigo, o que vai acontecer?"

Parecia-me que em algum local próximo, atrás da esquina, uma desgraça me esperava.

Os negócios na padaria andavam tão bem que Diérenkov saiu à procura de outra padaria, mais espaçosa, e resolveu contratar mais um auxiliar. Isso era bom, eu tinha trabalho demais, ficava cansado até o estupor.

– Na nova padaria, você será o primeiro auxiliar – prometeu o padeiro. – Vou mandar pagarem a você dez rublos por mês. Isso mesmo.

Compreendi que, para ele, era vantajoso contar comigo como primeiro auxiliar, o padeiro não gostava de trabalhar, enquanto eu trabalhava com muita vontade, o cansaço me fazia bem, apagava a inquietação do meu espírito, refreava as insistentes exigências do instinto sexual. Mas não me permitia ler.

– Que bom que você largou os livros... Que as ratazanas comam todos eles! – disse o padeiro. – Mas será que você não tem sonhos? Na certa, sonha também, mas esconde. Que engraçado. Porque contar os sonhos é a coisa mais inofensiva do mundo, não há nada a temer...

Era muito afetuoso comigo, parecia até me respeitar. Ou tinha medo, por ser eu o protegido do patrão, embora isso não o impedisse de roubar mercadorias sistematicamente.

Minha avó morreu. Eu soube da sua morte sete semanas depois do enterro, por meio de uma carta enviada por um de meus primos. Na breve carta – sem vírgulas –, ele contava que a avó caiu quando estava pedindo esmolas no átrio de uma igreja e quebrou a perna. No oitavo dia, "pegou o fogo de Santo Antônio".[1] Mais tarde, eu soube que os dois primos, a irmã deles e seus filhos – gente jovem, saudável – viviam à custa da velha, comiam com as esmolas que a avó arrecadava. Nem passou pela cabeça deles chamar um médico.

Na carta, dizia:

"Enterramos a avó no cemitério Pedro e Paulo onde todos os nossos familiares acompanharam a gente e também os mendigos eles gostavam dela e choraram. O avô também chorou nos enxotou e ficou lá na sepultura a gente olhou de trás dos arbustos como chorava ele também vai morrer logo."

Não chorei, apenas – eu me lembro – foi como se um vento gelado me envolvesse. À noite, sentado no pátio, sobre uma pilha de lenha, senti um desejo premente de contar para alguém a respeito da avó, como ela era afetuosa e inteligente, uma mãe para todo mundo. Por muito tempo carreguei na alma esse desejo pesado, mas eu não tinha a quem contar, e então ele ficou sem se exprimir e acabou se extinguindo.

Recordei aqueles dias muitos anos depois, quando li admirado um conto muito verdadeiro de A. P. Tchekhov sobre um condutor de carroça que conversava com um cavalo a respeito

1 Gangrena. [N.T.]

da morte do seu filho. Lamentei que naqueles dias de tristeza aguda eu não tivesse por perto nem um cavalo, nem um cachorro, e que eu não tivesse a idéia de dividir a mágoa com as ratazanas – havia muitas na padaria, e eu vivia com elas em boas relações de amizade.

O guarda Nikíforitch começou a me rondar como um abutre. Esbelto, robusto, com cerdas cor de prata na cabeça, a barbicha em leque, aparada com esmero, ele estalava os lábios com apetite, olhava para mim como se eu fosse um ganso abatido para a ceia de Natal.

– Você gosta de ler, me disseram, não é? – perguntou. – Que livros, por exemplo? Digamos, a vida dos santos, ou a Bíblia?

Eu também lia a Bíblia e o Livro das Horas – isso surpreendeu Nikíforitch visivelmente, deixou-o desconcertado.

– Ah, é mesmo? Leitura legal e útil! Mas por acaso não deu uma lida nas obras do conde Tolstói?

Eu também lia Tolstói, mas, ao que parecia, não as obras que interessavam ao policial.

– Essas, segundo consta, são obras comuns, que todos lêem, mas dizem que há algumas em que ele pega em armas contra os padres... Devia ler essas!

Eu também lia aquelas "algumas obras", impressas em mimeógrafo, mas me pareciam maçantes e eu sabia que não convinha trocar idéias sobre elas com um policial.

Depois de algumas conversas enquanto caminhávamos pela rua, o velho passou a me convidar:

– Dê um pulo na minha casa para tomar um chá.

Eu, é claro, entendi o que ele queria de mim, mas senti vontade de ir vê-lo. Fui me aconselhar com pessoas experientes e ficou resolvido que se eu me esquivasse da gentileza do guarda poderia reforçar suas suspeitas contra a padaria.

E lá fui eu visitar Nikíforitch. Um terço do seu cubículo era ocupado pelo fogão russo, um terço por uma cama de casal, atrás de uma cortina de chita, com uma porção de travesseiros metidos em fronhas de algodão vermelho, e o espaço restante era guarnecido por um guarda-louças, uma mesa, duas cadeiras e um banco ao pé da janela. Nikíforitch, com o uniforme desabotoado, estava sentado no banco, tapando com o corpo a pequena e única janela; a meu lado estava sua esposa, mulherzinha de peitos exuberantes, de uns vinte anos de idade, cara vermelha, olhos astutos e mordazes de uma estranha cor de pombo; os lábios vermelhos e brilhantes se estufavam com um ar caprichoso, a vozinha era meio seca e zangada.

– Sei muito bem – falou o policial – que a minha afilhada, Sekleteia, vai à padaria de vocês, a garota é uma safada, uma ordinária. E todas as mulheres são umas ordinárias.

– Todas? – perguntou a esposa.

– Todas elas! – confirmou Nikíforitch em tom resoluto, tilintando as medalhas, como um cavalo faz tilintar os seus arreios. E, depois de sorver o chá no pires, repetiu com satisfação: – Safadas e ordinárias, desde a última vadia das ruas... até as rainhas! A rainha de Sabá viajou duas mil verstas[1] até a ermida do rei Salomão, só por libertinagem. E também a tsarina Catarina, embora fosse até chamada de a Grande...

Ele contou detalhadamente a história de um certo foguista que, numa só noite com a tsarina, recebeu todas as patentes, de sargento até general. A esposa, enquanto ouvia com atenção, lambia os lábios e tocava a minha perna com a sua, por baixo da mesa. Nikíforitch falava de modo muito suave, com palavras apetitosas, e então, sem que eu percebesse, mudou de assunto:

– Por exemplo: tem aí um estudante da primeira série chamado Pletnióv.

A esposa, depois de dar um suspiro, interferiu:

– É feio, mas é bom!

1 Em russo, *verstá*: medida equivalente a 1,06 quilômetro. [N.T.]

– Quem?

– O senhor Pletnióv.

– Em primeiro lugar, não é um senhor, só vai ser um senhor quando terminar os estudos, até lá não passa de um estudante comum, igual a milhares, por aí. Em segundo lugar, o que quer dizer com "é bom"?

– É divertido. Jovem.

– Em primeiro lugar, um palhaço de feira também é divertido...

– O palhaço ganha para fazer graça.

– Cale a boca! Em segundo lugar, um cachorro já foi um filhotinho...

– Um palhaço é uma espécie de macaco...

– Cale a boca, já falei uma vez! Não ouviu?

– Certo, ouvi.

– Ora, ora...

E Nikíforitch, depois de amansar a esposa, me aconselhou:

– Olhe, procure conhecer o Pletnióv, é muito interessante!

Como ele provavelmente já me vira na rua com Pletnióv mais de uma vez, falei:

– Já somos conhecidos.

– Ah, é? Então...

O despeito soava em suas palavras, ele se movia de maneira impetuosa, as medalhas tilintavam. E eu fiquei de sobreaviso: sabia que Pletnióv imprimia uns folhetos no mimeógrafo.

A mulher, enquanto me tocava com a perna, provocava o velho maliciosamente, e ele, inflando-se como um pavão, abria a cauda suntuosa do seu discurso. As travessuras da esposa não me deixavam escutar o guarda e eu, mais uma vez, não notei quando a voz dele se alterou, ficou mais baixa, mais persuasiva.

– Um fio invisível, entende? – perguntou-me, e fitou-me no rosto, com os olhos arregalados, como que assustado com alguma coisa. – Suponha que o soberano imperador seja uma aranha...

– Ai, o que está dizendo? – exclamou a mulher.

– Você, fique calada! Sua burra, falo assim para ficar mais claro, não é para injuriar, sua égua! Leve embora o samovar...

Sobrancelhas contraídas, olhos semicerrados, ele prosseguiu em tom persuasivo:

– Um fio invisível, como o de uma aranha, sai do coração de Sua Majestade Imperial o soberano imperador Alexandre III e atravessa os senhores ministros, atravessa o excelentíssimo senhor governador e todos os postos da hierarquia, até chegar a mim e ao último dos soldados. Por esse fio, tudo está ligado, tudo fica preso na sua força invisível, que sustenta o Estado e o reino, pelos séculos dos séculos. Mas uns polonesinhos, uns judeus e uns russos, subornados pela esperta rainha inglesa, esforçam-se em romper esse fio onde puderem, como se estivessem agindo em favor do povo!

Num sussurro ameaçador, perguntou, inclinando-se para mim, sobre a mesa:

– Entendeu? Pois é. E por que digo isso a você? O seu padeiro elogia você, diz que é um rapaz inteligente, honesto e que vive sozinho. Mas lá na padaria de vocês, uns estudantes ficam de vagabundagem, passam as noites com a esposa de Diérenkov. Se fosse um só, daria para entender. Mas e quando são muitos? Hein? Não tenho nada contra os estudantes: hoje é estudante, amanhã é um procurador substituto. Os estudantes são boa gente, só que eles têm pressa em desempenhar um papel, e os inimigos do tsar os instigam! Entende? E digo também que...

Mas não teve tempo de falar – a porta abriu-se de um golpe, entrou um velhote miúdo, de nariz vermelho, com uma faixa nos cabelos encaracolados, uma garrafa de vodca na mão, e já bêbado.

– Vamos jogar damas? – propôs, alegre, e logo em seguida começou a brilhar nos lampejos das piadas picantes.

– É o meu sogro, o pai da minha esposa – disse Nikíforitch com enfado, em tom soturno.

Alguns minutos depois, me despedi e saí; a mulher, astuta, ao encostar atrás de mim a porta da guarita, me deu um beliscão e disse:

– Como estão vermelhas aquelas nuvens! Parece fogo!

No céu, uma nuvem pequena e dourada se derretia.

Eu não queria ofender meus professores, mas contei que o guarda me explicara a organização da máquina do Estado de um modo mais definitivo e mais direto do que eles. Em algum lugar, ficava uma aranha, e dela corria um "fio invisível", que prendia e amarrava tudo na vida. Logo aprendi a sentir em toda parte os fortes nós daquele fio.

Certa noite, já tarde, depois de fechar a mercearia, a patroa me chamou ao seu quarto e comunicou, em tom de quem trata de negócios, que ela fora incumbida de saber o que o guarda havia falado comigo.

– Ah, meu Deus! – exclamou, alarmada, depois de ouvir o relato detalhado, e desandou a correr feito um rato, de um canto do quarto para o outro, sacudindo a cabeça. – Ora! O padeiro não andou fazendo perguntas ao senhor, andou? Pois então, a amante dele é parente de Nikíforitch, não é? Temos de demiti-lo.

Eu estava de pé, encostado na ombreira da porta, olhando para ela de soslaio. Ela pronunciou a palavra "amante" de um modo simples demais – isso não me agradou. E também não me agradou sua decisão de demitir o padeiro.

– Tenha muito cuidado – recomendou e, como sempre, perturbou-me o seu olhar tenaz, que parecia me indagar sobre alguma coisa que eu não conseguia entender. Então ela parou diante de mim, com as mãos nas costas.

– Por que você anda sempre tão melancólico?

– Minha avó morreu faz pouco tempo.

Isso lhe pareceu engraçado; sorrindo, perguntou:

– Gostava muito dela?

– Sim. A senhora quer mais alguma coisa?

– Não.

Saí e, durante a noite, escrevi uns versos em que, me lembro, havia uma linha obstinada: "Você não é aquilo que quer parecer".

Ficou resolvido que os estudantes viriam à padaria o menos possível. Sem vê-los, eu praticamente perdia a possibilidade de lhes perguntar a respeito daquilo que eu não compreendia nos livros e passei a anotar num caderno as questões que me interessavam. Porém, certa vez, cansado, adormeci sobre o caderno e o padeiro leu as minhas anotações. Após me acordar, perguntou:

– O que é isso que está escrevendo? "Por que Garibaldi não pôs o rei para correr?" Que Garibaldi é esse? E onde é que já se viu pôr um rei para correr?

Irritado, jogou o caderno sobre uma arca, meteu-se num reservatório de água de chuva e, de lá, urrou:

– Ora, vejam só, ele acha necessário expulsar um rei! Engraçado. É melhor largar essas fantasias. Leitor! Cinco anos atrás, em Sarátov, os guardas caçavam leitores desse tipo como se fossem ratos, sim, senhor. Mesmo sem isso, Nikíforitch já anda de olho em você. Pare com essa história de enxotar os reis, eles não são pombos para você, não!

Falava com bons sentimentos em relação a mim, mas eu não podia responder como gostaria – haviam-me proibido de conversar com o padeiro sobre "temas perigosos".

Pelas ruas da cidade, circulava um certo livrinho perturbador, liam-no e discutiam. Pedi ao veterinário Lavrov que me arranjasse o tal livro, mas ele respondeu, sem esperança:

– Ah, não, meu caro, não conte com isso! Aliás, parece que um dia desses vão fazer uma leitura do livro num certo lugar, quem sabe eu levo você até lá...

À meia-noite do dia da Assunção, eu caminhava pelo Campo Árski, no meio da escuridão, seguindo o vulto de Lavrov; ele caminhava umas cinqüenta braças à minha frente. O campo estava vazio, no entanto eu andava "precavido" – assim me recomendou Lavrov –, assoviava, cantarolava, fazendo o papel de um "artesão meio bêbado". Acima de mim, negros farrapos de nuvens flutuavam preguiçosamente, a lua rolava no meio deles que nem uma bola dourada, sombras retalhavam a terra, poças brilhavam como prata e aço. Às minhas costas, a cidade bramia irritada.

O meu guia parou junto à cerca de um jardim, atrás da Academia de Teologia, eu o alcancei depressa. Pulamos a cerca em silêncio, caminhamos pelo jardim de vegetação alta e espessa, quando esbarrávamos nos ramos das árvores, grandes gotas de água tombavam sobre nós. Paramos junto à parede da casa, batemos baixinho no contravento de uma janela hermeticamente fechada – um barbado abriu a janela, atrás dele vi uma escuridão e não ouvi nenhum som.

– Quem é?

– Da parte de Iákov.

– Entrem.

Na escuridão profunda, sentia-se a presença de uma porção de pessoas, ouvia-se o roçar das roupas e dos pés, uma tosse baixa, um sussurro. Risquei um fósforo, iluminando o meu rosto, e vi junto à parede, no chão, alguns vultos escuros.

– Todos?

– Sim.

– Cubram a janela com a cortina, para que não vejam a luz através das frestas do contravento.

Uma voz zangada falou alto:

– Quem foi o gênio que inventou de nos reunir numa casa desabitada?

– Silêncio!

Num canto, acenderam uma pequena lamparina. O cômodo, vazio, sem móveis, tinha só dois caixotes, sobre eles havia uma tábua e sobre a tábua – como gralhas em cima de uma cerca – estavam sentadas cinco pessoas. A lamparina também estava sobre um caixote, colocado de pé. No chão, junto à parede, havia mais três pessoas e, no peitoril de uma janela, um jovem de cabelos compridos, muito magro e pálido. Afora ele e o barbado, eu já conhecia todos. O barbado, em voz de baixo, disse que ia ler a brochura *Nossas divergências*, escrita por Gueórgui Plekhánov, um "ex-adepto do partido Vontade do Povo".

Na escuridão, alguém gritou, do chão:

– Sabemos disso!

O mistério do cenário me excitava de forma agradável; a poesia do mistério é a poesia suprema. Sentia-me como um crente num templo, na missa matutina, e lembrei-me das catacumbas dos primeiros cristãos. A voz abafada de baixo, que pronunciava as palavras com nitidez, encheu o cômodo.

– Disparates – rugiu de novo alguém, no canto.

Ali no escuro reluzia, de modo enigmático e embaçado, alguma coisa de cobre, que lembrava um capacete de legionário romano. Deduzi que era uma boca do fogão.

Vozes contidas zumbiram pelo cômodo, engalfinharam-se no caos escuro de palavras fervorosas, e era impossível entender quem falava o quê. Do peitoril da janela, acima da minha cabeça, alguém perguntou, bem alto e em tom debochado:

– Vamos ler ou não vamos?

Foi o moço pálido e de cabelos compridos. Todos se calaram, ouvia-se apenas a voz de baixo do leitor. Fósforos se inflamaram, reluziram as brasas dos cigarros, iluminando pessoas de ar pensativo, de olhos semicerrados ou muito abertos.

A leitura se prolongou por muito tempo, de modo fatigante; escutar me cansava, embora as palavras contundentes e desafiadoras me agradassem; elas se concatenavam, de maneira simples e fácil, em pensamentos convincentes.

A voz do leitor interrompeu-se brusca e inesperadamente e, no mesmo instante, o cômodo foi tomado por exclamações de revolta:

– Renegado!

– Vendido!...

– Isso é escarrar no sangue derramado pelos heróis.

– E depois da execução de Gueneràlov, de Uliánov...

E de novo, do parapeito da janela, ressoou a voz do jovem:

– Senhores, será que não é possível substituir os xingamentos por objeções sérias a respeito do essencial?

Eu não gosto de discussões, não sei escutá-las, tenho dificuldade para seguir os saltos caprichosos do pensamento exaltado, e o amor-próprio dos debatedores posto a nu sempre me irrita. O jovem, inclinando-se no parapeito, me perguntou:

– O senhor não é Piechkóv, o padeiro? Eu sou Fedosséiev. Precisamos nos conhecer. Na verdade, não dá para fazer nada aqui, essa barulhada vai demorar, e pouco se aproveita. Vamos embora?

Já me haviam falado de Fedosséiev como o organizador de um círculo muito sério de jovens, e me agradou o seu rosto pálido, nervoso, de olhos profundos. Enquanto andava comigo pelo campo, ele perguntava se eu tinha conhecidos entre os trabalhadores, o que eu lia, se tinha muito tempo livre e, entre outras coisas, comentou:

– Ouvi falar da padaria de vocês... é estranho que o senhor se ocupe com ninharias. Para que faz isso?

Havia algum tempo que eu mesmo sentia que aquilo não era importante para mim, e foi o que respondi. Minhas palavras o alegraram; depois de apertar a minha mão com força, sorrindo de forma radiante, comunicou que no dia seguinte ia partir e ficar fora por umas três semanas, mas ao voltar me avisaria como e onde nos encontraríamos. Os negócios na padaria corriam extremamente bem, os meus assuntos pessoais andavam cada vez pior. Mudamos para uma padaria nova e a quantidade das minhas obrigações aumentou ainda mais. Eu tinha de trabalhar na padaria, entregar os pãezinhos nas residências, na Academia e no "instituto de meninas nobres". As meninas, enquanto escolhiam no cesto os meus pãezinhos balofos, enfiavam bilhetinhos para mim e, não raro, eu lia com espanto, em belas folhinhas de papel, palavras cínicas, escritas numa caligrafia meio infantil. Eu me sentia estranho quando a multidão alegre das senhoritas asseadinhas, de olhos brilhantes, rodeavam o cesto e, fazendo caretas engraçadas, remexiam no amontoado de pães com suas patinhas cor-de-rosa – eu olhava para elas e fazia força para adivinhar quais teriam escrito para mim os bilhetes desavergonhados, talvez sem sequer compreender o sentido indecente. E, lembrando-me das sórdidas "casas de tolerância", eu pensava: "Será que daquelas casas se estende um 'fio invisível' que vem até aqui?".

Uma das meninas, uma morena de seios fartos, com uma trança grossa, deteve-me no corredor, falou baixinho e afobada:

– Darei a você dez copeques se entregar este bilhete no endereço indicado.

Seus olhos escuros e carinhosos estavam cheios de lágrimas, ela olhava para mim, mordia o lábio com força e suas faces e orelhas ruborizaram-se intensamente. Recusei-me com nobreza a receber os dez copeques, mas levei o bilhete e entreguei ao filho de um funcionário do fórum de Justiça, um estudante alto, com um rubor tuberculoso nas faces. Ofereceu-me cinqüenta copeques, depois de limpar bem uma moeda de cobre mole, em silêncio e com ar pensativo, e quando respondi que eu não precisava, enfiou os cobres no bolso da calça, mas não acertou o lugar e as moedas se espalharam pelo chão.

Enquanto olhava desconcertado como as moedas de cinco e sete copeques rolavam para todos os lados, ele apertava as mãos com tanta força que as articulações dos dedos estalavam, e balbuciava, respirando com dificuldade:

– O que vou fazer agora? Bem, adeus! Preciso pensar...

Eu não soube o que ele resolveu, mas senti muita pena da senhorita. Pouco depois, ela sumiu do colégio interno e, uns quinze anos depois, encontrei-a como professora num liceu na Criméia; ela sofria de tuberculose e falava do mundo todo com a raiva implacável de uma pessoa ultrajada pela vida.

Terminada a entrega dos pães, eu ia dormir, à tardinha eu trabalhava na padaria para deixar os pães doces na mercearia à meia-noite – a padaria ficava perto do Teatro Municipal e, depois do espetáculo, o público vinha na direção da mercearia para dar cabo dos folheados quentinhos. Depois, eu ia sovar a massa para o pão vendido a peso e para os pães franceses, e sovar com as mãos quinze ou doze *pudes* de massa não é nenhuma brincadeira.

Eu dormia de novo durante umas duas ou três horas e saía mais uma vez para entregar pãezinhos.

E era assim, dia após dia.

Mas uma comichão insuportável de semear "o razoável, o bom, o eterno" havia se apoderado de mim. Pessoa sociável, eu sabia contar casos com vivacidade, minha fantasia era estimulada pelo que eu vivia e também pelo que eu lia. Eu precisava de muito pouco para, a partir de um fato corriqueiro, criar uma história interessante, na base da qual ondulava caprichosamente um "fio invisível". Eu tinha conhecidos entre os operários de fábrica de Krestóvnikov e Alafúzov; o mais chegado a mim era o velho tecelão Nikita Rúbtsov, que havia trabalhado em quase todas as fábricas de tecidos da Rússia, um espírito inquieto e inteligente.

– Ando pelo mundo há cinqüenta e sete anos, Leksiei, meu caro Maksímitch, meu jovem de uma figa, você é uma lançadeira nova! – dizia ele, com voz estrangulada, sorrindo com os olhos turvos e doentes, atrás de umas lentes escuras, toscamente presas por um arame de cobre, que deixava manchas verdes de oxidação no alto do nariz e atrás das orelhas. Os tecelões chamavam-no de Alemão porque ele raspava a barba, deixando um bigode grosso e um denso tufo de pêlos grisalhos sob o lábio inferior. De estatura mediana, peito largo, ele vivia cheio de uma alegria aflita.

– Gosto de ir ao circo – dizia, inclinando o crânio calvo e calombento sobre o ombro esquerdo. – Os cavalos, os bois, como é que conseguem ensinar esses bichos, hein? É um consolo. Eu olho um boi com respeito... Penso: bem, quer dizer que também é possível ensinar as pessoas a usar o juízo. Os artistas do circo subornam os bois com açúcar; pois bem, a gente, é claro, pode comprar açúcar na mercearia. Nós precisamos é de um açúcar para a alma, e isso é o carinho! Quer dizer, rapaz, é preciso usar o carinho, e não uma acha de lenha, como está estabelecido entre nós, certo?

Ele mesmo não era carinhoso com as pessoas, falava com elas com certo desdém e em tom de zombaria; nas discussões ele replicava com gritos monossilábicos, esforçando-se obviamente em ofender o interlocutor. Eu o conheci numa cervejaria, quando se preparavam para lhe dar uma surra, e já haviam até acertado dois golpes, eu intervim e levei-o embora.

– Machucaram o senhor? – perguntei, enquanto caminhava com ele no escuro, sob uma chuva miúda de outono.

– Ora, e isso é bater? – perguntou, com indiferença. – Espere aí, por que essa história de me tratar de "senhor"?

Com isso, teve início a nossa amizade. De início, ele me ridicularizou de forma espirituosa e afetiva, mas quando lhe contei que papel desempenhava em nossa vida o "fio invisível", ele exclamou pensativo:

– Ah, você não é bobo, não! Vejam só!... – E passou a me tratar com um carinho paternal, até me chamava pelo prenome e pelo patronímico.

– Suas idéias, Leksiei, meu Maksímitch, minha caríssima sovela, suas idéias são corretas, só que ninguém vai acreditar em você, não trazem vantagem...

– O senhor acredita?

– Eu sou um cachorro sem casa, de rabo cortado, e o povo é formado por cães de guarda, na cauda de cada um tem uma porção de bardanas amarradas: esposas, filhos, acordeões, galochas. E cada cachorro adora a sua casinha. Não vão acreditar. Na nossa fábrica em Morózov houve uma agitação! Quem foi em frente, levou na testa, e a testa da gente não é o traseiro, fica ardendo durante muito tempo.

Ele passou a falar de forma um pouco diferente quando conheceu o serralheiro Chápochnikov, o operário Krestóvnikov – o tísico Iákov, um violonista, conhecedor da Bíblia, deixou-o espantado com a sua furiosa negação de Deus. Enquanto escarrava para todos os lados pedaços sangrentos dos pulmões apodrecidos, Iákov demonstrava com veemência e paixão:

– Em primeiro lugar: não fui de maneira nenhuma criado "à imagem e semelhança de Deus", não sei nada, não posso nada, e além do mais não sou uma pessoa boa, não sou, não! Em segundo lugar: Deus não sabe como tudo é difícil para mim, ou sabe, mas não é capaz de me ajudar, ou pode ajudar, mas não quer. Em terceiro lugar: Deus não é onisciente, não é todo-poderoso, não é misericordioso, em poucas palavras, ele não existe! Isso é inventado, é tudo inventado, a vida inteira é uma invenção, porém a mim não enganam!

Rúbtsov assombrou-se até a mudez, depois ficou cinzento de raiva e começou a praguejar ferozmente, mas Iákov, com o linguajar solene das citações da Bíblia, desarmou-o, obrigou-o a calar-se e a encolher-se em seus pensamentos.

Quando falava, Chápochnikov se tornava quase assustador. Seu rosto era bronzeado, fino, os cabelos encaracolados e pretos, como de um cigano, por trás dos lábios azulados reluziam uns dentes de lobo. Seus olhos escuros cravavam-se imóveis no rosto do oponente, e era difícil resistir a esse olhar pesado, que obrigava o outro a se curvar – ele me fazia lembrar os olhos do homem que sofria de mania de grandeza.

Enquanto caminhava comigo, após deixarmos Iákov, Rúbtsov falou em tom sombrio:

– Ninguém atacou Deus na minha frente. Nunca ouvi nada assim. Já ouvi muita coisa, mas isso, nunca. Claro, esse homem já não é deste mundo. Ora, que pena! Ele se exaltou até ficar branco... Interessante, irmão, muito interessante.

Bem depressa, ficou muito amigo de Iákov e se inflamava, se alvoroçava, enquanto a todo momento esfregava com os dedos os olhos doentes.

– Pois então – dizia, sorrindo –, Deus foi mandado embora, não é? Hmm! Quanto ao tsar, meu amigo, tenho uma coisa a dizer: o tsar não é nenhum obstáculo para mim. A questão não são os tsares, mas sim os patrões. Eu faria as pazes com qualquer tsar, mesmo com Ivan, o Terrível: pois bem, fique aí, reine como quiser, só deixe que eu ponha o patrão na linha, e pronto! Faça isso e eu vou prender você ao trono com correntes de ouro, vou adorar você...

Depois que leu *O Tsar Fome*, falou:

– Tudo isso está perfeitamente correto!

Ao ver pela primeira vez a brochura litografada, me perguntou:

– Quem foi que escreveu isso? Está escrito com clareza. Agradeça a ele.*

Rúbtsov tinha uma insaciável fome de saber. Com o máximo esforço de atenção, escutava as blasfêmias demolidoras de Chápochnikov, ouvia durante horas as minhas explanações sobre livros e gargalhava alegremente, com a cabeça jogada para trás, arqueando o pomo-de-adão, e mostrava-se maravilhado:

– Que coisa engenhosa, a inteligência humana, ah, que engenhosa!

Ele mesmo lia com dificuldade – os olhos doentes atrapalhavam, mas também sabia muita coisa, e não raro me deixava admirado com isso:

* Obrigado, Aleksiei Nikoláievitch Bakh.

– Na terra dos alemães, tem um carpinteiro de uma inteligência extraordinária, até o rei pede conselhos para ele.

Por meio das minhas perguntas, verificou-se que se tratava de Bebel.

– E como o senhor sabe disso?

– Sei – respondeu sucintamente, coçando com o dedo mindinho o crânio cheio de calombos.

A barafunda penosa da vida não interessava a Chápochnikov, ele vivia completamente absorvido pela aniquilação de Deus, pela ridicularização do clero, em especial pelo ódio aos monges.

Certa vez, Rúbtsov pediu, em tom apaziguador:

– Iákov, por que você só berra contra Deus?

Ele uivou, ainda mais exasperado:

– Ora, e além dele, o que mais me incomoda, hein? Eu acreditei durante quase vinte anos, eu vivia no temor de Deus. Eu sofria. Discutir era impossível. Era tudo determinado de cima. Eu vivia amarrado. Li a Bíblia com toda a atenção e vi: inventado! Era inventado, Nikita!

E abanava o braço, como que para romper um "fio invisível". Ele quase chorava:

– E por causa disso eu vou morrer antes do tempo!

Eu tinha mais alguns conhecidos interessantes, não raro eu passava na padaria de Semiónov para visitar os velhos companheiros, eles me recebiam com alegria, me escutavam com prazer. Mas Rúbtsov morava na vila do Almirantado, Chápochnikov morava no bairro tártaro, longe de Kaban, a umas cinco verstas um do outro, eu só podia vê-los muito raramente. Era impossível virem me visitar, eu não tinha onde receber visitas, e além do mais o novo padeiro, um soldado da reserva, tinha relações de amizade com os guardas; os fundos do posto de comando dos guardas eram contíguos ao nosso pátio e os imponentes "uniformes azuis" pulavam a cerca para entrar no nosso terreno, a fim de pegar broas para o coronel Hanhardt e pães brancos para si. E mais ainda: recomendaram-me que não "me mostrasse muito para as pessoas", a fim de não chamar demasiada atenção para a padaria.

Eu via que o meu trabalho estava perdendo o sentido. Acontecia, cada vez mais, pessoas, sem a menor consideração com o andamento dos negócios, tirarem dinheiro do caixa tão descuidadamente que às vezes nem havia com o que pagar a farinha. Diérenkov, remexendo a barba, sorria, desanimado:

– Vamos falir.

Sua vida também andava mal: Nástia, de cabelos ruivos e cacheados, estava "de barriga" e bufava feito uma gata malvada, mirando tudo e todos com um olhar verde e ofendido.

Ela caminhava direto na direção de Andrei, como se não o visse; ele, com um risinho culpado, abria caminho para ela e soltava um suspiro.

Às vezes, reclamava comigo:

– Nada é sério. Todo mundo pega tudo, é um absurdo. Comprei para mim meia dúzia de meias... sumiram na mesma hora!

Era ridícula essa história das meias, mas eu não achava graça ao ver como aquele homem enorme e desinteressado se empenhava em organizar um empreendimento útil enquanto todos em volta tratavam essa empresa de maneira leviana e descuidada e a levavam à ruína. Diérenkov não contava com a gratidão das pessoas a quem ele servia, mas tinha direito a um tratamento mais atencioso e amigável, e não recebia tal tratamento. Sua família se destroçou depressa, o pai adoeceu com uma loucura mansa de cunho religioso, o irmão caçula começou a beber e a farrear com mocinhas, a irmã se portava como uma estranha e obviamente se metera num romance infeliz com o estudante ruivo, eu notava muitas vezes que os olhos dela estavam inchados de lágrimas e, para mim, o estudante tornou-se odioso.

Eu tinha a impressão de estar apaixonado por Mária Diérenkova. Estava também apaixonado pela vendedora da nossa loja, Nadiejda Cherbátova, moça corpulenta, de faces vermelhas, com um sorriso imutavelmente carinhoso nos lábios escarlates. Eu estava apaixonado de modo geral. A idade, o temperamento e a embrulhada da minha vida exigiam a todo custo um relacionamento com uma mulher e, àquela altura, já seria mais tarde do que cedo. Eu tinha necessidade do carinho de uma mulher, ou pelo menos da atenção amiga de uma mulher, precisava conversar sinceramente sobre mim, pôr em ordem a barafunda dos pensamentos desconexos, o caos das impressões.

Amigos, eu não tinha. As pessoas que me viam como "matéria-prima passível de elaboração" não despertavam a minha simpatia, não me predispunham à sinceridade. Quando eu começava a falar com eles sobre assuntos que não lhes interessavam, logo recomendavam:

– Deixe isso para lá!

Gúri Pletnióv foi preso e levado para Petersburgo, para a prisão Krésti. O primeiro a me contar foi Nikíforitch, ao me encontrar de manhã bem cedo, na rua. Caminhando ao meu encontro com ar pensativo e solene, com todas as suas medalhas – como se voltasse de uma parada –, ele ergueu a mão até o quepe e passou por mim em silêncio, mas logo depois parou e falou com voz zangada, para a minha nuca:

– Gúri Pletnióv foi preso hoje à noite...

E depois de abanar a mão, acrescentou mais baixo, olhando para os lados:

– O rapaz está perdido!

Pareceu-me que brilhavam lágrimas nos seus olhos astutos.

Eu sabia que Pletnióv esperava ser preso, ele mesmo me preveniu a respeito e recomendou que não nos encontrássemos, e o mesmo disse a Rúbtsov, com quem Pletnióv também fizera amizade.

Nikíforitch, olhando para os pés, perguntou, aborrecido:

– Por que não veio mais à minha casa?...

De noite, fui à sua casa, ele havia acabado de acordar e, sentado na cama, tomava *kvás*;[1] sua esposa remendava umas calças, curvada junto à janelinha.

– Aí está – começou a falar o guarda, enquanto coçava o peito, com o pêlo muito comprido, como o de guaxinim, e me olhava com ar pensativo. – Prenderam. Acharam uma caçarola na casa dele... lá dentro, ele cozinhava a tinta para os panfletos contra o soberano.

E, depois de cuspir no chão, berrou irritado para a esposa:

– Me dê as calças!

– Já vai – respondeu ela, sem levantar a cabeça.

– Lamenta, chora – disse o velho, apontando para a mulher com os olhos. – Eu também tenho pena. Mas o que pode fazer um estudante contra o soberano?

Começou a vestir-se e dizia:

– Vou sair por um minuto... Vá, sirva o samovar.

A esposa olhava imóvel pela janela, mas quando ele desapareceu atrás da porta da guarita, a mulher, voltando-se depressa, brandiu o punho fechado com força na direção da porta e disse, com um enorme rancor, através dos dentes arreganhados:

– Ah, velho miserável!

Seu rosto estava inchado de lágrimas, o olho esquerdo estava quase fechado, por causa de uma grande equimose. Levantou-se de um salto, foi até a estufa e, curvada sobre o samovar, pôs-se a resmungar:

– Vou trair o velho, vou trair tanto que ele vai uivar! Uivar feito um lobo! E você não acredite nele, nem uma palavra, não acredite! Ele vai agarrar você. Ele mente, não tem pena de ninguém. É um pescador. Sabe tudo a respeito de vocês. Vive disso. É a caçada dele, apanhar gente...

Chegou perto de mim e falou, com voz de mendiga:

1 Bebida fermentada feita de pão de centeio. [N.T.]

– Você vai ser carinhoso comigo, não vai?

Aquela mulher não me agradava, mas seus olhos me fitavam com uma tristeza tão raivosa e afiada que eu a abracei e comecei a afagar os cabelos endurecidos, desgrenhados e gordurosos.

– Em quem ele está de olho agora?

– Nuns quartos de hotel da rua Ribnoriádskaia.

– Não sabe o nome das pessoas?

Sorrindo, ela respondeu:

– Olhe que eu conto a ele o que você está me perguntando! Está vindo... O Gúrotchka, foi ele mesmo quem espionou...

E deu um pulo na direção da estufa.

Nikíforitch trouxe uma garrafa de vodca, geléia, pão. Sentou-se para tomar chá. Marina, sentando-se ao meu lado, me servia com um carinho evidente, fitava-me no rosto com o olho saudável, enquanto o marido tentava me convencer:

– Esse fio invisível está nos corações, nos ossos, e pois bem, querem tirar, querem arrancar? O tsar, para o povo, é Deus!

E, de modo inesperado, perguntou:

– Então você lê muitos livros, e o Evangelho, já leu? Pois bem, na sua opinião, tudo o que está lá é correto?

– Não sei.

– A meu ver, puseram coisas inúteis. E não é pouco. Por exemplo, em relação aos mendigos: os bem-aventurados mendigos... O que têm eles de bem-aventurados? Há um pouco de conversa fiada no que está dito ali. E no geral, em relação aos pobres, tem muita coisa incompreensível. É preciso diferenciar: o pobre do empobrecido. Pobre quer dizer ruim! Mas quem empobreceu é um infeliz, talvez. É preciso raciocinar assim. É melhor.

– Por quê?

Ele ficou calado, fitando-me com olhar perscrutador, e em seguida passou a expor, com voz clara e séria, idéias pelo visto muito refletidas.

– Há muita piedade no Evangelho, mas a piedade é uma coisa nociva. É o que eu penso. A piedade exige despesas enormes com gente inútil e até nociva. Asilos, prisões, manicômios. É preciso ajudar as pessoas fortes, saudáveis, para que não gastem suas forças à toa. Mas nós ajudamos os fracos, e será que de um fraco pode se fazer um forte? Por causa dessa lengalenga, os fortes viram fracos e os fracos vivem à custa deles. Aí está com o que temos de nos preocupar, isso, sim! É preciso pensar melhor muita coisa. É preciso entender que a vida, há muito tempo, deu as costas para o Evangelho, ela tem o seu próprio caminho. Olhe aqui, veja bem, por que Pletnióv se perdeu? Por causa da piedade. Damos esmolas para os mendigos e os estudantes se perdem. Onde está a razão nisto, hein?

Era a primeira vez que eu ouvia tais idéias de uma forma tão crua, embora já tivesse topado com elas – são mais resistentes e mais amplamente difundidas do que se costuma pensar. Uns sete anos depois, ao ler sobre Nietzsche, veio com muita clareza à minha memória a filosofia do policial de Kazan. A propósito, raramente encontrei nos livros idéias que não tivesse ouvido antes, na vida.

E o velho "caçador de homens" continuou a falar, marcando o ritmo das palavras com batidas dos dedos na beira da bandeja. O rosto seco franzia-se com severidade, mas ele não olhava para mim, e sim para o espelho de cobre do samovar polido e reluzente.

– Está na hora de ir – a esposa lembrou duas vezes, mas ele não respondeu, enfiava uma palavra depois da outra no fio do seu pensamento, e de repente, de modo imperceptível para mim, suas idéias deslizaram por um novo caminho.

– Você é um rapaz esperto, sabe ler e escrever, não acha maçante trabalhar de padeiro? Poderia ganhar mais dinheiro se prestasse outros serviços para o tsar...

Enquanto o ouvia, eu imaginava como fazer para prevenir os desconhecidos da rua Ribnoriádskaia de que eram espionados por Nikíforitch. Lá, num quarto de hotel, morava fazia pouco tempo um homem que voltara do degredo em Ialutórovsk, seu nome era Serguei Sómov, haviam me contado muita coisa interessante sobre ele.

– As pessoas inteligentes deveriam viver em bando, como, por exemplo, as abelhas na colméia, ou as vespas no vespeiro. O reino do tsar...

– Olhe, são nove horas – disse a mulher.

– Diabo!

Nikíforitch levantou-se, abotoando o uniforme.

– Bem, não importa, vou num coche de praça. Adeus, irmão! Venha de novo, não se acanhe...

Ao sair da guarita, eu dizia a mim mesmo, com firmeza, que nunca mais faria uma "visita" a Nikíforitch – o velho me causava repulsa, embora também fosse interessante. Suas palavras sobre o dano causado pela piedade me abalaram bastante, se enroscaram com força na minha memória. Eu sentia que nelas havia algo de verdadeiro, mas era irritante que sua fonte fosse um policial.

As discussões sobre esses assuntos eram freqüentes, uma delas em particular me abalou de modo brutal.

Na cidade, apareceu um "tolstoiano" – o primeiro que vi –, um homem alto, musculoso, moreno, com barba preta de bode e lábios grossos de negro. Curvado, ele olhava para a terra, mas às vezes levantava a cabeça com um movimento brusco e chegava a queimar com o brilho apaixonado dos olhos escuros e úmidos – uma espécie de ódio ardia em seu olhar penetrante. Conversavam no apartamento de um dos professores, havia muitos jovens e, entre eles, um sacerdotezinho ortodoxo, mestre em teologia, de batina preta de seda; ela destacava muito bem o seu rosto pálido e bonito, iluminado pelo sorriso meio seco dos olhos cinzentos e frios.

O "tolstoiano" falou demoradamente sobre o caráter eterno e inabalável das grandes verdades do Evangelho; sua voz era abafada, as frases eram curtas, mas as palavras soavam ríspidas, nelas sentia-se a força de uma fé sincera, ele as acompanhava com um gesto monótono da peluda mão esquerda, como se cortasse algo, enquanto mantinha a mão direita no bolso.

– Um ator – sussurraram num canto ao meu lado.

– É, muito teatral...

E eu, pouco antes, tinha lido um livro – de Draper, parece – sobre a batalha do catolicismo contra a ciência, e pareceu-me que ali falava um daqueles furiosos crentes na salvação do mundo pela força do amor, um daqueles que, em nome da misericórdia pelas pessoas, estavam dispostos a despedaçá-las e queimá-las em fogueiras.

Vestia uma camisa branca de mangas largas e uma espécie de roupão velho e acinzentado por cima – isso também o destacava de todos. No fim do sermão, exclamou:

– E então, os senhores estão com Cristo ou com Darwin?

Atirou essa pergunta como uma pedra, na direção do canto onde uns jovens estavam sentados muito juntos e de onde olhos de rapazes e moças o fitavam com temor e arrebatamento. Seu discurso, visivelmente, impressionara muito a todos, as pessoas se mantinham caladas, pensativas, de cabeça baixa. Ele lançou a todos um olhar ardente e acrescentou, em tom severo:

– Só os fariseus podem tentar unir esses dois princípios inconciliáveis e, ao uni-los, mentem vergonhosamente para si mesmos, pervertem as pessoas com mentiras...

O popezinho levantou-se, arregaçou com cuidado as mangas da batina e começou a falar com brandura, com uma cortesia venenosa e um sorrisinho condescendente:

– O senhor, obviamente, defende a opinião vulgar sobre os fariseus, ela não só é grosseira como errônea, de ponta a ponta...

Para meu grande espanto, ele passou a mostrar que os fariseus eram os autênticos e honrados guardiões dos ensinamentos do povo judeu, e que o povo sempre marchava com eles contra os seus inimigos.

– Leia, por exemplo, Josefus Flavius...

Levantando-se de um pulo e cortando Flavius ao meio com um gesto largo e aniquilador, o tolstoiano desatou a gritar:

– Também hoje os povos marcham com seus inimigos contra os seus amigos, os povos não marcham por sua vontade própria, são empurrados, coagidos. De que me serve o seu Flavius?

O popezinho e outros rasgaram o tema fundamental da discussão em partículas ínfimas e ele desapareceu.

– A verdade é o amor – gritava o tolstoiano, e seus olhos brilhavam de ódio e desprezo.

Eu me sentia embriagado pelas palavras, não captava as idéias que havia nelas, a terra debaixo de mim oscilava no turbilhão verbal e muitas vezes eu pensava, em desespero, que não havia no mundo pessoa mais estúpida e mais incapaz do que eu.

Enquanto isso, o tolstoiano, enxugando o suor do rosto ruborizado, gritava ferozmente:

– Joguem fora os Evangelhos, esqueçam-no, para não mentir! Crucifiquem Cristo outra vez, é mais honesto!

À minha frente, como uma parede, ergueu-se a pergunta: E então? Se a vida é uma luta incessante pela felicidade na terra, a misericórdia e o amor só servem de obstáculo para o êxito na luta?

Eu soube o sobrenome do tolstoiano, Klópski, soube onde morava e no dia seguinte fui visitá-lo, à noite. Residia na casa de duas proprietárias de terras, estava sentado com elas à mesa no jardim, à sombra de uma grande e velha tília. Vestia calças brancas e a mesma camisa aberta no peito de pêlos escuros; era alto, anguloso, seco – correspondia muito bem à minha imagem de um apóstolo errante, um propagador da verdade.

Com uma colher, ele recolhia framboesas com leite numa vasilha de prata, deglutia gostosamente, estalava os beiços grossos e, após cada bocado que engolia, soprava as gotinhas brancas presas nos escassos bigodes de gato. Para servi-lo, uma das jovens estava postada junto à mesa, a outra apoiava-se ao tronco da tília, as mãos postas no peito, olhando com ar sonhador para o céu poeirento, quente. As duas usavam vestidos leves de cor lilás e assemelhavam-se uma à outra de um modo quase indistinguível.

Ele falou comigo, de maneira afetuosa e animada, sobre a força criadora do amor, sobre a necessidade de fomentar no espírito esse sentimento, o único capaz de "unir o homem à alma do mundo" – o amor, pulverizado por toda parte, na vida.

– Só assim é possível unir as pessoas! Sem amar, é impossível entender a vida. Aqueles que dizem: a lei da vida é a luta, esses são almas cegas, irremediavelmente condenados à perdição. O fogo não pode ser vencido com o fogo, assim também o mal não pode ser vencido com a força do mal!

Mas quando as moças saíram, abraçadas uma à outra, rumo ao fundo do jardim, na direção da casa, aquele homem, enquanto as observava com os olhos semicerrados, perguntou:

– E você, quem é?

Depois de me ouvir, começou a falar, batendo com os dedos na mesa, e disse que o homem é um homem em qualquer lugar, e que não era necessário pelejar para mudar de posição na vida, mas sim para educar o espírito no amor às pessoas.

– Quanto mais baixo estiver a pessoa, mais próxima estará da genuína verdade da vida, da sabedoria sagrada...

Eu tinha algumas dúvidas quanto ao seu conhecimento daquela "sabedoria sagrada", mas fiquei calado, sentindo que ele se aborrecia com a minha presença; fitou-me com um olhar de repulsa, bocejou, lançou os braços para trás do pescoço, esticou as pernas e, depois de fechar os olhos com ar cansado, balbuciou, como que dormindo:

– A obediência ao amor... é a lei da vida...

Estremeceu, abanou os braços como que para apanhar algo no ar e cravou em mim um olhar assustado:

– O quê? Estou cansado, adeus!

Fechou de novo os olhos e, como se estivesse com dor, cerrou os dentes com força, deixando-os à mostra; seu lábio inferior baixou, o superior ergueu-se e os pêlos azulados do bigode escasso se eriçaram.

Saí com um sentimento hostil em relação a ele e com uma vaga dúvida quanto à sua sinceridade.

Alguns dias depois, fui de manhã cedo entregar pãezinhos para um conhecido livre-docente, solteiro, beberrão, e vi Klópski de novo. Parecia ter passado a noite sem dormir, tinha o rosto pardacento, os olhos vermelhos e inchados – pareceu-me que estava bêbado. O livre-docente gorducho, embriagado até as lágrimas, estava sentado, em roupas de baixo, com um violão nas mãos, no chão, em meio ao caos, havia móveis deslocados, garrafas de cerveja, roupas espalhadas, ele estava sentado, balançando-se, e rugia:

– Misericór-rdia...

Klópski gritava, zangado e ríspido:

– Não existe misericórdia! Ou perecemos de amor ou seremos esmagados na luta pelo amor... de um jeito ou de outro: estamos condenados à extinção...

Depois de me agarrar pelos ombros, levou-me para o quarto e disse para o livre-docente:

– Olhe aqui, pergunte a ele o que ele quer. Pergunte: precisa do amor pelas pessoas?

O outro me observou com olhos lacrimosos e desatou a rir:

– Esse aí é o padeiro! Devo um dinheiro a ele.

Cambaleou, meteu a mão no bolso, tirou uma chave e entregou-me:

– Tome, pegue tudo!

Mas o tolstoiano tomou-lhe a chave e brandiu a mão para mim.

– Vá embora. Depois será pago.

E atirou sobre um sofá, no canto, os pães que tomara de mim.

Não me reconheceu, e achei isso bom. Ao sair, levei na memória as suas palavras sobre perecer de amor, e também uma repugnância por ele, no coração.

Pouco tempo depois, contaram-me que Klópski declarou seu amor a uma das moças em cuja casa residia e, no mesmo dia, declarou-se também à outra. As irmãs comunicaram mutuamente a sua alegria e esta se converteu em ódio contra o enamorado; mandaram o criado avisar que o propagador do amor devia retirar-se imediatamente da sua casa. Ele desapareceu da cidade.

A questão da importância da misericórdia e do amor na vida das pessoas – questão terrível e complexa – surgiu para mim bem cedo, de início na forma de uma sensação indeterminada, mas aguda, de um desacordo na minha alma, e depois na forma nítida de palavras claras e determinadas:

"Qual é o papel do amor?"

Tudo o que eu lia estava saturado de idéias de cristandade, de humanismo, de clamores sobre o sofrimento em prol das pessoas – sobre isso, falavam com eloqüência e fervor as melhores pessoas que eu tinha conhecido até então.

Tudo o que eu observava de forma direta não tinha quase nada a ver com o sofrimento das pessoas. A vida desenrolava-se à minha frente como uma infinita cadeia de hostilidade e de crueldade, como uma luta sórdida e incessante pela posse de ninharias. Pessoalmente, eu só precisava de livros, todo o resto não tinha sentido aos meus olhos.

Bastava sair à rua e ficar uma hora sentado no portão para entender: todos aqueles carroceiros, zeladores, operários, funcionários, comerciantes, não viviam como eu e como as pessoas que eu mais admirava, não queriam isso, não caminhavam para lá. Aqueles que eu respeitava, em quem eu acreditava, eram estranhamente solitários, alheios e supérfluos, em meio à maioria e a seu trabalho sórdido e astuto de formigas que, de modo meticuloso, construíam o formigueiro da vida; essa vida me parecia estúpida de ponta a ponta, mortalmente maçante. E muitas vezes eu via que as pessoas eram caridosas e amorosas apenas nas palavras, enquanto na prática, sem que elas mesmas se dessem conta, sujeitavam-se à ordem geral da vida.

Eu tinha muitas dificuldades.

Certa vez, o veterinário Lavrov, amarelo e inchado de hidropisia, me disse, arquejante:

– É preciso fomentar a crueldade até que todas as pessoas se cansem dela, para que absolutamente todos sintam nojo da crueldade, como deste outono desgraçado!

O outono chegara muito cedo, era chuvoso, friorento, pródigo em doenças e suicídios. Lavrov também se envenenou com cianeto de potássio, não quis esperar que a hidropisia o asfixiasse.

– Tratava dos gatos e acabou morrendo que nem um gato! – Miédnikov, o seu alfaiate e senhorio, acompanhou o cadáver, era um magricelo devoto, que sabia de cor todos os hinos à Mãe de Deus. Chicoteava os filhos – uma menina de sete anos e um estudante do liceu, de onze – com um azorrague de couro, de três correias, e batia nas panturrilhas da esposa com uma bengala de bambu, e se queixava:

– O juiz do mundo condenou-me porque acha que imitei de um chinês este sisteminha, mas nunca vi um chinês em toda a minha vida, a não ser em tabuletas e pinturas.

Um de seus empregados, um homem tristonho, de pernas tortas, apelidado de Marido de Dúnkina, falava do patrão:

– Tenho medo das pessoas mansas e que são devotas! Uma pessoa violenta, a gente logo percebe, e sempre dá tempo de a gente se esconder, mas uma pessoa mansa rasteja na nossa direção sem ser vista, que nem uma cobra traiçoeira no meio do capim, e de repente dá uma picada no ponto mais exposto da alma. Tenho medo dos mansos...

Nas palavras do Marido de Dúnkina – um delator manso e astuto, o favorito de Miédnikov –, havia uma verdade.

Às vezes eu tinha a impressão de que os mansos, ao amolecerem como um líquen o coração de pedra da vida, tornavam-na mais suave e fecunda, porém, no mais das vezes, observando o grande número de mansos, a sua hábil capacidade de adaptação à infâmia, a sua inapreensível inconstância, a sua flexibilidade de espírito, as suas lamúrias de mosquito – eu me sentia como um cavalo, preso por uma peia, no meio de uma nuvem de moscas.

Eu também pensava nisso quando deixei a casa do policial.

O vento suspirava, a chama dos lampiões tremia, mas parecia que era o céu cinza-escuro que tremia, enquanto semeava a terra com uma chuva de outubro, igual a uma poeira. Uma prostituta ensopada arrastava um bêbado rua acima, enquanto ela o segurava e empurrava, ele resmungava, dava soluços. A mulher dizia, com voz cansada e surda:

– É o seu destino...

"É isso", pensei, "alguém também me arrasta, me empurra para cantos ruins, me mostra coisas sórdidas, tristes, e pessoas de matizes estranhos. Estou cansado de tudo isso."

Talvez não tenha pensado com tais palavras, mas exatamente essa idéia se acendeu no cérebro, exatamente naquela noite angustiante senti pela primeira vez um cansaço do espírito, um mofo corrosivo no coração. A partir de então, passei a me sentir pior, comecei a olhar para mim mesmo como a um estranho, friamente, com olhos hostis e alheios.

Eu via que em quase todas as pessoas combinavam-se, de modo canhestro e embaraçoso, contradições não só nas palavras e nas ações, mas também nos sentimentos, e o seu jogo caprichoso me oprimia de forma especialmente aflitiva. Eu observava esse jogo em mim mesmo, o que era ainda pior. Eu era arrastado em todas as direções – para as mulheres e para os livros, para os operários e para os estudantes alegres, mas eu estava sempre deslocado e não vivia "nem lá, nem cá", rodava que nem um pião, enquanto uma mão invisível, mas forte, me fustigava freneticamente com um azorrague invisível.

Ao saber que Iákov Chápochnikov estava internado num hospital, fui visitá-lo, mas lá uma mulher gorda, de boca torta, de óculos e lencinho branco na cabeça, por baixo do qual pendiam as orelhas vermelhas e cozidas, me disse com secura:

– Está morto.

E, ao ver que eu não ia embora e continuava plantado à sua frente, ela se zangou, gritou:

– E aí, quer mais alguma coisa?

Eu também me zanguei e respondi:

– A senhora é uma burra.

– Nikolai, expulse esse daqui!

Nikolai estava esfregando com um trapo umas varas de cobre, soltou um grasnido e me deu uma lambada nas costas com uma delas. Aí eu o segurei com um abraço, carreguei-o para a rua e o pus sentado numa poça de água, junto à entrada do hospital. Ele aceitou isso com tranqüilidade, ficou ali por um momento, em silêncio, com os olhos arregalados para mim, e depois se levantou, dizendo:

– Ah, você é um cachorro!

Fui para o jardim de Dierjávin, sentei-me num banco junto ao monumento em homenagem ao poeta,[1] sentindo um desejo agudo de fazer algo ruim, feio, para que um monte de pessoas se atirasse contra mim e isso me desse o direito de bater nelas. Porém, apesar de ser feriado, o jardim estava vazio, e em volta não havia ninguém, só o vento se agitava, empurrando folhas secas, fazendo farfalhar os cartazes que se descolavam no poste do lampião.

O crepúsculo frio, azul-transparente, condensava-se acima do jardim. O enorme ídolo de bronze elevava-se à minha fren-

1 G. Dierjávin (1743-1816), célebre poeta russo, de origem tártara. [N.T.]

te, eu o olhava e pensava: viveu na terra um homem solitário, Iákov, aniquilou Deus com toda a força da alma e morreu uma morte comum. Comum. Havia nisso algo doloroso, muito ofensivo.

"E o Nikolai é um idiota; devia ter brigado comigo ou chamado a polícia e depois me mandar para a delegacia..."

Fui ver Rúbtsov, estava no seu cubículo, à mesa, diante de uma pequena lamparina, remendando um casaco.

– Iákov morreu.

O velho levantou a mão com a agulha, visivelmente na intenção de fazer o sinal-da-cruz, mas apenas abanou a mão no ar e, depois de enganchar a linha em alguma coisa, praguejou de modo obsceno, em voz baixa.

Em seguida, começou a resmungar:

– Afinal, todos vamos morrer, esse é o nosso costume estúpido, sim, irmão! Pois bem, ele morreu, e aqui havia um caldeireiro, que nem ele, e bateu as botas. Domingo passado, por causa dos guardas. Foi o Gúrka que me apresentou. Um caldeireiro inteligente! Meteu-se lá com uns estudantes. Você soube, os estudantes estão se rebelando... é verdade? Pois é, costure esse casaco aqui para mim, não estou enxergando mais nada...

Entregou-me os seus andrajos, a agulha com a linha, e pôs as mãos nas costas, começou a caminhar pelo quarto, tossindo e resmungando:

– Ora aqui, ora ali, uma chamazinha acende, mas o diabo sopra, e lá vem o tédio de novo! Esta cidade é desgraçada. Vou embora daqui, enquanto os barcos ainda estão navegando.

Deteve-se e, coçando o crânio, perguntou:

– Mas... para onde ir? Já andei por toda parte. É. Viajei para todo lado e só serviu para me gastar.

Cuspiu e acrescentou:

– É... a vida é canalha! Vivi, vivi, e não juntei nada, nem para a alma, nem para o corpo...

Ficou calado, de pé, no canto junto à porta, como que escutando alguma coisa, depois se aproximou de mim com ar decidido, sentou-se na beira da mesa:

– Vou dizer uma coisa a você, Leksiei, meu Maksímitch: o Iákov gastou o seu grande coração à toa, com Deus. Nem Deus nem o tsar ficarão melhores se eu os renegar, o que é preciso é que as pessoas se irritem consigo mesmas, reprovem a sua vida infame, isto sim! Ah, estou velho, me atrasei, daqui a pouco tempo vou ficar completamente cego... que desgraça, irmão! Terminou de costurar? Obrigado... Vamos à taberna tomar chá...

No caminho para a taberna, tropeçando no escuro, segurando-me pelo ombro, ele resmungava:

– Guarde as minhas palavras: as pessoas vão acabar perdendo a paciência, um dia vão ficar com raiva e vão começar a destruir tudo... vão arrastar na poeira todas as suas futilidades! Vão perder a paciência...

Nem chegamos à taberna, topamos com uns marinheiros que cercavam uma casa de tolerância – operários da fábrica de Alafúzov defendiam o portão.

– Aqui, todo feriado tem briga! – disse Rúbtsov em tom de aprovação, tirou os óculos e, depois de reconhecer seus companheiros no meio dos defensores da casa, prontamente meteu-se na luta, provocando, atiçando:

– Força, fábrica! Castiguem as rãs! Vamos dar duro nos bagres! Eh, ah!

Era estranho e engraçado ver com que animação e destreza o velho inteligente se portava, abrindo caminho na multidão de marinheiros do rio, rechaçando os punhos, lançando alguns ao chão, com trancos dos ombros.

– Acertem o *voievoda* careca![1]

1 *Voievoda* era o chefe ou governador de província na Rússia entre os séculos XVI e XVIII. [N.T.]

Dois deles chegaram ao telhado da casa e cantaram de modo harmonioso e vivaz:

Não somos ladrões, não somos safados, não somos bandidos,
Somos marujos, pescadores!

Um policial soprou o apito, no escuro brilharam botões de cobre, a lama gemia sob os pés e, do telhado, se esgoelavam:

Jogamos as redes nas margens secas,
Nas lojas, nos celeiros, nos depósitos...

– Parem! Não batam em quem estiver caído...

– Vovô, segure o queixo com mais força!

Depois, Rúbtsov, eu e mais uns cinco homens, amigos ou inimigos, fomos levados para a delegacia e a sombra calma da noite de outono nos acompanhava com uma canção animada:

Eh, nós pescamos quarenta lúcios,
Com eles se fazem casacos!

– Que gente boa tem no Volga! – disse Rúbtsov com admiração, assoando o nariz a toda hora, cuspindo, e sussurrou para mim: – Você... fuja! Escolha um minuto e fuja! Para que arrastar você até a delegacia?

Eu e um marinheiro comprido, que veio logo atrás de mim, nos atiramos para dentro de um beco, pulamos uma cerca, e mais outra, e depois dessa noite eu nunca mais voltei a encontrar o gentilíssimo e sagaz Nikita Rúbtsov.

Surgiu um vazio à minha volta. Estavam começando as agitações estudantis – eu não entendia o seu significado, os motivos não eram claros. Eu via um rebuliço alegre, não sentia ali um drama e pensava que, em troca da felicidade de estudar numa universidade, seria possível até suportar a tortura. Se me propusessem: "Vá, estude, mas por isso, aos domingos, na praça Nikoláiev, vamos espancar você a bengaladas!" –, sem dúvida, eu aceitaria tal condição.

Ao entrar na padaria de Semiónov, descobri que os padeiros preparavam-se para ir à universidade a fim de surrar os estudantes:

– Vamos bater com pesos de ferro! – diziam, com uma raiva alegre.

Comecei a discutir com eles, a xingar, mas de repente, quase com horror, senti que eu não tinha vontade, não tinha palavras para defender os estudantes.

Lembro que saí do porão como que mutilado, com uma angústia insuperável e mortalmente devastadora no coração.

À noite, fiquei sentado na margem do Kaban, atirando pedras na água preta, e pensava quatro palavras, repetidas ao infinito:

– O que vou fazer?

Por causa do tédio, comecei a aprender a tocar violino, de noite arranhava as cordas na loja, perturbando os vigias noturnos e os camundongos. Eu gostava de música e passei a me dedicar a ela com grande entusiasmo, mas o meu professor, um violinista da orquestra do teatro, no horário da aula – num momento em que saí da loja –, abriu a gaveta do caixa, que eu não trancara, e ao voltar eu o surpreendi enchendo os bolsos com o dinheiro. Quando me viu na entrada, ele esticou o pescoço, voltou para mim o rosto entediado, barbeado e falou em voz baixa:

– Está bem, pode bater!

Seus lábios tremiam, dos olhos sem cor rolavam umas lágrimas gordurosas, estranhamente grandes.

Eu tive vontade de bater no violinista; para não fazer isso, sentei no chão, coloquei os punhos debaixo de mim e mandei-o pôr o dinheiro no caixa. Ele esvaziou os bolsos, caminhou para a porta, mas parou e disse, com a voz alta e terrível de um idiota:

– Deixe eu levar dez rublos!

Dei-lhe o dinheiro, mas parei de estudar violino.

Em dezembro, resolvi me matar. Tentei descrever os motivos dessa decisão no conto "Um incidente na vida de Makar". Mas não tive êxito – o conto saiu desajeitado, desagradável e destituído de verdade interior. Entre os seus méritos, é preciso incluir – assim me parece – justamente o fato de, nele, tal verdade estar completamente ausente. Os fatos são verídicos, mas sua apresentação não parece ter sido feita por mim, e o conto parece não tratar da minha pessoa. Deixando de lado o valor literário do conto, há nele algo que me agrada – como se eu tivesse ido além de mim mesmo.

•••

Comprei na feira um revólver de tambor, carregado com quatro cartuchos, e dei um tiro no peito, calculando acertar no coração, mas apenas perfurei o pulmão e, depois de um mês, muito constrangido, sentindo-me um perfeito imbecil, estava de novo trabalhando na padaria.

No entanto, não por muito tempo. No fim de março, ao anoitecer, quando cheguei à loja vindo da padaria, avistei o Ucraniano no quarto da balconista. Estava sentado numa cadeira junto à janela, fumava pensativamente um cigarro grosso e mirava com atenção umas nuvens de fumaça.

– O senhor está livre? – perguntou, sem me cumprimentar.

– Tenho vinte minutos.

Como sempre, vestia um casaco muito justo, até os joelhos, feito de um couro grosseiro, a barba clara se espalhava sobre o peito largo, cerdas de cabelo duro e bem curto ressaltavam acima da testa obstinada, calçava botas pesadas de mujique, e delas vinha um forte cheiro de alcatrão.

– Pois bem, senhor – disse ele, em tom calmo e sem levantar a voz. – Não gostaria de vir comigo? Moro na aldeia de Krasnovídovo, a umas quarenta e cinco verstas descendo o Volga, tenho lá uma mercearia, o senhor poderia me ajudar nos negócios, isso não vai tomar muito tempo do senhor, tenho livros bons, vou ajudar o senhor nos estudos... Estamos combinados?

– Sim.

– Na sexta-feira, às seis horas da manhã, venha ao cais Kurbatov, pergunte sobre a chata de Krasnovídovo, o dono da embarcação é Vassíli Pánkov. De resto, eu já estarei lá e encontrarei o senhor. Até logo!

Levantou-se, estendeu para mim a larga palma da mão, enquanto com a outra mão retirava do peito um pesado relógio cebolão, de prata, e me disse:

– Acertamos tudo em seis minutos! Sim, meu nome é Mikhail Antónov, e meu sobrenome é Romas. Pronto.

Foi embora sem olhar para trás, os pés pisando com firmeza, conduzindo facilmente o corpo pesado, esculpido como o de um gigante.

Dois dias depois, embarquei rumo a Krasnovídovo.

O Volga acabara de descongelar, oscilantes blocos de gelo cinzentos e moles arrastavam-se pela água turva, vindos de cima da correnteza, a chata os ultrapassava e eles resvalavam na borda, rangiam, e com os choques faziam-se em pedaços, semelhantes a cristais pontiagudos. O vento soprava das cabeceiras do rio, empurrava ondas para a margem, o sol brilhava ofuscante, refletia-se em feixes muito brancos nos flancos dos blocos de gelo azul-cristalinos. A chata, sobrecarregada com tonéis, sacos, caixotes, navegava a vela – o jovem mujique Pánkov manobrava o leme, vestido com apuro, usava um casaco de couro curtido de ovelha com galões de várias cores bordados no peito.

Tinha o rosto sereno, olhos frios, era calado e pouco se assemelhava a um mujique. Na proa da chata, de pernas afastadas, com o croque na mão, estava o ajudante de Pánkov, Kukúchkin, um mujiquezinho desgrenhado, de capote rasgado, com uma corda em volta da cintura, um chapéu de pope amarrotado, equimoses e escoriações no rosto. Ao empurrar os blocos de gelo para os lados com o croque comprido, ele praguejava com desprezo:

– Arreda... Vai para onde?...

Eu me sentei num caixote sob a vela, ao lado de Romas, e ele me disse:

– Os mujiques não gostam de mim, sobretudo os ricos! Essa raiva, o senhor vai ter de provar em si mesmo.

Kukúchkin, depois de colocar o croque atravessado de bordo a bordo, debaixo dos pés, falou em tom admirado, com o rosto mutilado voltado para nós:

– É mais o pope que não gosta de você, Antónitch...

– Verdade – confirmou Pánkov.

– Você é um osso atravessado na garganta daquele cachorro bexiguento!

– Mas eu também tenho amigos, e eles serão também amigos do senhor – ouvi a voz do Ucraniano.

Estava frio. O sol de março ainda aquecia pouco. Na margem, balançavam os ramos escuros das árvores nuas, aqui e ali, nas fendas e sob os arbustos da margem montanhosa, a neve jazia como tiras de veludo. Em todo o rio, os blocos de gelo pastavam que nem um rebanho de ovelhas. Eu me sentia como num sonho.

Kukúchkin, enfiando tabaco no cachimbo, filosofou:

– Tudo bem, você não é a esposa do pope, mas pelo ofício ele tem a obrigação de amar todas as criaturas, como está escrito nos livros.

– Quem foi que espancou você desse jeito? – perguntou Romas, sorrindo.

– Ah, umas pessoas de ocupação suspeita, na certa, uns trapaceiros – respondeu Kukúchkin, com desprezo. E, em tom de orgulho: – Não, mas uma vez uns soldados da artilharia me espancaram, e foi para valer! Nem dá para entender como é que fiquei vivo.

– E bateram por quê? – perguntou Pánkov.

– Ontem? Ou os soldados da artilharia?

– Bem, ontem.

– Ah, e por acaso dá para entender por que batem na gente? O nosso povo é que nem um bode, qualquer coisinha, sai logo dando chifradas! Acham que a função deles é esta: briga!

– Acho – disse Romas – que batem em você por causa da sua língua, você fala sem tomar cuidado...

– Pode ser mesmo! Sou um homem de caráter curioso, tenho o hábito de perguntar sobre tudo. Para mim, é uma alegria quando sei de uma novidade.

A proa da chata cravou com força num bloco de gelo, um rangido sinistro correu pela borda. Kukúchkin, com um meneio do corpo, agarrou o croque. Pánkov disse, em tom de recriminação:

– Preste atenção no seu trabalho, Stiepan!

– Então não fique conversando comigo! – resmungou Kukúchkin, enquanto empurrava um bloco de gelo. – Não posso cumprir a minha função e ao mesmo tempo conversar com você...

Eles discutiam sem rancor e Romas me disse:

– A terra aqui é pior do que na Ucrânia, mas as pessoas são melhores. Um povo muito capaz!

Eu o ouvia com atenção e acreditava nele. Gostava do seu jeito de falar, calmo e sem alterações, simples, consistente. Tinha-se a sensação de que aquele homem sabia muito e que tinha um modo próprio de avaliar as pessoas. Agradava-me em especial o fato de não perguntar por que eu tentara me matar. Qualquer outro, em seu lugar, havia muito que teria perguntado, e eu estava farto dessa pergunta. Aliás, responder seria difícil. Só o diabo sabe por que resolvi me matar. Sem dúvida, eu teria dado ao Ucraniano uma resposta comprida e estúpida.

Eu não tinha a menor vontade de lembrar o assunto – era tão bom estar no Volga, tão livre, tão claro.

A chata navegava perto da margem, à esquerda o rio se espraiava largo, invadindo a várzea arenosa na região onde ficavam os prados. Dava para ver como a água subia, batendo em ondas e sacudindo os arbustos ribeirinhos, e as torrentes claras das águas da primavera rolavam ruidosas ao seu encontro, vindo pelas terras de baixada e pelas fendas. O sol sorria, sob os seus raios gralhas de bico amarelo rebrilhavam o aço negro de sua plumagem e grasnavam atarefadas na construção dos ninhos. Nos pontos ensolarados, tufos de capim verde-claros irrompiam da terra, na direção do sol, de modo comovente. O corpo tinha frio, mas na alma havia uma alegria serena, e também germinavam brotos tenros de esperanças luminosas. É muito aconchegante a terra na primavera.

Perto do meio-dia, chegamos a Krasnovídovo; num monte alto e escarpado, ficava uma igreja de olhos azuis, a partir dela, em fila indiana, isbás bonitas e sólidas estiravam-se até a beirada do monte, brilhavam com as tábuas amarelas dos seus telhados e com as camadas de palha trançada. Era simples e bonito.

Quantas vezes admirei aquela aldeia, ao passar de barco por ali.

Quando, junto com Kukúchkin, comecei a descarregar a chata, Romas disse, enquanto me dava os sacos que estavam a bordo:

– Mas que força você tem!

E, sem olhar para mim, perguntou:

– E o peito, dói?

– Nem um pouco.

Fiquei muito comovido com a delicadeza da sua pergunta – eu não queria, sobretudo, que os mujiques soubessem da minha tentativa de suicídio.

– Tem uma forcinha, pode-se dizer, maior do que a encomenda – tagarelou Kukúchkin. – É de que província, rapaz?

Níjni-Nóvgorod? Chamam vocês de bebedores de água, para provocar. E também: "Vão para lá, vão para cá, mas está na cara de onde eles são", é o que o povo fala sobre vocês.

Descendo o monte, pela encosta, sobre o barro amolecido, no meio de uma infinidade de regatos que brilhavam como prata, um mujique comprido, seco, dava largas passadas, escorregando e cambaleando, descalço, só de camisa e calça comprida de algodão, com a barba encaracolada e um denso gorro de cabelos ruivos.

Ao se aproximar da margem, falou em voz sonora e acolhedora:

– Bem-vindos.

Olhou em volta, ergueu uma vara grossa, e mais outra, colocou as pontas das duas varas sobre a borda e, depois de pular agilmente para a chata, ordenou:

– Apóie os pés na ponta das varas, para que não caiam da borda, e pegue os tonéis. Rapaz, venha cá, ajude.

Ele era uma pintura de tão bonito e, pelo visto, muito forte. Em seu rosto corado, de nariz reto e grande, os olhos azulados brilhavam com severidade.

– Vai se resfriar, Izot – disse Romas.

– Eu? Não se preocupe.

Rolaram um tonel de querosene para a margem. Izot, depois de me avaliar com os olhos, perguntou:

– Um balconista?

– Tente só brigar com ele – sugeriu Kukúchkin.

– E você, quebraram a sua cara outra vez?

– O que se vai fazer com essa gente?

– Com quem?

– Ah, com os que batem...

– Ora, você! – exclamou Izot, com um suspiro, e voltou-se para Romas: – As telegas já vêm descendo. Avistei vocês de longe, pela água. Navegavam bem. Você vai na frente, Antónitch, eu fico aqui de vigia.

Era evidente que aquele homem tratava Romas de forma amistosa e solícita, e até com um ar protetor, embora Romas fosse uns dez anos mais velho do que ele.

Meia hora depois, eu estava num quarto limpo e confortável de uma isbá novinha, as paredes ainda não tinham perdido o cheiro de alcatrão e de estopa. Uma camponesa ativa, de olhos aguçados, punha a mesa para o almoço. O Ucraniano apanhou uns livros na mala e colocou-os na estante junto à estufa.

– O quarto do senhor fica no sótão – falou.

Da janela do sótão, via-se parte da aldeia, o barranco diante da nossa isbá e, nele, os telhados das casas de banho no meio dos arbustos. Depois do barranco, havia jardins e campos escuros; eles se afastavam em ondas suaves rumo à crista azul da floresta, no horizonte. Um mujique com roupa azul estava sentado de pernas abertas no telhado de uma casa de banho, segurava um machado na mão, enquanto a outra mão estava apoiada na testa, e olhava para o Volga, lá embaixo. Uma telega rangia, uma vaca mugia exausta, os regatos marulhavam. Pelo portão da isbá, saiu uma velha toda de preto e, voltando-se para o portão, falou com voz forte:

– Vão para o inferno!

Dois garotos, entretidos em construir uma barragem com pedras e lama no leito do riacho, quando ouviram a voz da velha, correram para longe o mais rápido que puderam, enquanto a velha, depois de pegar no chão um pedaço de pau e cuspir nele, jogou-o na direção do riacho. Em seguida, com os pés calçados em botas de mujique, destruiu a construção das crianças e desceu na direção do rio.

Como ia ser a minha vida, ali?

Chamaram para o almoço. Izot estava sentado ao pé da mesa, as pernas compridas esticadas, as solas dos pés muito vermelhas, e falava alguma coisa, mas calou-se quando me viu.

– O que deu em você? – perguntou Romas, carrancudo.

– Nada, ora, já acabei de falar. Quer dizer, ficou resolvido assim: a gente mesmo vai dar um jeito. Você vai com uma pistola, ou então com um pedaço de pau bem grosso. Na frente de Bárinov, não se pode falar tudo, ele e Kukúchkin têm língua de mulher. E você, rapaz, gosta de pescar?

– Não.

Romas começou a falar sobre a necessidade de organizar os mujiques, os pequenos proprietários de hortas, a fim de livrá-los do poder dos atravessadores. Izot, depois de ouvir com atenção, disse:

– Não tenha dúvida, os exploradores não vão deixar você viver.

– Veremos.

– É o que eu digo!

Olhei para Izot e pensei:

"Aí está, é desses mujiques que falam os contos de Karónin e de Zlatovratski..."

Será que eu tinha ido parar no meio de uma coisa séria e agora ia trabalhar com pessoas realmente de ação?

Izot, depois de almoçar, falou:

– Você, Mikhail Antónov, não se afobe, o que é bom não vem depressa. Tem que ir de leve!

Quando ele saiu, Romas falou, pensativo:

– Homem inteligente, honesto. Pena que seja quase analfabeto, mal consegue ler. Mas estuda com afinco. Escute aqui, ajude-o a aprender!

Até a noite, ele me pôs a par dos preços das mercadorias na loja, dizendo:

– Eu vendo mais barato do que os outros dois comerciantes da aldeia e, é claro, eles não gostam disso. Fazem sujeiras comigo, planejam me dar uma surra. Moro aqui não porque me agrade ou porque o comércio seja lucrativo, mas por outros motivos. É uma atividade do tipo daquela sua padaria...

Respondi que eu já havia deduzido isso.

– Pois então... É preciso ensinar e esclarecer as pessoas, não é?

A loja estava trancada, andávamos dentro dela com o lampião nas mãos, e na rua alguém andava também, chapinhando na lama com cuidado, às vezes subia na escadinha do alpendre, a passos pesados.

– Viu, escutou só? Ele está vindo! É Migun, um solitário, uma criatura ruim, ele adora fazer maldade, do mesmo jeito que uma garota bonita gosta de se exibir. O senhor deve tomar cuidado com as palavras, diante dele, e na verdade diante de todos...

Mais tarde, no quarto, enquanto fumava o cachimbo, com as costas largas apoiadas na estufa e de olhos semicerrados, Romas soltava fios de fumaça na própria barba e, compondo lentamente as palavras num discurso claro e simples, disse que já havia percebido, desde muito tempo, como eu desperdiçava inutilmente os anos da juventude.

– O senhor é um homem capaz, teimoso por natureza e, pelo visto, com boas intenções. O senhor precisa estudar, sim, é isso, de maneira que os livros não ocultem as pessoas. Um velhinho sectário dizia, com muita razão: "Todo o conhecimento vem do homem". As pessoas nos ensinam de maneira mais dolorosa, ensinam com brutalidade, a ciência delas crava na gente com mais força.

Ele dizia algo que eu já sabia, que antes de tudo é preciso despertar a inteligência dos aldeões. Mas mesmo nas palavras já conhecidas eu captava um sentido mais profundo, novo para mim.

– Aqueles seus estudantes falam muito em amor ao povo, mas eu lhe digo o seguinte: é impossível amar o povo. Isso são palavras, o amor ao povo...

Sorriu dentro da barba, fitando-me de modo escrutador, e começou a caminhar pela sala, enquanto prosseguia, com firmeza, persuasão:

– Amar significa concordar, condescender, não reparar, perdoar. É assim que é preciso aproximar-se de uma mulher. Mas será possível não reparar na ignorância do povo, concordar com os equívocos do seu pensamento, condescender com todas as suas infâmias, perdoar a sua bestialidade? É possível?

– Não.

– Aí está! Vocês lá não param de ler e recitar Nekrássov, mas, sabe, com Nekrássov não se vai muito longe! É preciso convencer o mujique: "Você, irmão, não é uma pessoa ruim em si mesmo, porém vive de um jeito ruim e não é capaz de fazer nada para que a vida fique melhor, mais fácil. Um animal selvagem talvez cuide melhor de si do que você, o animal se defende melhor. Mas de você, mujique, de você veio tudo: a nobreza, o clero, os sábios, os tsares... todos foram mujiques. Está vendo? Entendeu? Bem, aprenda a viver de um jeito que não possam bater em você..."

Ao sair para a cozinha, mandou o cozinheiro esquentar o samovar e depois passou a me mostrar os seus livros – quase todos de caráter científico: Buckle, Lyell, Hartpaul, Lecky, Taylor, Mill, Spencer, Darwin e, entre os russos, Píssarev, Dobriliúbov, Tchernichévski, Púchkin, A fragata Palas de Gontcharóv, Nekrássov.

Ele os acariciava com a larga palma da mão, com carinho, como se faz com um gato, e sussurrava quase com ternura:

– Livros bons! E este aqui é raríssimo: a censura queimou. Se quer saber o que é o Estado, leia este aqui!

Deu-me o livro *Leviatã*, de Hobbes.

– Este é também sobre o Estado, mas é mais leve, mais divertido!

O livro divertido vinha a ser *O príncipe*, de Maquiavel.

Durante o chá, falou-me brevemente sobre si: filho de um ferreiro de Tchérnigov, ele foi lubrificador de trens na estação de Kíev, lá travou conhecimento com revolucionários, organizou círculos de estudo de operários, foi preso, ficou na prisão durante uns dois anos e depois o deportaram por dez anos para a região de Iacútia.

– No início, eu morava com iacutos, num assentamento, pensava que eu estava acabado. O inverno lá nem o diabo agüenta, tão forte que o cérebro da gente congela. E lá a razão não serve para nada. Depois fui vendo: aqui e ali aparecia um russo, não eram muitos, mesmo assim havia! E, para que não se entediassem, de vez em quando acrescentavam uns novos. Eram pessoas boas. Havia o estudante Vladímir Korolenko, ele também voltou do exílio, agora. Vivi bem com ele, depois nos separamos. Vimos que éramos parecidos um com o outro, em muitos aspectos, só que uma amizade não se constrói com a semelhança. Mas era um homem sério e obstinado, capaz de fazer qualquer trabalho. Até pintava ícones, isso não me agradava. Agora, pelo que dizem, anda escrevendo bem nas revistas.

E ficou conversando muito tempo, até a meia-noite, pelo visto com o intuito de me tornar íntimo dele, imediatamente e de forma sólida. Foi a primeira vez que me senti bem com uma pessoa, a sério. Depois da tentativa de suicídio, minha auto-estima sofreu uma forte queda, eu me sentia insignificante, culpado perante os outros, e tinha vergonha de viver. Romas deve ter compreendido isso e, de um modo humano, simples, abriu para mim a porta da sua vida – me endireitou. Um dia inesquecível.

No domingo, abrimos a loja depois da missa e logo os mujiques começaram a se aglomerar no nosso alpendre. Primeiro apareceu Matviei Bárinov, imundo, despenteado, com braços compridos de macaco e um olhar distraído nos belos olhos de mulher.

– O que andam falando na cidade? – perguntou, depois de cumprimentar e, sem esperar a resposta, começou a gritar para Kukúchkin, que vinha chegando: – Stiepan! Os seus gatos devoraram um galo outra vez!

E logo depois contou que o governador viajara de Kazan até Petersburgo para pedir ao tsar que todos os tártaros fossem transferidos para o Cáucaso e para o Turquestão. Elogiou o governador:

– Inteligente! Entende do seu ofício...

– Você mesmo inventou tudo isso – comentou Romas, em tom sereno.

– Eu? Quando?

– Não sei...

– Por que você acredita tão pouco nas pessoas, Antónitch? – perguntou Bárinov, balançando a cabeça, com ar de lástima e recriminação. – Mas eu tenho pena dos tártaros. O Cáucaso exige que a pessoa esteja habituada.

Um homem miúdo e seco aproximou-se com cautela, vestia um casaco rasgado que tinha pertencido a outra pessoa; uma câimbra deformava o seu rosto cinzento, repuxando os lábios escuros num sorriso doentio; o penetrante olho esquerdo piscava sem parar, acima dele a sobrancelha grisalha tremia, rasgada por cicatrizes.

– Saudações para Migun! – falou Bárinov, em tom jocoso. – O que roubou esta noite?

– O seu dinheiro – respondeu Migun com voz de tenor, depois de tirar o chapéu para Romas.

Pánkov, dono da nossa isbá e nosso vizinho, veio do pátio, estava de paletó, com um lenço vermelho no pescoço, galochas de borracha e uma correntinha prateada no peito, e comprida como uma rédea. Mediu Migun de alto a baixo com um olhar zangado:

– Se você, diabo velho, se meter na minha horta, vou sentar o porrete nas suas pernas!

– Já começou a conversa de sempre – comentou Migun em tom calmo e, suspirando, acrescentou: – Como é que se pode viver sem brigar?

Pánkov começou a xingá-lo, mas ele acrescentou:

– Como pode falar que sou velho? Quarenta e seis anos...

– Mas na época do Natal tinha cinqüenta e três – exclamou Bárinov. – Você mesmo disse, cinqüenta e três! Por que está mentindo?

Chegou Súslov,* um velho barbado e forte, e também o pescador Izot, e assim já eram dez homens. O Ucraniano estava sentado na varanda, junto à porta da loja, fumava cachimbo, ouvia calado a conversa dos mujiques; eles se instalaram nos degraus da varanda e em banquinhos, dos dois lados da escada.

O dia estava frio, colorido, pelo céu azul e gelado de inverno pairavam nuvens ligeiras, manchas de luz e sombra banhavam-se nos riachos e nas poças, ora ofuscavam os olhos com um brilho forte, ora afagavam o olhar com uma suavidade aveludada. Moças vestidas com elegância planavam como pavoas rua abaixo, rumo ao Volga, atravessavam as poças levantando a barra das saias e deixando à mostra os sapatos de ferro. Meninos corriam com finos caniços de pesca nos ombros, mujiques de ar grave passavam, olhavam de esguelha para o grupo na frente da nossa loja, levantavam os quepes e os gorros de feltro sem dizer nada.

Migun e Kukúchkin tentavam resolver pacificamente uma questão obscura: quem açoitava de modo mais doloroso, um comerciante ou um fidalgo? Kukúchkin demonstrava que era o comerciante, Migun tomava o partido do fidalgo, e sua sonora voz de tenorino levava a melhor sobre o discurso desarvorado de Kukúchkin.

– O pai do senhor Fínguerov puxou as barbas de Napoleão Bonaparte. E o senhor Fínguerov às vezes agarrava dois homens pela parte de trás da gola dos casacos de pele de ovelha, mexia os braços e batia uma testa na outra, e pronto! Os dois caíam imóveis no chão.

* Tenho memória ruim para os nomes dos mujiques e provavelmente os confundi ou deformei.

– Puxa, é para ficar no chão mesmo! – concordou Kukúchkin, mas acrescentou: – Bom, também um comerciante come mais do que um fidalgo...

O bem-apessoado Súslov, sentado nos degraus mais altos da escadinha da varanda, lamentou-se:

– Não tem mais mujique forte neste mundo, Mikhail Antónov. Os senhores nobres não deixavam as pessoas viverem assim à toa, cada homem estava pregado a um serviço...

– Então apresente uma petição para restabelecer a lei da servidão – retrucou Izot. Calado, Romas olhou-o de relance e começou a esvaziar o cachimbo, batendo-o na balaustrada da varanda.

Eu estava esperando: quando ele ia começar a falar? E, enquanto ouvia com atenção a conversa desconexa dos mujiques, tentava prever o que exatamente o Ucraniano ia falar. Parecia-me que ele já havia perdido toda uma série de momentos oportunos para intervir na conversa dos mujiques. Mas se mantinha calado, indiferente, imóvel feito um ídolo, observando como o vento franzia a água nas poças e empurrava as nuvens, comprimindo-as numa densa massa cinzenta. No rio, um navio apitava, lá de baixo erguia-se a canção estridente das moças, um acordeão acompanhava. Soluçando e rugindo, um bêbado descia pela rua, abanava os braços, as pernas curvavam-se de um modo anormal, pisando nas poças. Os mujiques falavam cada vez mais devagar, o desânimo soava em suas palavras e uma tristeza também me tocou de leve, porque o céu frio ameaçava chover e me trazia à memória o barulho incessante da cidade, a variedade dos seus sons, o fluxo veloz das pessoas nas ruas, a vivacidade das suas vozes, a fartura de palavras, que estimulavam a inteligência.

Ao anoitecer, durante o chá, perguntei ao Ucraniano: quando ia falar com os mujiques?

– Sobre o quê?

– Ah – disse ele, depois de me ouvir com atenção. – Bem, imagine, se eu falasse com eles sobre isso, e ainda por cima na rua, me mandariam de novo para a Iacútia...

Enfiou tabaco no cachimbo, acendeu, foi logo envolvido pela fumaça e, calmamente, de um modo memorável, passou a explicar que o mujique é uma pessoa cautelosa, desconfiada. Tem medo de si mesmo, tem medo do vizinho e tem medo sobretudo de qualquer pessoa estranha. Ainda não se passaram trinta anos que lhes deram a liberdade, todo camponês de quarenta anos nasceu servo e se lembra disso. É difícil entender o que é a liberdade. Para explicar de forma simples, liberdade quer dizer o seguinte: eu vivo como quiser. Mas há autoridades em toda parte, e todas elas atrapalham a vida. O tsar tomou os servos dos senhores de terra, portanto o tsar é agora o único senhor de todos os camponeses. E de novo: o que é a liberdade? De repente vai chegar o dia em que o tsar vai explicar ao mujique o que a liberdade significa. O mujique acredita muito no tsar, o único senhor de toda a terra e de toda a riqueza. Ele tomou os camponeses dos senhores de terra, pode tomar dos comerciantes os navios a vapor e as lojas. O mujique é tsarista, ele entende: ter muitos senhores é ruim, ter um só é melhor. Ele espera que chegue o dia em que o tsar lhe explique o significado da liberdade. E aí, pronto, cada um que apanhe o que conseguir. Esse dia, todos querem e todos temem, todos vivem alerta, dentro de si, para não deixar passar o dia decisivo da partilha geral. E o mujique tem medo de si mesmo: quer muita coisa, existem coisas para tomar, mas como é que ele vai pegar? Todos afiam os dentes para morder a mesma coisa. Por isso há em todo canto uma quantidade inumerável de autoridades, obviamente hostis ao mujique e também ao tsar. Mas sem as autoridades é impossível, todos iam brigar, iam se matar uns aos outros.

O vento batia irritado no vidro das janelas, com a grossa chuva da primavera. Um nevoeiro cinzento derramava-se pela rua; minha alma também ficou cinzenta e desanimada. A voz calma, baixa, dizia em tom pensativo:

– Esclareça o mujique para que ele, pouco a pouco, aprenda a tomar o poder do tsar e a passar o poder para as próprias mãos, diga a ele que o povo deve ter o direito de escolher autoridades saídas do seu próprio meio, o comissário de polícia, o governador, o tsar...

– Isso vai levar cem anos!

– Mas o senhor achava que ia fazer isso até o dia da Trindade? – perguntou, sério, o Ucraniano.

Ao anoitecer, ele foi a algum lugar, e às onze horas ouvi um tiro na rua – o disparo soou ali perto. Depois de saltar para a escuridão, debaixo de chuva, vi que Mikhail Antónovitch caminhava rumo ao portão, desviando-se das torrentes de água, cauteloso, grande, negro.

– O senhor... o que é? Fui eu que atirei...

– Em quem?

– Em umas pessoas aí, que me atacaram com porretes. Falei: "Parem, senão vou atirar", eles não ligaram. Mas na hora eu atirei para o céu... ele não fica ferido...

Parou no vestíbulo, tirou a roupa encharcada, apertou com a mão a barba molhada e bufou como um cavalo.

– Que botas do diabo, as minhas, parece que estão estragadas! Preciso trocar. O senhor sabe limpar um revólver? Por favor, senão vai enferrujar. Passe querosene...

A sua calma inabalável, a tenacidade serena na expressão dos seus olhos cinzentos deixavam-me maravilhado. No quarto, enquanto penteava a barba na frente do espelho, ele me preveniu:

– O senhor deve caminhar com cuidado pela aldeia, sobretudo nos feriados, à noite, na certa estão querendo bater também no senhor. Mas não ande com um pedaço de pau, isso provoca os brigões e pode inspirar neles a idéia de que o senhor está com medo. E não é preciso ter medo! Eles são gente covarde...

Comecei a viver muito bem, cada dia me trazia algo novo e importante. Passei a ler avidamente livros sobre ciências naturais, Romas me ensinava:

– Isso, Maksímitch, é o que é preciso saber, acima de tudo e melhor do que tudo, nessa ciência se encontra o melhor da razão humana.

Izot vinha três vezes por semana, ao anoitecer, eu o ensinava a ler. De início, ele me tratava com desconfiança, com um leve sorriso, mas depois de algumas aulas falou em tom afável:

– Você explica bem! Rapaz, você devia ser professor...

E, de súbito, sugeriu:

– Você deve ser forte, é, sim, vamos disputar com uma vara?

Trouxemos uma vara da cozinha, sentamos no chão com as solas dos pés de um coladas nas solas dos pés do outro, e por um bom tempo tentamos levantar um ao outro do chão, puxando a vara, enquanto o Ucraniano nos incentivava, dando risinhos:

– E então? Vamos lá!

Izot me levantou e, pelo visto, isso aumentou ainda mais a sua simpatia por mim.

– Não ligue, você tem saúde! – me consolou. – Pena que não goste de pescar, senão eu levava você comigo no Volga. A noite no Volga é o reino dos céus!

Ele estudava com dedicação, progredia bastante e ficava muito surpreso; às vezes, durante uma aula, parava de repente, pegava um livro na estante, levantava bem alto as sobrancelhas, lia dois ou três versos com esforço, ficava vermelho, olhava para mim e dizia, admirado:

– Olhe, estou lendo, onde já se viu?

E repetia, de olhos fechados:

Como a mãe ao pé da sepultura do filho,
Voa a galinhola sobre a planície tristonha...

– Viu só?

Várias vezes, ele perguntava a meia-voz, com cuidado:

– Explique-me, irmão, como é que isso pode acontecer. A pessoa olha para esses risquinhos e eles formam palavras e eu as conheço, as palavras vivas, da gente! Como é que eu sei? Ninguém cochichou no meu ouvido. Se elas fossem desenhos, bem, aí eu até podia entender. Mas aqui é como se as próprias idéias estivessem impressas... como é que pode?

O que eu podia responder? E o meu "não sei" o deixava amargurado.

– Feitiçaria! – dizia ele, com um suspiro, e observava as páginas do livro contra a luz.

Havia nele uma ingenuidade agradável e tocante, algo transparente, infantil; ele me fazia lembrar cada vez mais o célebre mujique de que falam os livros. Como quase todos os pescadores, ele era um poeta, amava o Volga, as noites silenciosas, a solidão, a vida contemplativa.

Olhava para as estrelas e perguntava:

– O Ucraniano diz que lá pode ter habitantes, feito a gente... O que acha, será mesmo? E se a gente mandasse um sinal para eles, para perguntar como é que vivem? Quem sabe têm uma vida melhor do que a nossa, mais alegre...

No fundo, estava satisfeito com a sua vida, era órfão, solteiro e não dependia de ninguém na sua tranqüila e amada atividade de pescador. Mas tratava os mujiques de forma hostil e me prevenia:

– Não confie no jeito afetuoso deles, isso é esperteza do povo, é falso, não acredite neles! Hoje estão com você, mas amanhã é tudo diferente. Cada um só olha para si; e o trabalho para a comunidade, eles tratam como se fossem trabalhos forçados.

E, com um ódio estranho num homem de espírito tão brando, Izot falava sobre os "aproveitadores":

– E eles, por que são mais ricos do que os outros? Porque são mais inteligentes. Então, seu canalha, se for inteligente, lembre-se bem: os camponeses devem viver em rebanho, unidos, e aí têm força! Mas eles racham a aldeia que nem toras em pedaços de lenha, e aí é o que se vê! São inimigos de si mesmos. É uma gente maldosa. Olhe só o que o Romas tem de passar por causa deles...

Bonito, forte, Izot agradava muito às mulheres e elas se apoderavam dele.

– É claro, nisso eu sou mimado – confessava, com ar bonachão. – Para os maridos, é uma coisa ofensiva, eu mesmo ficaria ofendido, no lugar deles. Mas as mulheres, é impossível não ter pena das mulheres, parece que são a segunda alma da gente. Vivem sem feriado, sem carinho; trabalham feito cavalos, e mais nada. Os maridos não têm tempo para amar, e eu sou um homem livre. Muitas, ainda no primeiro ano de casamento, sentem o gosto dos punhos do marido. Pois é, nisso eu sou um pecador, me divirto com elas. Só peço uma coisa: vocês, mulheres, não fiquem zangadas umas com as outras, para mim todas são iguais, tenho pena de todas...

Sorrindo encabulado por trás da barba, Izot contava:

– Até com uma fidalga eu, por pouco, não fiz minhas travessuras... Uma fidalga veio da cidade para a casa de campo. Uma beldade, branca feito leite, a cabeleira era um linho. E os olhinhos azulados, bondosos. Eu vendia peixe para a fidalga e não tirava os olhos dela. "O que você quer?", perguntou. "A senhora sabe", respondi. "Bem, está certo", disse ela, "hoje à noite vou à sua casa, me espere!" E era verdade, ela veio mesmo. Só que se incomodou com os mosquitos, eles começaram a picar a mulher, pois é, e não aconteceu nada entre nós. "Não consigo", falou, "picam demais", e ela até quase chorou. Um dia depois, o marido veio ao encontro dela, era uma espécie de juiz. Pois é, as fidalgas são assim – concluiu ele com tristeza e recriminação. – Os mosquitos atrapalham a vida delas.

Izot elogiava muito Kukúchkin:

– Olhe esse mujique com atenção, que alma boa ele tem! Não gostam dele, está certo, mas não há motivo para isso! É um tagarela, é claro, mas afinal cada boi tem as suas manchas.

Kukúchkin era sem-terra, casado com uma camponesa assalariada e beberrona, pequena, mas muito habilidosa, forte e malvada. Ele arrendou sua isbá para o ferreiro e morava na casa de banho, trabalhava para Pánkov. Adorava saber das novidades e, quando não havia nenhuma, ele mesmo inventava diversas histórias, as enfiava todas num mesmo fio.

– Mikhail Antónov, você já soube? O guarda cossaco de Tínkov vai entrar para um convento, vai largar o emprego: não quero mais surrar os mujiques, ele se lamenta, chega!

O Ucraniano falou, em tom sério:

– E assim todas as autoridades também vão acabar indo embora e deixando vocês.

Enquanto retirava palhinhas, feno e penugem de galinha dos despenteados cabelos castanho-claros, Kukúchkin refletia:

– Nem todos vão embora, mas aqueles que têm consciência, é claro, acham penoso cumprir suas funções. Você não acredita na consciência, Antónitch, estou vendo. Pois olhe, sem consciência não se sobrevive, nem com uma grande inteligência! Olhe, escute este caso...

E contou a respeito de uma proprietária de terras "inteligentíssima":

– Era tão malvada que até o governador, apesar da sua posição elevada, foi visitá-la. "Senhora", disse ele, "seja mais cuidadosa, por via das dúvidas, os comentários sobre as suas infâmias hediondas chegaram até Petersburgo!" Ela, é claro, ofereceu-lhe um licor de frutas e respondeu: "Vá com Deus, não posso modificar o meu caráter!". Passaram três anos e um mês, e de repente ela reuniu os mujiques: "Pronto, toda a minha terra é de vocês", disse ela, "adeus e me perdoem, eu...".

– Vou para um convento – sugeriu o Ucraniano.

Kukúchkin, olhando atentamente para ele, confirmou:

– É verdade, virou madre superiora! Então você também ouviu falar dela?

– Nunca ouvi falar.

– Mas então como é que conhece a história?

– Eu conheço você.

O fantasista resmungou, balançando a cabeça:

– Como é que pode não acreditar nas pessoas assim...

E era sempre a mesma coisa: as pessoas ruins, malvadas, nas suas histórias, se cansavam de fazer o mal e "desapareciam sem deixar traços", mas na maioria das vezes Kukúchkin as mandava para um convento, como o lixo vai para o "monturo".

Ele tinha idéias estranhas e inesperadas – de repente, franzia as sobrancelhas e declarava:

– Foi bobagem termos vencido os tártaros, os tártaros são melhores do que nós!

Só que ninguém estava falando sobre os tártaros, naquela hora se falava da organização das cooperativas dos proprietários de hortas.

Romas contava a respeito da Sibéria, falava sobre os ricos camponeses siberianos, mas de repente Kukúchkin balbuciava, pensativo:

– Se não pescassem nenhum arenque durante uns dois ou três anos, os peixes podiam se reproduzir e crescer tanto que o mar ia transbordar e afogar as pessoas. É um espanto como esse peixe se reproduz!

A aldeia considerava Kukúchkin um homem vazio e suas histórias e suas idéias estranhas irritavam os mujiques, despertavam pragas e zombarias entre eles, mas sempre o escutavam com interesse, com atenção, como se esperassem encontrar uma verdade no meio das suas invenções.

– Conversa-fiada – chamavam-no as pessoas mais sérias, e só o esnobe Pánkov dizia em tom grave:

– O Stiepan tem um mistério...

Kukúchkin era um trabalhador muito talentoso, era tanoeiro, construtor de estufas, conhecia as abelhas, ensinava as mulheres a criar aves, era habilidoso na carpintaria e tudo o que ele fazia ficava bom, embora trabalhasse devagar, a contragosto. Adorava gatos, na casa de banho onde morava tinha uns dez daqueles bichos, sempre de barriga cheia, ele os alimentava com corvos, gralhas e, ao ensinar os gatos a comer aves, reforçava ainda mais a atitude negativa que já havia contra ele: os seus gatos esganavam frangos, galinhas, e as mulheres caçavam as feras de Stiepan, surravam-nas impiedosamente. Na casa de banho, Kukúchkin ouvia muitas vezes o ganido furioso das donas-de-casa amarguradas, mas isso não o perturbava.

– Que imbecis, os gatos são feras caçadoras, mais ágeis do que os cães. Eu vou ensinar todos eles a caçar pássaros, vou criar cem gatos, e aí vamos vender, é lucro para vocês, gente burra!

Ele sabia ler, mas tinha esquecido e não queria lembrar. Inteligente por natureza, era o mais rápido de todos para captar o sentido essencial das histórias do Ucraniano.

– Ora, ora – dizia ele, franzindo a cara, como um bebê que engole um remédio amargoso. – Quer dizer que esse tal de Ivan, o Terrível, não foi pernicioso para a gente miúda...

Ele, Izot e Pánkov vinham nos visitar ao anoitecer e muitas vezes ficavam até a meia-noite, ouvindo as histórias do Ucraniano sobre a formação do mundo, sobre a vida nos países estrangeiros, sobre as convulsões revolucionárias dos povos. Pánkov gostava da Revolução Francesa.

– Aí está, isso é que foi uma verdadeira reviravolta na vida – aprovava ele.

Dois anos antes, Pánkov se separara do pai, um mujique rico que tinha um bócio enorme e olhos estranhamente arregalados, casou "por amor" com uma órfã, sobrinha de Izot, tratava-a de modo severo, mas a vestia com roupas da cidade. O pai o amaldiçoara por sua rebeldia e, ao passar pela nova isbá do filho, cuspia nela com raiva. Pánkov arrendou a isbá para Romas e fez construir uma loja ao lado, contra a vontade dos ricos da aldeia, que o odiavam por isso, e Pánkov por sua vez se mostrava de todo indiferente em relação a eles, falava dos ricos com desdém e, quando estava em sua presença, era sarcástico e grosseiro. A vida na aldeia o oprimia:

– Se eu soubesse um ofício, ia morar na cidade...

Bem-apessoado, sempre de roupas limpas, Pánkov se portava de modo sério e muito orgulhoso; seu pensamento era cauteloso, desconfiado.

– Você trabalha nesse negócio por coração ou por cálculo? – perguntou para Romas.

– O que você acha?

– Não, responda você.

– Na sua opinião, qual é o melhor?

– Não sei! E na sua?

O Ucraniano era obstinado e, no final das contas, obrigava o mujique a se pronunciar.

– O melhor é usar a inteligência, é claro! A inteligência não vive sem o lucro e, onde há lucro, o negócio é duradouro. O coração é um mau conselheiro. Se eu fosse obedecer ao coração, causaria uma verdadeira desgraça! Ia tacar fogo no pope, para ele parar de se meter onde não é chamado!

O pope, um velhote malvado, com focinho de toupeira, fez Pánkov passar maus bocados, intrometendo-se na sua briga contra o pai.

De início, Pánkov me tratava com antipatia e quase com hostilidade, até gritava comigo em tom de patrão, mas logo isso desapareceu, embora eu sentisse que ainda havia alguma desconfiança oculta em relação a mim, e eu também não gostava de Pánkov.

Lembro-me muito bem das noites no quartinho limpo, com paredes feitas de toras. As janelas muito bem fechadas, um lampião aceso sobre a mesa num canto, diante dele um homem de testa saliente, cabelo liso, barba comprida, que diz:

– O essencial na vida é que o homem se distancie cada vez mais do animal...

Os três mujiques ouvem com atenção, todos têm olhos bonitos, rostos inteligentes. Izot fica sentado sempre imóvel, como se estivesse escutando algo à distância, algo que só ele ouve. Kukúchkin se remexe, como se mosquitos o picassem, enquanto Pánkov, beliscando o bigodinho claro, pondera em voz baixa:

– Quer dizer que, apesar de tudo, é preciso que o povo se divida em classes.

Agrada-me muito que Pánkov jamais fale de modo grosseiro com Kukúchkin, que é seu empregado, e ouça com atenção as engraçadas invenções do sonhador.

A conversa termina, eu vou para o meu quarto no sótão, fico sentado junto à janela, olhando para a aldeia adormecida e para o campo, onde o silêncio reina inabalável. A bruma noturna é atravessada pelo brilho das estrelas – quanto mais próximas da terra, mais distantes de mim. A quietude impressionante aperta o coração, o pensamento se derrama pela vastidão infinita, e eu vejo milhares de aldeias que, em silêncio, se aferram à terra plana, como a ela também se apega a nossa aldeia. Imobilidade, silêncio.

O vazio brumoso, que me abraça de modo cálido, adere ao meu espírito como milhares de sanguessugas e aos poucos eu sinto a fraqueza do sono, uma agitação confusa me perturba. Sou pequeno e insignificante no mundo...

Diante de mim, a vida na aldeia surge sem alegria. Eu ouvira dizer e lera, repetidas vezes, que nas aldeias as pessoas viviam de modo mais saudável e cordial do que na cidade. Mas eu via os mujiques num trabalho ininterrupto, como forçados nas galés, entre eles havia muitos sem saúde, arrebentados de tanto trabalhar, e quase não existiam pessoas alegres. Os artesãos e os operários da cidade, que não trabalhavam menos, viviam com mais alegria e se lamentavam da vida de modo menos enfadonho, menos maçante do que aquela gente sombria. A vida dos camponeses não me parecia simples, ela exigia uma extrema atenção à terra e uma astúcia muito sutil no trato com as pessoas. E nada havia de cordial nessa vida pobre de pensamento, percebia-se que todos na aldeia viviam tateantes, feito cegos, sempre com medo de alguma coisa, sem acreditar uns nos outros, havia neles algo de lobo.

Eu achava difícil entender por que eram tão obstinados em sua antipatia pelo Ucraniano, por Pánkov e por todos os "nossos", pessoas que desejavam viver de forma racional.

Eu via nitidamente as vantagens da cidade, a sua sede de felicidade, a ousada curiosidade da razão, a variedade de seus propósitos e de seus afazeres. E sempre, em tais noites, me vinham à memória dois habitantes da cidade:

F. KALÚGUIN E Z. NEBEI

Relojoeiros, consertam-se aparelhos em geral,
instrumentos cirúrgicos, máquinas de costura,
caixinhas de música de todos os sistemas etc.

Essa tabuleta se encontra acima da porta estreita de uma pequena loja, dos lados da porta há janelas poeirentas, junto a uma deles está F. Kalúguin, calvo, com um calombo no crânio amarelo e uma lupa no olho; cara redonda, opulento, ele sorri de modo quase ininterrupto, enquanto esgaravata com pinças finas o mecanismo de um relógio, ou cantarola com a boca redonda aberta, oculta debaixo da escova grisalha do bigode. Na outra janela, está Z. Nebei, crespo, escuro, de nariz grande, curvo, de olhos grandes como ameixas e barbicha pontuda; seco, descarnado, parece um diabo. Ele também desmonta e remonta umas pecinhas fininhas e, às vezes, de modo inesperado, grita em voz de baixo:

– Tra-ta-tam, tam, tam!

Atrás deles, há um amontoado caótico de caixas, máquinas, umas rodas, uns globos, em todo canto das estantes há objetos metálicos de formas variadas, uma porção de relógios balançam os pêndulos nas paredes. Eu bem que gostaria de observar, o dia inteiro, como aquelas pessoas trabalhavam, mas o meu corpo comprido barra a sua luz, eles fazem uma tromba terrível para mim, sacodem os braços, me enxotam dali. Enquanto me afasto, penso, com inveja:

"Que felicidade é saber fazer tudo!"

Respeito aquela gente e creio que eles conhecem os segredos de todas as máquinas, de todos os instrumentos, e podem consertar tudo o que existe no mundo. Isso é que é gente!

Mas eu não gostava da aldeia, não entendia os mujiques. As mulheres, sobretudo, se queixavam a toda hora de doenças, tinham "uma coisa que sobe no coração", "aperta dentro do peito" e o tempo todo "uma cólica na barriga" – é disso que elas falavam mais, e com mais gosto, nos feriados, sentadas em suas isbás ou na beira do Volga. Todos se irritavam terrivelmente a troco de nada, xingavam-se furiosamente entre si. Por causa de um vaso de barro quebrado, que custava uns doze copeques, três famílias brigaram com pedaços de pau, quebraram o braço de uma velha e partiram o crânio de um rapaz. Quase toda semana havia brigas como essa.

Os rapazes tratam as moças com um cinismo descarado, fazem brincadeiras maldosas com elas: apanham-nas no campo, levantam suas saias, amarram a barra com força por cima da cabeça, com um cordão. A isso chamam de "fazer a garota florir". Nuas da cintura para baixo, as moças gritam esganiçadas, xingam, mas parecem gostar da brincadeira, é visível que desamarram as saias mais devagar do que poderiam. Na igreja, na missa das vésperas, os rapazes beliscam as nádegas das moças, parece que só vão à igreja para isso. No domingo, o pope fala do púlpito:

– Animais! Já não há lugar de sobra para as suas indecências?

– Na Ucrânia, talvez o povo seja mais poético na religião – contava Romas –, mas aqui, sob o disfarce da fé em Deus, eu só vejo os instintos mais grosseiros do medo e da cobiça. Quer dizer que o amor sincero a Deus, a admiração pela sua beleza e sua força, isso não existe nas pessoas daqui. Talvez seja bom: vão se libertar da religião mais facilmente, é um preconceito muito pernicioso, ouça o que eu digo!

Os rapazes são metidos a valentes, mas são covardes. Já por três vezes tentaram bater em mim, me pegando de surpresa à noite na rua, mas não conseguiram, e só uma vez acertaram com um pedaço de pau na minha perna. Naturalmente, nada contei para Romas sobre tais escaramuças, mas ao notar que eu mancava, ele mesmo adivinhou o que tinha acontecido:

– Eh, ganhou um presente, não foi? Eu bem que preveni o senhor!

Embora ele me recomendasse não passear à noite, eu às vezes saía além das hortas e ia para a beira do Volga, sentava ali sob os salgueiros e, através da cortina transparente da noite, olhava para os prados, do outro lado do rio, lá embaixo. A corrente do Volga, majestosamente vagarosa, era ricamente tingida de dourado pelos raios de um sol invisível, refletidos numa lua morta. Não gosto da lua, há nela algo funesto e, como ocorre com os cães, ela desperta em mim uma angústia, uma vontade de uivar com tristeza. Fiquei muito alegre quando soube que a lua não brilha com uma luz própria, que ela é morta e não tem nem pode ter vida. Até então, eu a imaginava povoada por pessoas de cobre, em forma de triângulo, que se moviam à maneira de compassos e ressoavam fulminantes como os sinos da Quaresma. Tudo na lua era de cobre; as plantas, os animais – tudo emitia um som ininterrupto, abafado, hostil em relação à terra, tramava maldades contra a terra. Para mim, foi agradável descobrir que a lua era um lugar vazio no céu, mesmo assim eu queria que um grande meteoro caísse na lua com força bastante para que ela, incendiando-se por causa do choque, começasse a brilhar sobre a terra com uma luz própria.

Enquanto eu olhava como a corrente do Volga tremia numa faixa bordada de luz e como, depois de surgir em algum ponto distante na escuridão, o curso do rio desaparecia na sombra negra da margem montanhosa – eu sentia que meu pensamento ficava mais bem disposto e mais aguçado. Era fácil, então, pensar em coisas inapreensíveis por meio de palavras, em coisas estranhas a tudo o que eu vivera naquele dia. O movimento majestoso da massa de água é quase silencioso. Na estrada larga e escura, um navio a vapor desliza como um pássaro monstruoso de plumagem de fogo, um som suave corre atrás dele, como o esvoaçar de asas pesadas. Sobre a margem coberta de prados, paira uma luzinha, a partir dela, sobre a água, estende-se um raio vermelho e pontudo – é um pescador que atrai os peixes com um lampião, e pode-se até pensar que baixou do céu para o rio uma de suas estrelas desabrigadas, e ela flutua na água como uma flor de fogo.

Coisas lidas nos livros tomam a forma de fantasias estranhas, a imaginação, sem cessar, tece pinturas de beleza incomparável e a gente parece flutuar no ar suave da noite, seguindo o rio.

Izot foi encontrar-me ali, à noite ele parecia ainda mais volumoso, ainda mais simpático.

– Você de novo aqui? – pergunta ele e, sentando-se junto a mim, se mantém concentradamente calado por muito tempo, olhando para o rio e para o céu, afagando a seda fina da barba dourada.

Depois, devaneia:

– Vou estudar, ler bastante, vou seguir o rio até o fim e vou entender tudo! Vou ensinar às pessoas! Sim. É bom, irmão, compartilhar a alma com as pessoas! Até as mulheres, algumas, quando a gente fala com a alma, elas também entendem. Há pouco tempo, tinha uma no meu barco, e perguntou assim: "O que acontece com a gente depois que morre? Não acredito", disse ela, "nem no inferno nem no outro mundo." Viu só? Elas também, irmão...

Sem encontrar as palavras, calou-se e por fim acrescentou:

– ... são almas vivas...

Izot era um homem noturno. Sabia sentir a beleza, sabia falar sobre ela com as palavras mansas de uma criança sonhadora. Acreditava em Deus sem temor, mas conforme a igreja, imaginava-o um velho grande, de bom aspecto, um bondoso e inteligente senhor do mundo, que não conseguia vencer o mal só porque "não dá tempo, os homens se reproduzem demais. Mas não importa, ele vai chegar lá, você vai ver! Mas Cristo eu não consigo entender, não dá! Ele não tem serventia para mim. Deus existe, muito bem, vá lá. Mas ainda um outro? É o filho, é o que dizem. Grande coisa, um filho! Que eu saiba, Deus não morreu...".

Porém na maioria das vezes Izot ficava calado, pensando em alguma coisa, e só de vez em quando falava, com um suspiro:

– Sim, é assim...

– O quê?

– Estou falando para mim mesmo.

E de novo suspirava, olhando para as distâncias turvas.

– É bom isso, a vida!

Eu concordava:

– Sim, é bom!

A faixa aveludada de água escura move-se com vigor, por cima dela estende-se a faixa prateada da Via Láctea, estrelas grandes reluzem como cotovias douradas e o coração canta baixinho seus pensamentos tolos sobre os mistérios da vida.

Ao longe, acima dos prados, raios de sol escavam as nuvens avermelhadas, e eis que desdobra sua cauda de pavão.

– É um espanto, o sol!– balbuciava Izot, sorrindo com felicidade.

As macieiras estavam em flor, a aldeia estava envolta pelo ar nevado e cor-de-rosa e por um odor amargo que se infiltrava em toda parte, abafando o cheiro do breu e do estrume. Centenas de árvores floridas, em trajes festivos de pétalas rosadas, estendiam-se da aldeia para o campo em fileiras regulares. Nas noites de lua, ao vento leve, flores oscilavam como borboletas, murmuravam de forma quase inaudível e parecia que a aldeia era inundada por pesadas ondas azuis e cor de ouro. Os rouxinóis cantavam incansáveis, com ardor, durante o dia os estorninhos faziam rebuliço com entusiasmo e cotovias invisíveis derramavam pela terra o seu retinir meigo e ininterrupto.

Nos feriados, à noite, mocinhas e jovens caminhavam pela rua, cantavam de boca aberta, como filhotes de passarinhos, e languidamente davam sorrisos embriagados. Izot também sorria como um bêbado, havia emagrecido, seus olhos se afundaram em covas escuras, seu rosto ficou ainda mais severo, mais bonito e mais parecido com o de um santo. Ele dormia o dia inteiro, só aparecia na rua à tardinha, preocupado, silenciosamente pensativo. Kukúchkin escarnecia dele de um jeito grosseiro, mas afetuoso, e Izot, com um risinho confuso, respondia:

– Fique quieto, olhe lá. O que posso fazer?

E se extasiava:

– Ah, como é doce viver! Olhe como a vida pode ser cheia de carinho, como existem palavras que tocam o coração! Dessas palavras, a gente não se esquece, até a morte, e quando ressuscitarmos, elas vão ser as primeiras que vamos lembrar!

– Cuidado, os maridos vão lhe dar uma surra – o Ucraniano o prevenia, também sorrindo, afável.

– E têm motivos para isso – concordava Izot.

Quase toda noite, junto com o canto dos rouxinóis, a voz alta e cativante de Migun na beira do rio derramava-se pelos jardins, pelo campo, ele cantava belas canções de forma admirável, por isso os mujiques até lhe perdoavam muita coisa.

Nos sábados à noite, junto à nossa loja, reunia-se um povo cada vez mais numeroso e – inevitavelmente – vinham o velho Súslov, Bárinov, o ferreiro Krótov, Migun. Sentavam-se e conversavam com ar pensativo. Uns iam embora, outros apareciam, e era assim até quase meia-noite. Às vezes, um bêbado fazia um escândalo, em geral era o soldado Kóstin, homem de um olho só e sem dois dedos na mão esquerda. De mangas arregaçadas, brandindo os punhos no ar, ele vinha na direção da loja com os passos de um galo de briga e esbravejava com esforço e voz rouca:

– Ucraniano, nação perniciosa, fé turca! Responda, por que não vai à igreja, hein? Alma herege! Agitador do povo! Responda: que tipo de gente é você?

Provocavam-no:

– Michka, por que você deu um tiro nos dedos? Teve medo dos turcos?

Partia para a briga, mas o agarravam e, entre risos, gritos, empurravam-no para o barranco – enquanto rolava aos trambolhões pela ribanceira, ele gania de um modo insuportável:

– Socorro! Me mataram...

Depois se arrastava, coberto de poeira, e vinha pedir ao Ucraniano dinheiro para um copo de vodca.

– Mas em troca de quê?

– Da diversão – respondia Kóstin. Os mujiques gargalhavam amistosamente.

***

Certa vez, de manhã, num feriado, quando a cozinheira acendeu a lenha na estufa e saiu para o pátio, num momento em que eu estava dentro da loja – irrompeu um forte suspiro na cozinha, a loja estremeceu, latas de caramelo caíram das estantes, vidros quebrados tilintaram, algo tamborilou no chão. Corri para a cozinha, uma nuvem preta de fumaça subia da porta que dava para o quarto, atrás dela algo chiava e estalava – o Ucraniano agarrou-me pelo ombro:

– Não se mexa...

Lá na entrada, a cozinheira começou a berrar.

– Ah, que burra...

Romas mergulhou na fumaça, sacudiu algo ruidosamente, praguejou com força e gritou:

– Chega! Traga água!

No chão da cozinha, achas de lenha fumegavam, um tição ardia, tijolos jaziam espalhados, a boca negra da estufa estava vazia, como se a tivessem varrido. Tateando no escuro, peguei um balde de água, entornei sobre o fogo no chão e comecei a jogar as achas de volta para dentro da estufa.

– Cuidado! – disse o Ucraniano, enquanto levava a cozinheira pelo braço e, depois de empurrá-la para dentro do quarto, ordenou: – Feche a loja! Tome cuidado, Maksímitch, ainda pode explodir... – E, de cócoras, passou a examinar as achas redondas, de abeto, depois começou a retirar da estufa as achas que eu jogara lá dentro.

– O que o senhor está fazendo?

– Ah... Aqui está!

E me mostrou uma acha estranhamente aberta e arredondada, e vi que seu interior tinha sido perfurado por uma broca e estava coberto por uma fuligem estranha.

– Entendeu? Eles, os diabos, rechearam a acha com pólvora. Imbecis! Ora, o que se pode conseguir com uma libra de pólvora?

E, depois de pôr a acha de lado, foi lavar as mãos, dizendo:

– Foi sorte a Aksínia ter saído, senão teria se machucado...

A fumaça ácida se dispersou, vimos que a louça na estante havia se quebrado, todos os vidros tinham saltado dos caixilhos das janelas e os tijolos da boca da estufa tinham sido arrancados.

Nessa hora, a calma do Ucraniano não me agradou – portava-se como se aquela armadilha estúpida não o indignasse nem um pouco. E na rua meninos corriam, vozes ressoavam:

– Incêndio na casa do Ucraniano! Vamos pegar fogo!

Lamentando-se, uma mulher uivava e, de dentro do quarto, Aksínia berrava, alarmada:

– Querem entrar à força na loja, Mikhail Antónitch!

– Ora, ora, calma! – disse ele, limpando a barba molhada com uma toalha.

Nas janelas abertas do quarto, caras peludas, desfiguradas pelo pavor e pela ira, espiavam, os olhos queimados pela fumaça piscavam e alguém gritava, nervoso, esganiçado:

– Vamos expulsar todos eles da aldeia! Não param de arrumar escândalos! Como é que pode, meu Deus?

Um mujique pequeno e ruivo, que se benzia e remexia os lábios, tentava entrar pela janela e não conseguia; na mão direita, trazia um machado e a esquerda, que se agarrava convulsivamente ao peitoril, escorregava.

Com uma acha de lenha na mão, Romas perguntou a ele:

– Aonde vai?

– Apagar o fogo, patrão...

– Não tem nada pegando fogo...

O mujique sumiu, com a boca aberta de medo, e Romas saiu para o alpendre da loja e, mostrando a acha de lenha, falou para a multidão:

– Um de vocês recheou esta acha com pólvora e enfiou no meio da nossa lenha. Mas a pólvora foi pouca, não causou dano nenhum...

Eu estava logo atrás do Ucraniano, olhava para a multidão e ouvia como o mujique do machado contava, assustado:

– Olhe só como ele me ameaça com esse pau...

E o soldado Kóstin, já totalmente embriagado, gritava:

– Vamos expulsar esse fanático! Entreguem para a Justiça...

Mas a maioria das pessoas se mantinha em silêncio, olhava fixamente para Romas, escutava suas palavras com desconfiança:

– Porque, para explodir uma isbá, é preciso usar muita pólvora, às vezes um *pud*! Está tudo bem, agora vão para casa...

Alguém perguntou:

– Cadê o estaroste?

– Tem de chamar o chefe de polícia!

As pessoas se dispersaram, sem pressa, de má vontade, como se lamentassem alguma coisa.

Sentamo-nos para tomar chá, Aksínia serviu as xícaras, afável e bondosa como nunca, e fitando Romas com simpatia, falou:

– O senhor não se queixa deles, é por isso que fazem travessuras.

– Isso não deixa o senhor zangado? – perguntei.

– Não há tempo para se zangar com qualquer bobagem que aconteça.

Pensei: "Quem dera todo mundo agisse com essa mesma calma!".

E logo passou a falar que em breve faria uma viagem a Kazan e me perguntou que livros devia trazer.

Às vezes me parecia que dentro daquele homem, em lugar de uma alma, funcionava um mecanismo – como um relógio –, com corda para a vida inteira. Eu gostava do Ucraniano, respeitava-o muito, mas gostaria que ele, por uma vez, se zangasse comigo, ou com qualquer outra pessoa, gritasse e batesse com os pés no chão. Entretanto ele não conseguia ou não queria se zangar. Quando alguma estupidez ou safadeza o irritava, ele apenas estreitava os olhos cinzentos de modo sarcástico e, com palavras frias e breves, dizia algo sempre muito simples, sem piedade.

Assim, perguntou para Súslov:

– Por que é que você, um homem velho, age contra a sua consciência, hein?

A testa e as bochechas amarelas do velho ruborizaram-se devagar, até ficarem bem vermelhas, parecia que a sua barba branca também ficara rosada até a raiz dos pêlos.

– Veja bem, isso não lhe traz nenhum proveito, e você ainda perde o respeito.

Súslov, de cabeça baixa, concordava:

– É verdade, nenhum proveito!

E depois dizia para Izot:

– Ele é um guia espiritual! Gente assim devia ocupar cargos de autoridade...

... Em resumo, Romas me ensinava, com toda a clareza, o que eu devia fazer e como eu devia agir sem ele e me parecia que Romas já havia esquecido a tentativa de intimidá-lo com uma explosão, assim como se esquece a picada de um mosquito.

Pánkov chegou, examinou a estufa e perguntou, de cara fechada:

– Não teve medo?

– Ora, de quê?

– É a guerra!

– Sente-se, vamos tomar chá.

– A mulher me espera.

– Onde esteve?

– Na pescaria. Com o Izot.

Saiu e, ainda na cozinha, repetiu pensativo:

– É a guerra.

Sempre falava com o Ucraniano com poucas palavras, como se desde muito tempo já tivesse falado tudo o que havia de importante e de complicado. Lembro que, depois de escutar a história do reinado de Ivan, o Terrível, contada por Romas, Izot falou:

– Que tsar enjoado!

– Um açougueiro – acrescentou Kukúchkin, mas Pánkov declarou, decidido:

– Não tem nada de especialmente inteligente. Está certo, deu cabo de uns príncipes, mas no lugar deles espalhou uma porção de pequenos fidalgos. E ainda por cima chamou gente de fora, estrangeiros. Nisso, não foi inteligente. Um pequeno proprietário de terra é pior do que um grande. Uma mosca não é um lobo, não se mata a mosca com um fuzil, mas ela incomoda mais do que um lobo.

Surgiu Kukúchkin com um balde de massa de argila e, enquanto fixava os tijolos na estufa, dizia:

– O que foram inventar, os diabos! Livrar-se dos piolhos, isso eles não podem, mas acabar com a vida de um homem, pronto, é para já! Você, Antónitch, não traga muita mercadoria de uma só vez, é melhor trazer menos e mais vezes, senão, olhe lá, vão pôr fogo na sua casa. Agora que você montou essa coisa, pode aguardar a encrenca.

"Essa coisa", que desagradava muito aos ricos da aldeia, era a cooperativa dos proprietários de hortas. O Ucraniano já quase conseguira formar a cooperativa com a ajuda de Pánkov, Súslov e mais dois ou três mujiques de bom senso. No início, a maioria dos proprietários de imóveis tratava Romas com benevolência, na loja a quantidade de fregueses aumentava visivelmente e até os mujiques "inúteis" – Bárinov, Migun – tentavam ajudar os negócios do Ucraniano de toda forma possível.

Eu gostava muito de Migun, gostava de suas canções bonitas e tristonhas. Quando ele cantava, fechava os olhos e seu rosto sofredor parava de se contorcer com aquelas câimbras. Vivia nas noites escuras em que não havia lua ou em que o céu estava encoberto por uma densa cortina de nuvens. Às vezes, chamava-me em voz baixa, ao anoitecer:

– Vamos até o Volga.

Lá, montava um equipamento proibido para pescar esturjão, sentava-se a cavalo na popa da sua canoa, com as pernas tortas e escuras metidas na água escura, e dizia a meia-voz:

– Quando um fidalgo caçoa de mim, vá lá, tudo bem, posso agüentar, o diabo que o carregue, ele é um figurão, sabe coisas que não sei. Mas quando um irmão da gente, um mujique, me azucrina, como é que eu posso engolir? Qual é a diferença entre nós? Ele conta seu dinheiro em rublos e eu, em copeques, é só isso e mais nada!

O rosto de Migun se contraía de um modo doentio, a sobrancelha pulava, os dedos das mãos remexiam-se ligeiros, enquanto ele separava e afiava com uma lima os ganchinhos dos anzóis do seu aparelho, e sua voz cordial soava baixo:

– Acham que sou um ladrão, é verdade, confesso! Só que todo mundo também vive do roubo, todos sugam e roem uns aos outros. É. Deus não gosta da gente, enquanto o diabo faz a festa!

O rio negro se arrastava diante de nós, nuvens negras moviam-se acima dele, nem se via a margem do prado na escuridão. Ondas vinham roçar com cuidado a areia da margem e lavavam os meus pés, como se fossem me carregar para dentro da escuridão infinita, que fluía não se sabe para onde.

– É preciso viver, não é? – perguntou Migun, com um suspiro.

No alto, no monte, um cão uivou com tristeza. Como num sonho, eu pensei:

"E por que é preciso viver do jeito que você vive?"

O rio estava muito calmo, muito negro e lúgubre. E aquela escuridão morna não tinha fim.

– Vão matar o Ucraniano. E você também, eles vão matar, tome cuidado – murmurou Migun e depois, de forma inesperada e em voz baixa, começou a cantar:

Mamãezinha me amava-a-a,
Dizia:

Eh, Iacha, eh, você, alma querida,
Vive sossegadinho...

Ele fechava os olhos, sua voz soava mais forte e mais triste, os dedos, enquanto desembaraçavam os cordões do seu equipamento de pesca, remexiam-se mais devagar.

Eu não ouvi minha mãe,
Ah, eu não ouvi...

Eu tive uma impressão estranha: como se a terra, lavada pelo pesado movimento da massa escura e lúgubre, desabasse dentro dela, enquanto eu escorregava, deslizava da terra para a escuridão, onde o sol havia afundado para sempre.

Após terminar a canção de modo tão inesperado quanto começara, Migun empurrou calado a canoa para a água, sentou-se dentro dela e, quase sem fazer ruído, desapareceu no negrume. Eu o segui com o olhar e pensei:

"Para que vive essa gente?"

Outro amigo meu era o Bárinov, homem destrambelhado, fanfarrão, preguiçoso, bisbilhoteiro e vagabundo irrequieto. Morou em Moscou, e dessa cidade falava, cuspindo:

– Cidade dos infernos! Que confusão! Igrejas, tem catorze mil e seis, e o povo, só tem trapaceiro! E todos têm sarna, que nem cavalos, juro por Deus! Comerciantes, militares, pequenos-burgueses, todos, seja lá quem for, andam se coçando. Na verdade, lá tem um rei dos canhões, um instrumento enorme! O próprio Pedro, o Grande, fundiu para atirar nos rebeldes; uma fidalga levantou uma revolta contra o tsar, por amor a ele. Tinha vivido com ela sete anos bem contados, dia após dia, depois largou a mulher com três crianças. Ela se enfureceu e veio a revolta! Pois é, meu irmão, ele fez um estouro com aquele canhão contra a revolta, derrubou nove mil trezentas e oito pessoas de uma vez só! Até ele se assustou: "Não", falou para o metropolita Filaret, "é preciso lacrar esse canalha, para evitar a tentação!" E lacraram mesmo...

Eu lhe disse que tudo aquilo era bobagem e ele se zangou:

– Meu Deus do céu! Que caráter ruim você tem! Quem me contou essa história com todos os detalhes foi um homem instruído, e agora vem você...

Foi a Kíev "visitar os santos" e contava:

– Aquela cidade é do mesmo tipo que a nossa aldeia, também fica numa serra, e tem um rio, mas esqueci qual é. Comparado ao Volga, é um riacho! A cidade é uma complicação, tenho de ser franco. As ruas são todas tortas e sobem para a serra. O povo é ucraniano, não do mesmo sangue que Mikhail Antónitch, mas meio polonês, meio tártaro. Não falam: berram. Uma gente desgrenhada, suja. Comem rãs, eles têm rãs com dez libras de peso. Andam montados nos bois e até aram a terra em cima deles. Os bois deles são formidáveis, o menorzinho é quatro vezes maior que um boi nosso. Oitenta e três *pudes* de peso. De monges, lá tem cinqüenta e sete mil, e duzentos e setenta e três bispos... Ora, você nunca viu! Como pode discutir comigo? Eu mesmo vi tudo isso, com os meus olhos, e você foi lá? Não foi. Pois ééé! Eu, irmão, gosto de exatidão, acima de tudo...

Ele adorava números, aprendeu comigo a somar e multiplicar, mas não conseguia suportar a divisão. Multiplicava com entusiasmo números de muitos algarismos, errava sem medo e, depois de escrever uma comprida linha de números na areia, com uma vara, olhava estupefato, de olhos arregalados, e exclamava:

– Ninguém consegue nem pronunciar um negócio desse!

Era um homem desajeitado, desgrenhado, andrajoso, tinha um rosto quase bonito dentro de uma barbicha encaracolada e alegre, os olhos azuis sorriam de um jeito infantil. Entre ele e Kukúchkin havia algo em comum e devia ser por isso que os dois se evitavam.

Bárinov foi ao mar Cáspio duas vezes para pescar e delirava:

– O mar, meus irmãos, é uma coisa que não tem nada igual no mundo. Diante dele, a gente é um mosquito! Você olha para o mar e você nem existe! E a vida lá é doce. Para lá, despenca todo tipo de gente, tinha até um arquimandrita: ele até que trabalhava direito! Também tinha uma cozinheira, morava na casa do procurador e era amante dele... Ora, o que mais é preciso? Mas ela não agüentou: "Gosto muito de você, procurador, mesmo assim, adeus!". Porque quem viu o mar uma vez é atraído de novo para ele. Lá é uma vastidão. Que nem no céu, nada de empurra-empurra! Eu também vou acabar indo para lá, e para sempre. Não gosto das pessoas, aí é que está! Eu podia viver feito um eremita, nos desertos, mas não conheço um deserto decente...

Ele flanava pela aldeia como um cachorro sem casa, era desprezado, mas ouviam as histórias dele com o mesmo prazer com que ouviam as canções de Migun.

– Mente bem! É interessante!

Suas fantasias às vezes desconcertavam a razão até de pessoas tão positivas como o Pánkov – certa vez, esse mujique desconfiado falou para o Ucraniano:

– O Bárinov quer provar que nos livros não se conta tudo sobre o Ivan, o Terrível, tem muita coisa escondida. Parece que ele era feito um lobisomem, se transformava em águia, e desde aquele tempo estampam águias no dinheiro em homenagem a ele.

Eu notava – quantas vezes? – que tudo o que era extraordinário, fantástico, obviamente inventado, às vezes até de maneira tosca, agradava às pessoas muito mais do que histórias sérias sobre a verdade da vida.

Mas quando eu falava sobre o assunto com o Ucraniano, ele dizia, sorrindo:

– Isso vai passar! Assim que as pessoas tiverem aprendido a pensar, vão raciocinar até chegar à verdade. E o senhor precisa compreender esses excêntricos, Bárinov, Kukúchkin. Veja, são artistas, criadores de histórias. Na certa, Cristo também foi um excêntrico desse tipo. E o senhor tem de admitir que certas coisas ele não inventou mal...

Eu me admirava que todas aquelas pessoas falassem pouco e de má vontade a respeito de Deus – só o velho Súslov muitas vezes comentava, compenetrado:

– Tudo veio de Deus!

E eu sempre ouvia algo desesperado nessas palavras. Era muito bom viver com aquela gente e aprendi muito com eles, nas noites de conversa. Parecia-me que cada questão formulada por Romas lançava, como uma árvore vigorosa, suas raízes na carne da vida e, lá no subsolo, as raízes entrelaçavam-se com as raízes de outra árvore, também secular, e em cada ramo floresciam radiantes os pensamentos, abriam-se viçosas as folhas de palavras sonoras. Eu sentia o meu crescimento, enquanto me fartava com o mel estimulante dos livros, falava com mais segurança e já várias vezes o Ucraniano me elogiara, sorrindo:

– Está indo bem, Maksímitch!

Como eu era grato a ele por essas palavras!

Pánkov às vezes trazia a esposa, mulher miúda, de rosto dócil e de expressão inteligente nos olhos azuis, vestida "à moda da cidade". Sentava-se quietinha num canto, os lábios modestamente cerrados, mas depois de um tempo sua boca abria-se com espanto e os olhos dilatavam-se de medo. E, de vez em quando, ao ouvir uma palavra certeira, ela ria embaraçada, cobrindo o rosto com as mãos. Enquanto Pánkov, depois de piscar o olho para Romas, dizia:

– Ela entende!

À casa do Ucraniano vinham umas pessoas cautelosas, ele as levava para o meu quarto no sótão e ficavam lá durante horas.

Aksínia levava-lhes comida e bebida, lá eles dormiam, sem que ninguém os visse, exceto eu e a cozinheira, que era dedicada a Romas como um cão, quase o adorava. À noite, Izot e Pánkov transportavam essas visitas num bote até um barco a vapor de passagem ou até o cais em Lobíchki. Do alto do morro, eu olhava como o bote em forma de lentilha faiscava sobre o rio negro – ou prateado pela lua –, a luzinha de uma lanterna pairava acima do bote para chamar a atenção do capitão do vapor – eu olhava e sentia que participava de uma obra grande, misteriosa.

Mária Diérenkova chegou da cidade, mas eu já não encontrei nela aquele olhar que me perturbava – seus olhos pareceram-me os de uma garota feliz na consciência da sua formosura e contente de ser cortejada por um homem grande e barbado. Ele falava com ela do mesmo jeito calmo e um pouquinho zombeteiro como falava com todos, apenas afagava a barba mais vezes do que antes, e os olhos reluziam mais quentes. Enquanto isso, a vozinha fina de Mária soava alegre, ela usava um vestido azul-celeste, uma fita azul-celeste nos cabelos claros. Suas mãos infantis estavam estranhamente inquietas – como se procurassem em que se agarrar. Ela quase não parava de cantarolar, sem abrir a boca, enquanto abanava com um lencinho o rosto rosado, lânguido. Havia em Mária algo que me perturbava de um jeito diferente, hostil e irritado. Eu fazia força para vê-la o menos possível.

No meio de julho, Izot desapareceu. Começaram a falar que havia se afogado, e uns dois dias depois se confirmou: a umas sete verstas da aldeia, rio abaixo, seu bote apareceu na margem do prado, com um rombo no fundo e o bordo partido. A explicação da desgraça era que Izot provavelmente adormecera no rio e o bote foi arrastado de encontro às bóias de três chatas ancoradas a umas cinco verstas da aldeia, rio abaixo.

Romas estava em Kazan quando isso aconteceu. À noite, Kukúchkin veio ao meu encontro na loja, sentou-se triste em cima de uns sacos, ficou calado, olhando para os pés, depois perguntou, enquanto começava a fumar:

– Quando o Ucraniano vai voltar?

– Não sei.

Esfregou a palma de mão com força no rosto ferido, praguejando baixinho com palavras obscenas, rosnando como se esmigalhasse um osso.

– O que você tem?

Olhou-me de relance, mordendo os lábios. Seus olhos ficaram vermelhos, o maxilar tremia. Vendo que ele não conseguia falar, fiquei aflito e já contava com alguma coisa triste. Por fim, depois de olhar para a rua, Kukúchkin pronunciou com dificuldade, gaguejando:

– Fui lá com o Migun. Examinamos o bote de Izot. O fundo foi aberto a golpes de machado... entendeu? Quer dizer, o Izótuchka foi assassinado! Não tem dúvida...

Sacudindo a cabeça, começou a desfiar palavras obscenas, uma depois da outra, soluçava com um som seco, quente, e depois, em silêncio, começou a benzer-se. Era insuportável ver como aquele mujique desejava chorar e não conseguia, não era capaz, tremia todo, sufocado no ódio e no desgosto. Levantou-se de um salto e foi embora, sacudindo a cabeça.

No dia seguinte, ao entardecer, quando uns meninos tomavam banho, viram Izot debaixo de uma chata avariada, largada na margem, rio acima, um pouco antes da aldeia. Metade do fundo da chata estava em cima das pedras da margem, a outra metade estava na água e, debaixo dela, na popa, enganchado nas cavidades partidas do leme, jazia de cara para baixo o corpo comprido de Izot, com o crânio partido e vazio – a água tinha levado o cérebro. Atacaram o pescador pelas costas, a nuca parecia desbastada a golpes de machado. A correnteza balançava Izot, empurrava as pernas na direção da margem, movia as mãos do pescador, parecia que ele reunia suas forças na tentativa de se desvencilhar e ir para a margem.

Com ar lúgubre, compenetrado, duas dezenas de mujiques ricos estavam parados na margem, os pobres ainda não haviam regressado do campo. O estaroste, velhaco e covarde, andava agitado, brandia uma varinha, fungava e esfregava o nariz com a manga da camisa cor-de-rosa. Com as pernas bem afastadas uma da outra, barriga proeminente, Kuzmin, um merceeiro parrudo, estava ali de pé, olhando para mim e para Kukúchkin – um de cada vez. Franzia as sobrancelhas com ar de ameaça, mas seus olhos sem cor lacrimejavam, e o rosto bexigoso era de dar pena.

– Ah, que escândalo! – lamentava o estaroste, andando a passos miúdos, com as pernas tortas. – Ah, mujiques, isso não é bonito!

Uma jovem corpulenta, nora do estaroste, sentada numa pedra, fitava a água com um ar embasbacado e se benzia com a mão trêmula, seus lábios se remexiam e o lábio inferior, grosso e vermelho, estava meio caído, como o de um cão, revelando os dentes amarelos de ovelha. Do monte, feito grãos coloridos, rolavam moças, rapazes, mujiques cobertos de poeira davam passos afobados. A multidão zumbia, baixo e com cautela:

– Era um mujique encrenqueiro!

– O que houve?

– Esse Kukúchkin só arranja confusão...

– Deram cabo de um homem sem nenhum motivo...

– Izot vivia sossegado no canto dele...

– Sossegado? – começou a uivar Kukúchkin, atirando-se na direção da multidão. – Então por que vocês mataram o Izot, hein? Canalhada! Hein?

De súbito, uma camponesa desatou a rir de forma histérica e o riso de possessa atingiu a multidão como uma chicotada, os mujiques começaram a esbravejar, atiraram-se uns contra os outros, xingando, bramindo, enquanto Kukúchkin, depois de pular na direção do merceeiro, golpeou com a palma da mão e com toda a força a sua bochecha rugosa:

– Tome, animal!

Sacudindo os punhos, num instante ele escapuliu da confusão e gritou para mim, quase com alegria:

– Vá embora, vai ter pancadaria!

Já o haviam golpeado, ele babava sangue do lábio partido, mas o rosto reluzia de satisfação...

– Viu como acertei o Kuzmin?

Bárinov veio correndo na nossa direção, virava-se e olhava assustado para a multidão perto da chata, as pessoas se amontoaram num bolo coeso, de lá abria caminho a voz fina do estaroste:

– Não, você pode provar que eu protejo alguém? Prove, vamos!

– Tenho de sair daqui – resmungava Bárinov, subindo para o monte. A tarde estava muito quente, um mormaço pesado tolhia a respiração. Um sol rubro descia atrás das nuvens densas, azuladas, reflexos vermelhos cintilavam nas folhas dos arbustos; em algum lugar, rugiu uma trovoada.

Diante dos meus olhos, o corpo de Izot balançava e, no crânio partido, os cabelos, alinhados pela correnteza, pareciam ficar de pé. Lembro a sua voz, meio velada, as palavras boas:

– Em todo homem há uma criança, e é preciso dar apoio a essa criança! Veja o caso do Ucraniano: parece de ferro, mas tem alma de criança!

Kukúchkin, caminhando a meu lado, disse, irritado:

– O mesmo vai acontecer com todos nós... Meu Deus, que tolice!

O Ucraniano chegou uns dois dias depois, tarde da noite, pelo visto muito satisfeito com alguma coisa, afetuoso de uma forma incomum. Quando o fiz entrar na isbá, bateu no meu ombro.

– Tem dormido pouco, Maksímitch!

– Mataram o Izot.

– O quê-ê?

As maçãs do rosto se dilataram que nem calombos e a barba começou a vibrar, pareciam fios de água escorrendo sobre o peito. Sem tirar o gorro, ficou parado no meio da sala, os olhos semicerrados, abanando a cabeça.

– Pois bem. Não sabem quem foi? Certo, sim...

Caminhou devagar na direção da janela e sentou-se, com as pernas esticadas.

– Eu bem que dizia para ele... Vieram as autoridades?

– Ontem. O comissário.

– Muito bem, e então? – perguntou, e ele mesmo respondeu: – Não deu em nada, é claro!

Contei que o comissário, como sempre, hospedou-se na casa de Kuzmin e mandou colocar Kukúchkin na prisão, pela bofetada que deu no merceeiro.

– Pois é. O que se pode dizer?

Fui para a cozinha esquentar o samovar.

Durante o chá, Romas falou:

– Essa gente dá pena, matam os seus melhores! Pode-se pensar que têm medo deles. "Não cabem no quintal", como dizem por aqui. Quando eu cumpria o meu degredo na Sibéria, um condenado aos trabalhos forçados me contou: seu ofício era o roubo, tinha uma quadrilha inteira, de cinco. E então um deles começou a falar: "Vamos parar de roubar, irmãos, dá na mesma, não faz sentido, estamos vivendo pior ainda!". E por isso o estrangularam, enquanto dormia, bêbado. Quem me contou, elogiou muito o homem assassinado: "Dei cabo de mais três, depois disso, e não lamento", disse ele, "mas do meu companheiro até hoje tenho pena, era um bom companheiro, inteligente, alegre, uma alma pura". "Então por que o mataram?", perguntei. "Temiam que denunciasse vocês?" O homem até se ofendeu: "Não", disse, "ele não nos denunciaria por dinheiro nenhum no mundo, nunca! Acontece que era meio esquisito ficar amigo dele, todos nós somos pecadores e ele parecia um justo. Não é bom."

O Ucraniano se levantou e começou a caminhar pela sala a passos lentos, com as mãos nas costas, o cachimbo seguro entre os dentes, todo branco, vestido com uma camisa tártara comprida, até os calcanhares. Batendo com força no chão as solas descalças dos pés, ele falava em tom calmo e pensativo:

– Muitas vezes deparei com esse temor do justo, com esse banimento da vida a que condenam o homem bom. Pode-se ver duas atitudes em relação a tais pessoas: ou aniquilam essa gente de todos os modos possíveis, depois de atormentá-los um bocado, ou, como fazem os cães, olham fixo nos seus olhos, rastejam à sua frente com a barriga no chão. Isso é mais raro. Mas aprender com eles como viver, imitá-los, isso não conseguem, não são capazes. Ou quem sabe não querem?

Após pegar um copo de chá que já havia esfriado, falou:

– Podem e não querem! Pense bem: as pessoas, com enorme dificuldade, organizaram uma vida para si, habituaram-se a ela, e aí alguém se revolta: não vivam mais desse jeito! Ah, é? Ora, empenhamos nossos melhores esforços nesta vida, vá para o diabo! E fora com ele, o professor, o justo. Não venha atrapalhar! No entanto a verdade viva está com aqueles que dizem: não vivam assim! A verdade está com eles. E são eles que mudam a vida para melhor.

Depois de abanar a mão na direção de uma estante de livros, acrescentou:

– Sobretudo estes aqui! Ah, se eu pudesse escrever um livro! Mas não sirvo para isso, meus pensamentos são pesados, deselegantes.

Sentou-se à mesa, apoiou-se nos cotovelos e, com a cabeça entre as mãos, disse:

– Que pena eu tenho do Izot...

E ficou muito tempo calado.

– Bem, vamos deitar e dormir...

Fui para o meu quarto, no sótão, sentei junto à janela. Sobre os campos, estouravam relâmpagos que tomavam metade do céu; parecia que a lua tremia de susto quando a luz transparente e avermelhada se derramava pelo céu. Cães latiam e uivavam em tom lancinante, e não fossem aqueles uivos, eu poderia imaginar que vivia numa ilha desabitada. O trovão ribombava ao longe, um jato pesado de calor sufocante penetrava pela janela.

Diante dos meus olhos, jazia o corpo de Izot, na margem do rio, sob os arbustos de salgueiro. Seu rosto azul estava virado para o céu e os olhos vidrados fitavam severos o seu próprio interior. A barba cor de ouro colava-se em bolos pontudos, dentro dela se escondia a boca aberta com uma expressão de assombro.

– O principal, Maksímitch, é a bondade, a afeição! Por isso eu gosto da Páscoa, é a festa que tem mais afeto!

As calças azuis grudavam-se às suas pernas azuis, lavadas e limpas pelo Volga, secas ao sol abrasador. Moscas zumbiam sobre o rosto do pescador, do seu corpo vinha um cheiro atordoante, enjoativo.

Passos pesados na escada; depois de curvar-se embaixo do portal, Romas entrou e sentou-se na minha maca, a barba espremida em um punhado, na mão.

– Sabe, eu vou casar! Pois é.

– Vai ser duro para uma mulher viver aqui...

Fitou-me fixamente, como se esperasse: o que eu diria, ainda? Mas não encontrei nada para falar. Os reflexos dos relâmpagos invadiam o quarto, inundavam-no com a sua luz mortiça.

– Vou casar com a Macha Diérenkova...

Sorri sem querer: até aquele instante, não me passara pela cabeça que aquela menina pudesse ser chamada de Macha. Era engraçado. Não me lembro de que o pai ou os irmãos a chamassem assim – Macha.

– Por que o senhor ri?

– Por nada.

– Acha que sou velho para ela?

– Ah, não!

– Ela me contou que o senhor andou apaixonado por ela.

– É, parece.

– E agora, passou?

– Passou, eu acho.

Ele soltou a barba dos dedos, enquanto falava em tom calmo:

– Na idade do senhor, tem-se essa impressão com freqüência, mas na minha idade não se trata de uma impressão, simplesmente isso se apodera de tudo e então já não se consegue pensar em mais nada, não se tem forças!

E, arreganhando os dentes fortes com um risinho, acrescentou:

– Antônio perdeu a batalha contra o imperador Otávio em Actium porque, depois de abandonar sua frota e seus comandados, partiu em seu barco atrás de Cleópatra quando ela se apavorou e fugiu do combate... aí está o que acontece!

Romas levantou-se, aprumou-se e repetiu, como alguém que age contra a própria vontade:

– Pois é: vou casar!

– Em breve?

– No outono. Quando terminarmos com as maçãs.

Saiu, depois de curvar a cabeça embaixo do portal, ainda mais baixo do que seria necessário, e eu me deitei para dormir, pensando que talvez fosse melhor ir embora dali no outono. Por que ele falou em Antônio? Aquilo não me agradou.

Já estava chegando a época de colher as maçãs do tipo que amadurece mais cedo. A safra foi abundante, os ramos das macieiras vergavam-se até a terra com o peso dos frutos. Um cheiro penetrante envolvia os pomares, ali as crianças faziam alarido, enquanto apanhavam as maçãs bichadas e também as amarelas e cor-de-rosa, que o vento havia derrubado.

Nos primeiros dias de agosto, Romas chegou de Kazan, com uma chata cheia de mercadorias e uma outra carregada de caixas. Era de manhã, mais ou menos oito horas, de um dia de semana. O Ucraniano logo tomou banho, trocou de roupa e, enquanto se preparava para tomar chá, disse alegremente:

– Como é bonito navegar à noite pelo rio...

E de repente, levantando o nariz, perguntou, com ar de preocupação:

– Não está sentindo um cheiro de queimado?

No mesmo instante, no pátio, irrompeu um berro de Aksínia:

– Estamos pegando fogo!

Lançamo-nos para o pátio – a parede do galpão ardia do lado da horta, lá dentro guardávamos querosene, alcatrão, óleo. Durante alguns segundos, olhamos perplexos como as línguas de fogo amarelas, descoloridas pelo sol brilhante, lambiam incansáveis a parede, dobravam-se por cima do telhado. Aksínia arrastou um balde de água. O Ucraniano derramou-o sobre a parede, que se abria em flores, largou o balde e disse:

– Diabo! Role os barris para fora, Maksímitch! Aksínia, vá para dentro da loja!

Rapidamente, rolei para o pátio e para a rua um barril de alcatrão e peguei um barril de querosene, mas, quando eu o girei, aconteceu que a bucha do barril estava aberta e o querosene entornou na terra. Enquanto eu procurava a bucha, o fogo não esperava, suas cunhas pontudas erguiam-se entre as tábuas do galpão, o telhado crepitava e algo cantava em tom de escárnio. Depois de rolar para fora o barril, que não estava mais cheio, vi que pela rua e de todos os lados, com uivos e ganidos, mulheres e crianças corriam. O Ucraniano e Aksínia retiravam as mercadorias da loja, colocavam no barranco, enquanto no meio da rua uma velha de preto, grisalha, brandia o punho no ar e gritava com voz estridente:

– A-a-a-ah, demônios!...

Corri de novo para dentro do galpão, encontrei-o tomado por uma fumaça muito densa, a fumaça zumbia, estalava, fitas vermelhas pendiam do telhado, contorcendo-se, e a parede já se transformara numa grade incandescente. A fumaça me sufocava e cegava, eu mal tive forças para rolar o barril na direção da porta do galpão e ali o barril ficou preso, não andava mais, enquanto fagulhas desabavam do telhado em cima de mim e picavam a pele. Comecei a gritar por socorro, o Ucraniano acudiu logo, agarrou-me pelo braço e puxou-me para fora, para o pátio.

– Corra para longe! Vai explodir daqui a pouco...

Ele se atirou para a entrada da casa, e fui atrás, eu tinha muitos livros guardados no sótão. Depois de jogá-los pela janela, eu quis lançar atrás deles um caixote de chapéus, a janela era estreita para o caixote, então comecei a bater nas ombreiras com um peso de ferro de meio *pud*, mas houve um estrondo surdo, algo espirrou com força no telhado, entendi que o barril de querosene havia explodido, o telhado acima de mim começou a chamejar, a estalar, uma torrente de fogo ruivo derramou-se em frente à janela, olhou de relance para dentro, e eu senti um calor insuportável. Precipitei-me na direção da escada – densas nuvens de fumaça subiam ao meu encontro, serpentes rubras entravam rastejando pelos degraus e lá embaixo, no vestíbulo, estalava tanto que parecia que dentes de ferro trincavam madeira. Fiquei desnorteado. Cego pela fumaça, sufocando, fiquei imóvel por alguns segundos intermináveis. Na clarabóia acima da escada, uma cara amarela, de barba ruiva, espiou, contorceu-se de modo convulsivo, sumiu, e logo depois sangrentas lanças de chamas atravessaram o telhado.

Lembro, parece-me, que os cabelos crepitavam na minha cabeça e, afora isso, eu não ouvia som nenhum. Entendi que estava acabado, as pernas ficaram pesadas e os olhos doíam, embora eu os fechasse com as mãos.

O sábio instinto da vida veio me sugerir a única via de salvação – agarrei nos braços o meu colchão, o travesseiro, um bom maço de palha, envolvi a cabeça com o casacão de pele de carneiro de Romas e pulei pela janela.

Acordei na beira do barranco, Romas estava de cócoras à minha frente e gritava:

– O quê-ê?

Fiquei de pé, olhando atônito como a nossa isbá se derretia, toda ela, em lascas vermelhas, línguas escarlates de cachorro lambiam a terra preta diante da casa. As janelas respiravam uma fumaça preta, no telhado brotavam e sacudiam-se flores amarelas.

– E então? – gritava o Ucraniano. Seu rosto, banhado em suor, manchado de fuligem, chorava com lágrimas sujas, os olhos piscavam assustados, pedaços de palha emaranhavam-se na barba encharcada. Uma refrescante onda de alegria caiu sobre mim – que sentimento enorme, vigoroso! –, em seguida uma dor queimou na perna esquerda, deitei-me e disse para Romas:

– Destronquei a perna.

Depois de apalpar a perna, ele deu um puxão repentino – uma dor aguda fustigou-me e, alguns minutos depois, embriagado de alegria, mancando, carreguei para a nossa casa de banho os objetos salvos, enquanto Romas, com o cachimbo entre os dentes, falava alegremente:

– Quando o barril explodiu e o querosene jorrou no telhado, eu não tinha dúvida de que o senhor tinha sido consumido pelo fogo. As chamas ergueram-se como uma coluna, muito alto, e depois no céu surgiu um tremendo cogumelo, e a isbá inteira submergiu no fogo de uma só vez. Então pensei: Maksímitch está perdido!

Ele já estava calmo, como sempre, empilhava os objetos com esmero e falava com Aksínia, imunda, desgrenhada:

– Fique sentada aqui, cuide para que não roubem nada, enquanto eu vou apagar...

Por cima do barranco, na fumaça, voavam pedaços de papel branco.

– Ah – disse Romas –, que pena, os livros! Como eu gostava deles...

Outras quatro isbás estavam em chamas. O dia estava sem vento, o fogo não se afobava, espalhava-se para a direita e para a esquerda, suas hastes flexíveis agarravam-se às cercas e aos telhados como que a contragosto. Um pente em brasas corria pela palha do telhado, dedos curvos, de fogo, dedilhavam as cercas como se tocassem as cordas de um *gúsli*, no ar enfumaçado espraiava-se o canto maligno, doloroso e quente das chamas, enquanto ressoava baixinho, quase com ternura, o estalido da madeira que se desfazia. Da nuvem de fumaça, "gralhas" douradas caíam na rua e nos pátios, mujiques e mulheres agitavam-se, cada um cuidava do que era seu e a todo instante soava o grito de guerra:

– Água-a!

A água ficava longe, ao pé do monte, no Volga. Romas rapidamente arrebanhou um bando de mujiques, agarrando-os pelo ombro, empurrando, e depois os dividiu em dois grupos e mandou-os derrubar as cercas e os barracões nos dois lados do foco do incêndio. Obedeceram-lhe submissos e teve início um combate mais racional contra a compenetrada ânsia do fogo de devorar a fila toda, a rua inteira. No entanto eles trabalhavam com timidez e como que sem esperança, como se o trabalho não dissesse respeito a deles.

Eu estava com uma disposição alegre, sentia-me forte como nunca. No fim da rua, notei um bando de ricos com o estaroste e Kuzmin no comando, eles estavam parados, sem fazer nada, como espectadores, gritavam, abanavam os braços e as varas. Do campo, vinham mujiques a cavalo, a galope, levantavam os cotovelos até as orelhas, as mulheres berravam ao recebê-los, meninos corriam.

Incendiou-se o barracão de mais um pátio, era preciso o mais rápido possível derrubar a parede da esquerda, construída com grossas varas trançadas, e nessa altura ela já estava enfeitada com fitas vermelhas de fogo. Os mujiques começaram a dar machadadas nas estacas da cerca, fagulhas, carvões polvilharam sobre eles, e os mujiques pularam para longe, esfregando com a palma das mãos as camisas chamuscadas.

– Não sejam covardes! – gritou o Ucraniano.

Isso não adiantou. Então tirou o gorro de alguém, enterrou-o na minha cabeça:

– Corte daquele lado que eu corto deste aqui!

Derrubei uma, duas estacas – a parede começou a balançar, então subi na cerca, agarrei-me por cima enquanto o Ucraniano puxou-me pelos pés e toda ela tombou, cobrindo-me quase até a cabeça. Os mujiques, com ânimo, arrastaram a cerca para a rua.

– Queimou-se? – perguntou Romas.

Sua solicitude aumentava as minhas forças e a minha agilidade. Eu tinha vontade de me destacar diante daquele homem, tão caro para mim, e me pus frenético só para merecer seus elogios. Na nuvem de fumaça, feito pombos, as páginas de nossos livros ainda voavam.

Do lado direito, conseguiram interromper a propagação do incêndio, mas à esquerda, cada vez mais largo, ele já alcançara o décimo pátio. Depois de deixar uma parte dos mujiques vigiando as artimanhas das serpentes vermelhas, Romas despachou a maioria dos trabalhadores para o lado esquerdo; ao passar correndo pelos ricos, ouvi uma exclamação maldosa:

– Foi incêndio proposital!

E um comerciante falou:

– É preciso dar uma busca na casa de banho!

Essas palavras se alojaram na minha memória de um modo incômodo.

É sabido que a agitação, sobretudo quando alegre, aumenta as forças; eu estava agitado, trabalhava com abnegação e por fim esgotei minhas energias. Lembro que sentei na terra, apoiando as costas em algo quente. Romas entornou em cima de mim a água de um balde enquanto os mujiques, que nos haviam rodeado, murmuravam com respeito:

– Forçudo, o garoto!

– Esse daí não entrega os pontos não...

Apertei minha cabeça de encontro à perna de Romas e desatei a chorar da maneira mais vergonhosa, enquanto ele afagava a minha cabeça molhada e dizia:

– Descanse! Já chega.

Kukúchkin e Bárinov, ambos fumegantes como diabos, levaram-me para o barranco, enquanto me consolavam:

– Não é nada! Acabou.

– Ficou assustado?

Eu mal tivera tempo de recuperar as forças e voltar a mim, quando vi uns dez daqueles "ricos" descerem para o barranco, rumo à nossa casa de banho, à frente de todos estava o estaroste e atrás dele iam dois guardas que levavam Romas pelo braço. Estava sem chapéu, as mangas da camisa molhada estavam rasgadas, o cachimbo apertado entre os dentes, o rosto franzido com ar severo e terrível. O soldado Kóstin, brandindo um pedaço de pau, berrava, furioso:

– Para o fogo com a alma herética!

– Abram a casa de banho...

– Arrombem a fechadura, a chave foi perdida – falou Romas em voz alta.

Eu me levantei de um pulo, agarrei uma estaca no chão e me pus ao lado dele. Os guardas afastaram-se e o estaroste falou, esganiçado e com medo:

– Cristãos ortodoxos, não é permitido arrombar uma fechadura!

Apontando para mim, Kuzmin gritou:

– E ainda tem mais esse... Quem é você?

– Tenha calma, Maksímitch – disse Romas. – Eles acham que eu escondi mercadorias na casa de banho e ateei fogo à loja.

– Foram vocês dois!

– Arrombem!

– Cristãos ortodoxos...

– Responderemos por isso!

– A responsabilidade é nossa...

Romas sussurrou:

– Fique de costas para as minhas costas! Assim não vão poder nos atacar por trás...

A fechadura da casa de banho rompeu, vários homens entraram ao mesmo tempo pela porta e saíram quase imediatamente, enquanto eu, nesse meio-tempo, tinha colocado a estaca na mão de Romas e pegara outra no chão.

– Não tem nada...

– Nada?

– Ah, demônios!

Alguém falou, timidamente:

– Não há motivo, mujiques...

E em resposta, várias vozes violentas, como que embriagadas:

– Como é que não tem motivo?

– Para o fogo!

– Desordeiros...

– Querem organizar cooperativas!

– Ladrões! E todo o bando deles, uns ladrões!

– Silêncio! – gritou Romas. – Pois bem, vocês viram que na minha casa de banho não há mercadorias escondidas. O que mais querem? Tudo ardeu, o que restou... aí está: vêem? Que proveito eu teria ao atear fogo aos meus bens?

– O seguro!

E de novo dez gargantas começaram a esbravejar:

– Que adianta ficar olhando para eles?

– Chega! Já aturamos demais...

Minhas pernas tremiam e os olhos escureceram. Através de uma nuvem avermelhada, eu via as caras ferozes, com os buracos peludos das bocas, e mal conseguia conter o desejo cruel de bater naquela gente. E eles esbravejavam, enquanto pulavam à nossa volta.

– Aha! Pegaram estacas.

– Estacas?!

– Vão arrancar minha barba – disse o Ucraniano, e percebi que ele sorria. – E você vai passar uns maus bocados, Maksímitch, eh! Mas, calma, calma...

– Olhem, o moço tem um machado!

Na cintura da minha calça, de fato, estava preso um machado de carpinteiro, eu tinha esquecido dele.

– Parece que se acovardaram – refletiu Romas. – Mas o senhor não use o machado, mesmo que...

Um mujiquezinho desconhecido, miúdo e coxo, saltitando de um modo ridículo, ganiu freneticamente:

– Vamos jogar tijolos neles de longe! Vai, quero ver ele acertar a minha cabeça!

De fato apanhou um pedaço de tijolo, ergueu a mão e jogou-o na minha barriga, mas, antes que eu tivesse tempo de reagir, Kukúchkin, de cima, como um gavião, atirou-se sobre ele e os dois rolaram abraçados pelo barranco. Atrás de Kukúchkin, acudiram Pánkov, Bárinov, o ferreiro e mais uns dez homens, e no mesmo instante Kuzmin falou, em tom imponente:

– Você, Mikhail Antónitch, é um homem inteligente, sabe muito bem: um incêndio faz os mujiques perderem a cabeça...

– Vamos, Maksímitch, para a margem do rio, para a taberna – disse Romas e, após retirar o cachimbo da boca, enfiou-o no bolso da calça com um movimento brusco. Apoiando-se na estaca, num passo cansado, ele saiu do barranco e, quando Kuzmin, que caminhava a seu lado, disse algo, Romas respondeu sem olhar para ele:

– Some daqui, imbecil!

No lugar da nossa isbá, ardia de leve um amontoado de carvões cor de ouro, no centro estava a estufa, da chaminé incólume subia no ar ardente uma fumacinha azul. As ripas da cama em brasa sobressaíam como as pernas de uma aranha.

As ombreiras de uma porta, carbonizadas, mantinham-se de pé junto ao braseiro, como dois guardas negros, uma das ombreiras tinha um chapéu vermelho de brasa, com pequenas chamas semelhantes à crista de um galo.

– Os livros queimaram – disse o Ucraniano, depois de dar um suspiro. – É uma pena!

Meninos com varas empurravam grandes tições para a lama da rua, como se enxotassem leitões, os tições chiavam e apagavam, enchendo o ar com uma fumaça esbranquiçada e corrosiva. Uma figura de uns cinco anos de idade, de cabelos muito claros, de olhos azuis, sentada numa poça preta e quente, batia com um pedaço de pau num balde amassado, deleitava-se de maneira concentrada com os sons das pancadas contra o ferro. As vítimas do incêndio vagavam com ar sombrio, nos objetos amontoados surrupiavam utensílios domésticos que haviam escapado incólumes. Mulheres choravam e praguejavam, brigavam por causa de pedaços de madeira chamuscada. Nos pomares, para além do local do incêndio, árvores se erguiam imóveis, as folhas de muitas delas haviam desbotado com o calor e uma fartura de maçãs escarlates tornara-se mais visível.

Descemos rumo ao rio, tomamos banho e depois, em silêncio, fomos tomar chá na taberna à beira do rio.

– Quanto às maçãs, os exploradores perderam a briga – disse Romas.

Pánkov chegou, pensativo e mais brando do que nunca.

– E então, irmão? – perguntou o Ucraniano.

Pánkov encolheu os ombros:

– Minha isbá estava no seguro.

Ficamos calados de um modo estranho, como desconhecidos, olhávamos uns para os outros com olhos tateantes.

– O que vai fazer agora, Mikhail Antónitch?

– Vou pensar.

– Você tem de ir embora daqui.

– Vou ver.

– Tenho um plano – disse Pánkov. – Vamos lá fora e conversaremos.

Foram. Na porta, Pánkov virou-se e me disse:

– Ah, tímido você não é! Você pode viver aqui, eles vão ter medo de você...

Eu também saí para a margem do rio, deitei-me sob os arbustos, olhando para a água.

Fazia calor, embora o sol já estivesse baixando no poente. À semelhança de um rolo bem largo, tudo o que eu vivera naquela aldeia desenrolou-se à minha frente – como se estivesse pintado na faixa do rio. Fiquei triste. Mas logo o cansaço levou a melhor e peguei num sono pesado.

– Ei – ouvi através do sono, sentindo que me sacudiam e me puxavam para algum lugar. – Você morreu ou o quê? Acorde!

Do outro lado do rio, acima dos prados, brilhava uma lua rubra, grande, igual a uma roda. Bárinov havia se inclinado sobre mim, balançava-me.

– Vamos, o Ucraniano está procurando você, está preocupado!

Caminhando ao meu lado, ele resmungava:

– Você não pode dormir assim, em qualquer lugar! Passa um homem pelo morro, tropeça, cai uma pedra em cima de você. Ou então ele joga de propósito. Por aqui ninguém brinca. O povo, meu irmão, lembra as coisas ruins. Fora a maldade, não lembra mais nada.

Na margem, entre os arbustos, alguém se mexia em silêncio – os ramos tremiam.

– Achou? – perguntou a voz sonora de Migun.

– Estou trazendo – respondeu Bárinov.

E, afastando-se uns dez passos, disse, com um suspiro:

– Ele está se preparando para roubar peixe. A vida também não é fácil para o Migun.

Romas recebeu-me com uma recriminação zangada:

– Então o senhor resolveu dar um passeio? Quer que venham dar uma surra no senhor?

Quando ficamos a sós, falou, carrancudo e em voz baixa:

– Pánkov propõe que o senhor fique com ele. Quer abrir uma loja. Não recomendo. Veja bem, vendi a ele tudo o que restou, vou partir para Viatka e daqui a algum tempo escreverei para que o senhor vá ao meu encontro. O que acha?

– Vou pensar.

– Pense.

Deitou-se no chão, remexeu-se um pouco e ficou calado. Junto à janela, sentado, eu fitava o Volga. Os reflexos da lua traziam-me à memória as chamas do incêndio. Ao pé da margem onde ficavam os prados, a roda de pás de um rebocador a vapor dava palmadas na água, três luzes no alto de mastros planavam na escuridão, tocavam nas estrelas e às vezes as encobriam.

– O senhor está irritado com os mujiques? – perguntou Romas, sonolento. – Não precisa. Não passam de tolos. A maldade é uma tolice.

As palavras dele não consolavam, não podiam abrandar a minha sanha e a agudeza do meu sentimento de ofensa. Eu via à minha frente goelas peludas de feras que vomitavam ganidos raivosos.

"Vamos jogar tijolos neles de longe!"

Nessa ocasião, eu ainda não sabia esquecer as coisas desnecessárias. Sim, eu via que em cada uma daquelas pessoas, tomadas isoladamente, não havia muita maldade, e muitas vezes não havia maldade nenhuma. No fundo, são animais bondosos – não é difícil forçar qualquer um deles a dar um sorriso infantil, qualquer um deles ouvirá com fé de criança histórias sobre a busca da razão e da felicidade, sobre grandes façanhas de generosidade. Para a alma estranha daquela gente, é indispensável tudo aquilo que desperta o sonho da possibilidade de uma vida fácil, segundo as leis da vontade pessoal.

Mas quando estão nas assembléias da aldeia ou na taberna à beira do rio, essas pessoas se amontoam num aglomerado grosseiro, escondem não sei onde tudo o que têm de bom e, a exemplo dos popes, paramentam-se com a casula da mentira e da hipocrisia, entra em ação uma subserviência canina perante os fortes, e então dá nojo olhar para eles. Ou então se apodera dessa gente uma raiva de lobo, eriçam os pêlos, arreganham os dentes, uivam de modo selvagem uns para os outros, prontos para atracar-se – e se atracam – por ninharias. Nesses momentos, eles são terríveis e podem demolir uma igreja onde na tarde da véspera entraram dóceis e serenos como ovelhas no estábulo. Há entre eles poetas e contadores de histórias – ninguém os estima, vivem ridicularizados pela aldeia, sem ajuda, desprezados.

Não consigo, não sou capaz de viver entre essas pessoas. E despejei todos os meus pensamentos amargos para Romas no dia em que nos separamos.

– Conclusão precipitada – observou Romas, em tom de repreensão.

– Mas o que fazer se ela se consolidou?

– Conclusão equivocada! Sem fundamento.

Tentou por um bom tempo, com palavras bonitas, me persuadir de que eu estava errado, me enganava.

– Não se apresse a condenar! Condenar é a coisa mais simples, não se deixe entusiasmar por isso. Examine tudo com calma, lembrando-se de uma coisa: tudo passa, tudo muda para melhor. Lentamente? Em compensação, de modo sólido. Observe em toda parte, apalpe tudo, não tenha medo, mas não se apresse a condenar. Até a vista, velho amigo!

Fomos nos ver de novo quinze anos mais tarde, em Sedlets, depois de Romas ter cumprido mais uma pena de dez anos de deportação na região de Iakútia, por se envolver no movimento dos "direitos do povo".

Uma angústia caiu como chumbo sobre mim, quando ele partiu de Krasnovídovo, eu me movimentava pela aldeia feito um cachorrinho que perdeu seu dono. Ia com Bárinov pelas aldeias, trabalhávamos para os mujiques ricos, debulhávamos, colhíamos batatas, limpávamos jardins. Eu morava na casa de banho de Bárinov.

– Leksiei Maksímitch, um líder sem povo, como pode, hein? – perguntou-me numa noite de chuva. – Vamos para o mar amanhã, que tal? Meu Deus! O que tem aqui? Não gostam de gente feito nós, nestas bandas. E mais dia, menos dia, quando estiverem bêbados...

Não era a primeira vez que Bárinov falava disso. Por algum motivo, ele também tinha ficado triste, seus braços de macaco pendiam sem forças, olhava ao redor com desânimo, como que perdido numa floresta.

A chuva açoitava a janela da casa de banho, uma torrente de água lavava um dos cantos, correndo impetuosa para o fundo do barranco. Estouravam debilmente os relâmpagos brancos do fim da tempestade. Bárinov perguntou em voz baixa:

– E aí, vamos? Amanhã?

Fomos.

•••

... É indescritivelmente bom navegar no Volga numa noite de outono, sentado junto ao leme, na popa de uma barcaça, pilotada por um monstro peludo com uma cabeça enorme – ele pilota enquanto caminha pelo convés, bate os pés pesados e suspira fundo:

– Ah, up!... A-ho-u...

Atrás da popa, a água flui sedosa, marulha baixinho, densa como uma resina, infinita. Acima do rio, erguem-se as nuvens negras de outono. Tudo em volta é apenas o movimento vagaroso da escuridão, que apagou a margem, parece que a terra inteira derreteu dentro dela, transformada em algo fumacento e aguado, que escorre ininterrupto, interminável, como uma única massa, rumo a algum ponto mais abaixo, no deserto, na vastidão muda, onde não há sol, nem lua, nem estrelas.

À frente, na escuridão úmida, o rebocador invisível se desloca pesadamente e bufa, como se resistisse a uma força elástica que o puxasse. Três lanternas – duas logo acima da água e a outra no alto, acima delas – o conduzem; perto de mim, sob as nuvens, flutuam outras quatro luzes, feito carpas douradas, uma delas é a chama da lanterna no mastro da nossa barcaça.

Sinto-me encerrado numa bolha fria e oleosa, ela se esgueira de mansinho por um declive liso e estou preso dentro dela que nem um mosquito. Parece que o movimento cessa aos poucos e se aproxima o momento em que vai parar de todo – o barco a vapor vai parar de rosnar e de bater as pás da roda na água espessa, todos os ruídos voarão para longe como folhas arrancadas de uma árvore, se apagarão como riscos de giz, e a imobilidade e o silêncio me abraçarão soberanos.

E o homem grande num casacão de pele de ovelha rasgado, com um gorro felpudo de pêlo de carneiro, que vagueia perto do leme, vai parar e ficar imóvel, enfeitiçado para sempre, não vai rugir:

– Orr-op! O-urr...

Perguntei a ele:

– Qual é o seu nome?

– Para que quer saber? – retrucou com voz velada.

No pôr-do-sol, ao partir de Kazan, notei que aquele homem, desajeitado como um urso, tinha um rosto peludo, sem olhos. Detendo-se junto ao leme, despejou uma garrafa de vodca numa tigela de madeira, sorveu tudo em dois tragos, como se fosse água, e deu uma mordida numa maçã. Quando o rebocador puxou a barcaça, o homem agarrado à cana do leme lançou um olhar para o círculo vermelho do sol e, após sacudir o cabeção, falou em tom severo:

– Deus abençoe!

O rebocador vem de Níjni-Nóvgorod, da feira, rumo a Astracã, e puxa quatro barcaças carregadas de mercadorias de ferro, tonéis de açúcar e vários caixotes pesados – tudo para a Pérsia. Bárinov bateu com o pé num caixote, sentiu o cheiro, refletiu e disse:

– Não tem dúvida: espingardas, da fábrica de Ijev...

Mas o timoneiro meteu o punho na barriga de Bárinov e perguntou:

– O que você tem a ver com isso?

– Nos meus pensamentos...

– E na sua fuça, vai querer?

Não tínhamos como pagar os bilhetes para um barco de passageiros, fomos aceitos na barcaça "por caridade" e, embora cumpríssemos os turnos de serviço como os marinheiros, todos na barcaça nos viam como mendigos.

– E você ainda fala do povo – censurou-me Bárinov. – Aqui é tudo muito simples: quem está em cima de quem...

As trevas são tão cerradas que não se enxerga a barcaça, vê-se apenas o brilho das lanternas na ponta dos mastros contra um fundo de nuvens fumacentas. As nuvens cheiram a petróleo.

O silêncio carrancudo do timoneiro me irrita. O mestre determinou que eu cumprisse o meu turno no leme, para ajudar esse animal. Atento ao movimento das lanternas, nas curvas, ele me diz em voz baixa:

– Ei, segure aí!

Levanto-me de um pulo e viro a cana do leme.

– Certo – rosna o timoneiro.

Sento-me de novo no convés. Não consigo conversar com esse homem, ele responde com perguntas:

– E o que você tem a ver com isso?

O que ele pensa? Quando passamos no lugar onde as águas amarelas do Kamá se fundem à fita de aço do Volga, ele resmungou, depois de olhar para o Norte:

– Canalha.

– Quem?

Não respondeu.

Em algum ponto distante, nos abismos das trevas, cães uivam e ladram. Faz lembrar que há restos de vida, ainda não esmagados pela escuridão. Parecem inacessivelmente distantes e inúteis.

– Os cachorros daqui são ruins – diz o homem do leme, de forma inesperada.

– Daqui, onde?

– De todo canto. Na nossa terra, os cachorros são verdadeiras feras...

– Você é de onde?

– Vologda.

E, como batatas que caem de um saco rasgado, rolaram palavras cinzentas, pesadas:

– Esse que vem com você, quem é, o seu tio? É um burro, eu acho. Já eu tenho um tio inteligente. Atrevido. Rico. Tem um cais em Simbirsk. Uma taberna. Na margem.

Depois de pronunciar tudo isso lentamente e como que com dificuldade, o homem cravou os olhos invisíveis na lanterna do mastro do rebocador, observando como ela rastejava para dentro das redes da escuridão, que nem uma aranha de ouro.

– Segure aqui... Sabe ler? Sabe quem escreve as leis?

Sem esperar a resposta, continuou:

– Cada um diz uma coisa: para uns, é o tsar; para outros, o metropolita, o senado. Se eu soubesse com certeza quem é, ia falar com ele. Diria: Escreva as leis de um jeito que eu não possa nem levantar a mão, muito menos bater! A lei tinha de ser de ferro. Feito uma chave. Trancava o meu coração, e acabou-se! Aí, eu era responsável! Senão, não sou responsável! Não.

Murmurava para si mesmo, cada vez mais baixo e incoerente, batendo com o punho na cana de madeira do leme.

Do rebocador, gritaram pelo megafone e a voz velada do homem era tão supérflua como os uivos e os latidos dos cães, já absorvidos pela noite gordurosa. Junto às bordas do rebocador, na água preta, como oleosas manchas amarelas, reflexos das luzes flutuavam e se dissolviam, sem forças para iluminar coisa alguma. Acima de nós, tão viscosas e espessas quanto um lodo que escorre, havia nuvens escuras, encharcadas. Deslizamos cada vez mais fundo nas entranhas da escuridão.

O homem se lamentava em tom lúgubre:

– Para onde me levaram? O coração não respira...

A indiferença tomou conta de mim, a indiferença e uma ânsia fria. Tive vontade de dormir.

Cautelosamente, rasgando as nuvens com dificuldade, um amanhecer sem sol irrompeu débil e cinzento. Tingiu a água da cor do chumbo, revelou nas margens arbustos amarelos, pinheiros de ferro cobertos de ferrugem, as garras escuras dos seus ramos, a fila de isbás de uma aldeia, a figura de um mujique como que talhado na pedra. Acima da barcaça, uma gaivota passou voando, fazendo assoviar as asas curvas.

Vieram render a mim e ao timoneiro, enfiei-me debaixo de uma lona e adormeci, mas pouco depois – assim me pareceu – gritos e batidas de pés me acordaram. Pondo a cabeça para fora da lona, vi que três marinheiros apertavam o timoneiro contra a parede do "escritório" e gritavam em vários tons de voz:

– Largue, Petrukha!

– Deus te proteja, não é nada!

– Eh, você, chega!

De braços cruzados, com os dedos agarrados aos ombros, ele estava parado e tranqüilo, apertava uma trouxa debaixo do pé sobre o tombadilho, olhava para todos, um de cada vez, e falava com voz rouca:

– Deixem-me escapar do pecado!

Estava descalço, sem chapéu, só de camisa e calça, o bolo escuro dos cabelos despenteados sobressaía na sua cabeça, descia sobre a testa obstinada, proeminente, abaixo viam-se os pequenos olhos de toupeira cheios de sangue, eles fitavam alarmados, com ar de súplica.

– Vai se afogar! – diziam para ele.

– Eu? Nada disso. Larguem, irmãos! Se não me soltarem, eu mato ele! Assim que a gente chegar em Simbirsk, e aí...

– Ei, pare com isso!

– Ah, irmãos...

Lentamente, abriu bem os braços, ficou de joelhos e, tocando a parede do "escritório" com os braços, como se estivesse crucificado, repetiu:

– Deixem-me escapar do pecado!

Em sua voz, estranhamente profunda, havia algo impressionante, os braços crucificados, compridos como remos, tremiam, com a palma das mãos voltada para as pessoas. Sua cara de urso também tremia dentro da barba peluda, e os olhos cegos feito bolinhas escuras saltavam das órbitas. Parecia que uma mão invisível se agarrara à sua garganta e o esganava.

Os mujiques abriram caminho à sua frente, ele se pôs de pé desajeitadamente, levantou a trouxa, disse:

– Pronto, obrigado!

Aproximou-se da borda e com uma leveza inesperada pulou para o rio. Eu também me precipitei para a borda e vi como Petrukha, meneando a cabeça, colocou sobre ela – como um chapéu – a sua trouxa e pôs-se a nadar numa diagonal na correnteza, rumo à margem arenosa, onde os arbustos sob o vento se inclinavam na sua direção, lançando folhas amarelas dentro da água.

Os mujiques disseram:

– Conseguiu se dominar, afinal!

Perguntei:

– Ele ficou doido?

– Por quê? Não, é para a salvação da sua alma...

Petrukha já havia nadado até um local que dava pé, ergueu-se com a água no peito e acenou com a trouxa acima da cabeça.

Os marinheiros começaram a gritar.

– Ade-eus!

Alguém perguntou:

– Como vai se arranjar sem passaporte?

Um marinheiro ruivo, de pernas curvadas, contou-me com satisfação:

– O tio dele mora em Simbirsk, é um bandido e o arruinou, e aí ele resolveu matar o tio, mas agora teve piedade de si mesmo, fugiu do pecado. O mujique é uma fera, mas é bondoso! Ele é bom...

E o bom mujique já caminhava por uma estreita faixa de areia, contra a correnteza do rio, e por fim desapareceu por trás dos arbustos.

Os marinheiros revelaram-se bons rapazes, todos eram meus conterrâneos, volguianos de quatro costados; à noite, eu já me sentia à vontade entre eles. Porém, no dia seguinte, notei que me olhavam com ar sombrio, desconfiado. Logo adivinhei que o diabo tinha puxado a língua de Bárinov, e aquele fantasista contara alguma coisa aos marinheiros.

– Contou?

Sorrindo com os olhos de mulher, coçando-se atrás da orelha com ar embaraçado, ele confessou:

– Contei um pouquinho!

– Puxa, eu não pedi para ficar calado?

– Pois eu fiquei, só que era uma história tremendamente interessante. A gente queria jogar cartas, mas o timoneiro tomou o baralho, uma chatice! E por isso...

Das minhas indagações, revelou-se que Bárinov, por tédio, teceu uma história extremamente engraçada, no fim da qual o Ucraniano e eu, como os antigos vikings, combatemos com machados a multidão de mujiques.

Era inútil zangar-se com ele – Bárinov só via a verdade fora da realidade. Certa vez em que eu andava a seu lado por uma estrada em busca de trabalho, Bárinov sentou-se na beira de um barranco, junto a um campo, e quis me persuadir, em tom convicto e afetuoso:

– A gente tem de escolher uma verdade que agrade! Olhe, além do barranco, um rebanho está pastando, um cachorro está latindo, um pastor vai caminhando. Pois é, e daí? Que benefício para a alma eu e você podemos tirar disso? Meu caro, olhe só: o homem mau é uma verdade, mas o bom, onde está? Ainda não inventaram o bom, pois é-é!

Em Simbirsk, os marinheiros, sem a menor simpatia, propuseram que saíssemos da barcaça e fôssemos para a margem.

– Para nós, vocês são gente indesejável – disseram.

Levaram-nos num bote até um cais em Simbirsk e nos secamos na margem, trazendo nos bolsos trinta e sete copeques.

Fomos à taberna tomar chá.

– O que vamos fazer?

Bárinov falou, convicto:

– Como assim? Temos de ir em frente.

Fomos a Samara "de carona" num barco de passageiros, em Samara conseguimos vagas para trabalhar numa barcaça, navegamos durante sete dias quase sem problemas até a margem do mar Cáspio e lá nos empregamos numa pequena corporação de pescadores, no sórdido pesqueiro calmuco Kabankul-bai.

APÊNDICE

» VIGIA

Sou vigia na estação de Dobrinka; das seis horas da noite às seis da manhã, caminho em volta dos armazéns com um pedaço de pau na mão; da estepe, o vento sopra que nem mil goelas, nuvens de neve avançam ligeiro, nessa massa cinzenta as locomotivas deslizam devagar, para um lado e para o outro, soltam suspiros pesados, arrastando atrás de si os elos negros dos vagões, como se alguém, sem pressa, prendesse a terra com uma corrente interminável e a carregasse pelo céu, reduzida a um pó branco e frio. Guinchar de ferros, tinido de engates, um ranger estranho, uivos velados voam junto com a neve.

Na ponta do armazém, nos opacos turbilhões de neve, dois vultos negros se movem – são cossacos que vieram roubar farinha. Ao me ver, saltam para o lado, escondem-se atrás de um monte de neve e depois, no meio dos uivos e sussurros da tempestade, ouço miseráveis e lamentosas palavras de súplica, uma promessa de meio rublo, palavrões.

– Parem com isso, pessoal – digo.

Tenho preguiça de ouvi-los, não quero falar com eles, sei que não são indigentes, não roubam por necessidade, mas para vender, para bebidas, para mulheres.

Às vezes, eles mandam a bela Lieska Gráfova; depois de desabotoar o casaquinho e a blusa, mostra os seios para os vigias; rijos como se fossem feitos de cartilagem, eles ficam na horizontal.

– Olhem só, que nem canhões! – ela se gaba e se vangloria. – Então, querem trocar por um saco de trigo de segunda? Puxa, e de terceira?

Negociam aplicadamente com ela o jovem Báikov, um rapaz religioso de Támbov, e o coxo Ibrahim, um tártaro de Usman.

Lieska está entre os dois, de peito coberto, a neve derrete na sua pele e, depois de sacudir os ombros feito uma cigana, pragueja:

– Vamos logo com isso, russos safados! Raça do pântano, onde pensam que vão achar uma doçura feito eu, seus galinhas mortas!

Lieska tinha desprezo pelos mujiques russos. Sua voz saía do peito, o rosto bonito e forte era iluminado pelos olhos atrevidos de gata. Ibrahim leva-a para debaixo do telhado de um armazém, enquanto os parceiros dela vão embora, depois de jogar um saco ou um fardo no trenó.

A falta de vergonha dessa mulher me causa repulsa e seu corpo bonito, forte, me dá uma pena que vai até a aflição. Ibrahim chamava-a de cachorra e escarrava ao lembrar-se de seus carinhos, enquanto Báikov falava em tom calmo e pensativo:

– Essas aí, só matando...

Nos feriados, vestida com esmero, de sapatos rangentes, feitos de couro de bode, com um lencinho escarlate nos cabelos fartos de cor castanha, Lieska, indo à cidade, punha o seu corpo a serviço da *intelligentsia*, tratando todos os seus clientes com a mesma insolência e o mesmo desprezo.

Quando vinha me amolar, eu a enxotava do meu setor, mas certa vez, numa noite quente e clara, peguei no sono na escadinha da entrada do armazém e, quando abri os olhos, vi Lieska na minha frente; estava de pé, as mãos enfiadas nos bolsos do casaco, sobrancelhas franzidas, a lua iluminava com capricho a sua figura de estátua.

– Não tenha medo, não vim roubar, estou passeando!

Pelas estrelas, a meia-noite já ia longe.

– Está passeando tarde.

– As mulheres vivem à noite – respondeu Lieska, sentando-se ao meu lado. – E você, para que está dormindo? Pagam pelo seu sono, por acaso?

Tirou do bolso um punhado de sementes de girassol e, enquanto as trincava, perguntou:

– Você sabe ler, é sabido mesmo? Então diga onde fica a cidade de Obolak.

– Não sei.

– A mãe de Deus apareceu lá, pintam a imagem de braços abertos, e o menino Jesus na barra da saia...

– É Abalatsk...

– E onde fica?

– Em algum lugar no Ural, ou na Sibéria.

Após lamber os lábios, ela falou:

– E se eu fosse lá? Fica longe. Mas acho que tenho de ir.

– Para quê?

– Rezar, sou pecadora demais. Tudo por causa de vocês, cachorrada... Tem um cigarro?

Depois de fumar um pouco, preveniu:

– Olhe, não conte aos cossacos que eu fumo, por aqui não gostam quando uma mulher solta fumaça pela boca.

Seu rosto severo era muito bonito, estava ruborizado pelo ar do inverno, as pupilas escuras reluziam brilhantes na esclera oval, cor de opala.

Uma fita dourada cintilou no céu – a mulher se benzeu e disse:

– Que Deus dê paz àquela alma! A minha alma também vai cair assim. O que você acha mais enjoado, as noites claras ou as escuras? Para mim são as claras.

Cuspiu na brasa na ponta do cigarro, jogou-o fora e, bocejando, propôs:

– Vamos nos divertir um pouco?

Quando recusei, acrescentou com indiferença:

– Comigo é bom, todos elogiam...

Eu disse algumas palavras sobre a sua repulsiva falta de vergonha – falei de maneira carinhosa e delicada. Sem olhar para mim, Lieska respondeu com voz calma, sem alteração:

– É por causa do tédio que eu perdi a vergonha. É maçante, homem...

Era estranho para mim ouvir da sua boca a palavra "homem" – soava incomum, desconhecida. Mas a mulher, de cabeça inclinada, olhando para o céu, falava devagar:

– Não tenho culpa; é como dizem: Deus fez assim, pelas pernas avaliam a mulher. Não tenho culpa disso...

Depois de ficar sentada mais um minuto ou dois, levantou-se, olhando para trás:

– Vou falar com o chefe...

Sem pressa, saiu pela linha, nos trilhos prateados pela lua, enquanto eu ficava ali, deprimido com as palavras:

– É maçante, homem...

Naquela época, eu não compreendia o "tédio" das pessoas cuja vida nasce e transcorre nas vasta planícies, no vazio iluminado com força, ora pelo sol, ora pela lua, nas campinas onde o homem vê com clareza a sua nulidade, onde não existe quase nada que fortifique a vontade de viver.

À minha volta, moviam-se pessoas para as quais tudo o que eu tinha vivido era estranho, cada uma lançava o seu reflexo no meu espírito e na sucessão incessante daqueles reflexos eu me sentia condenado ao suplício de querer compreender o incompreensível.

Assim, à minha frente, rodopia impetuoso Afrikan Petróvski, o chefe da estação, um gigante de peito largo e braços compridos, olhos escuros e saltados de lagostim, todo coberto de pêlos, como um animal, fala com uma voz diferente, de tenor, e quando se irrita, assovia pelo nariz, bufando pelas narinas largas de calmuco. É um ladrão, obriga os pesadores a abrir os vagões que trazem cargas dos portos do mar Cáspio, os pesadores surrupiam para Afrikan seda, doces, ele vende a mercadoria roubada – e de noite promove em seus aposentos a "vida monástica". É violento, bate nos ouvidos e nos dentes dos vigias da estação, dizem que bateu na mulher até matá-la.

Fora do serviço, veste uma camisa de seda escarlate, calças largas de veludo, botas tártaras de marroquim verde, um barrete lilás, bordado a ouro, sobre a massa de cabelos pretos e encaracolados; assim, parece um cantor de taberna, vestido em "trajes de boiardo".

Recebe em sua casa a visita do ajudante do comissário de polícia, Máslov, homem careca, redondo, barbeado que nem um padre, com um nariz de ave de rapina e uns olhos de raposa, de mulher devassa – é um homem muito maldoso, astuto, falso, na cidade é chamado de "Atriz" –; aparece também por lá o fabricante de sabão Tíkhon Stiepákhin, mujique ruivo, de boa aparência, pesadão, sonolento feito um boi – na sua fábrica, os operários se intoxicam e apodrecem ainda vivos; por várias vezes foi julgado e multado por mutilações sofridas pelos operários; vai lá também o diácono zarolho Vorochílov, homenzinho beberrão, imundo, sebento, excelente violonista e acordeonista, seu rosto bexigoso e de zigomas salientes tem pêlos cinzentos e grossos como as agulhas de um ouriço; o diácono tem mãos pequenas e frias de mulher e belos olhos azul-claros: por isso chamam o diácono de Olho Roubado.

Vão lá também animadas mocinhas da aldeia e cossacas da *stanítsa*,[1] entre elas, às vezes, Lieska. Num cômodo pequeno, atravancado por sofás, sentam-se todos à mesa pesada e redonda, abarrotada com aves defumadas, presuntos, as mais varia-

1 Povoação de cossacos. [N.T.]

das conservas, maçãs e melancias em calda, chucrute, couve em salmoura – e no meio de todas essas iguarias reluz uma garrafa de vodca. Petróvski e seus amigos, quase sem falar, mastigam demoradamente, soltam gemidos, mamam vodca num balcão "fraternal" – nele, está um garrafão de vodca.

Comem até se fartar. Stiepákhin arrota como um bachkir;[1] o diácono se benze – sorrindo com ternura, afina o violão; passam para uma sala ampla onde, a não ser por meia dúzia de cadeiras, não há móveis, e começam a cantar.

Cantam que é uma maravilha. Petróvski em voz de tenor, Stiepákhin em uma suave e densa voz de baixo, o diácono é um bom barítono, Máslov sabe fazer a segunda voz para o dono da casa, as mulheres também têm vozes bonitas – a cossaca Kubássova, em especial, se destaca por um limpo timbre de contralto; a voz de Lieska é gritante – o diácono muitas vezes a ameaça com o dedo. Cantam com devoção, como cantariam num templo, e todos se olham com ar severo – só Stiepákhin, de pernas bem abertas, baixa os olhos e tem o rosto espantado, como se não acreditasse que da sua garganta fluísse de modo incessante uma aveludada corrente de som. As canções são torturantemente tristes, às vezes, em tom solene, cantam alguma peça do repertório da igreja, em geral "Abra as portas para o arrependimento".

A parte branca dos olhos de lagostim de Petróvski enchem-se de sangue, ele estica o corpo inteiro, como um soldado em formatura, e esbraveja:

– Diácono, uma dança! Tíkhon, vamos! Vida!

– Vamos lá! – responde o diácono, brandindo o violão, e tange as cordas com toda a astúcia e habilidade de um prestidigitador, começa a tocar um *trepák*,[2] enquanto Stiepákhin se põe a bailar. O rosto duro do fabricante de sabão se ilumina com um sorriso

1 Natural da Bachkíria. [N.T.]
2 Ritmo popular russo. [N.T.]

sonhador, seu corpo pesado se enche de uma graça flexível, animal, ele dança pela sala com leveza, como um bagre num poço, entre bonitas convulsões ritmadas e, enquanto os pés, sem fazer ruído, desenham figuras complicadas no chão, olha para todos os espectadores com a expressão de um homem feliz. Dança com uma beleza enfeitiçante, e embora a cossaca Kubássova, entre ganidos, se mova em torno dele de forma sedutora e ágil, Stiepákhin encobre sua beleza indescritível com os movimentos ritmados do corpo vigoroso – sua dança embriaga a todos.

Afrikan Petróvski se enfurece de alegria, esbraveja, assovia, sacode o cabeção, lágrimas escorrem dos olhos, o diácono pára de tocar, abraça Stiepákhin, beija e, sem fôlego, balbucia:

– Tíkhon! Um ofício religioso... Querido. Tudo... tudo será perdoado...

Enquanto Máslov anda em redor deles e grita:

– Tíkhon! Rei! Talento! Assassino!

Essa gente já bebeu o garrafão de vodca, mas só agora começam a embriagar-se e parece-me que é a embriaguez da alegria, dos afagos e elogios recíprocos. As mulheres também se embriagaram, seus olhos brilham com avidez, têm um rubor quente nas faces, abanam-se com lencinhos, excitadas como cavalos que, depois de ficar parados muito tempo, foram retirados de uma estrebaria escura e trazidos para um pátio amplo, para a luz e o calor de um dia de primavera.

Lieska respira arquejante, com a boca entreaberta, fita Stiepákhin zangada com olhos úmidos e, balançando-se numa cadeira, esfrega as solas dos sapatos no chão.

Por trás das janelas, o vento brame e assovia, uiva na chaminé da estufa, asas brancas roçam nos vidros das janelas. Stiepákhin, enquanto enxuga o rosto suado com um lenço colorido, fala em voz baixa e em tom culpado:

– Por causa dessas danças, as pessoas de bem não têm respeito nenhum por mim...

Petróvski, enfurecido, cobre as pessoas de bem com eloqüentes e complicados insultos. As mulheres soltam uns guinchos fingidos para mostrar que sentem vergonha – enquanto a combinação de palavras infames revela de maneira triunfal a sedutora flexibilidade da língua russa.

O diácono recomeça a tocar, enquanto Petróvski dança, arrebatado, bravio, com estalo, estrondo e gritos, como se alguma coisa invisível que o apertasse tivesse arrebentado e partido, Lieska dança, Máslov pula desajeitado, feito um louco. Sapateados, assovios, ganidos, o faiscar incessante das saias coloridas e, marcando o ritmo com os saltos, Petróvski esbraveja feroz, vingativo:

– Eia! Vou me acabar!

Dá para ouvir como ele range os dentes. Nessa alegria frenética não há risos, não existe a alegria leve, inspirada, que ergue o homem acima da terra, é quase um êxtase religioso; faz lembrar o transe dos *khlísti*,[1] a dança dos dervixes na Transcaucásia. Nesse turbilhão de corpos há uma força devastadora, e seu ímpeto sem saída me parece mais próximo do desespero. Todas essas pessoas são talentosas, cada uma a seu modo, tremendamente talentosas; inebriam-se mutuamente com um amor frenético pela canção, pela dança, pelo corpo da mulher, pela beleza triunfante do movimento e do som, tudo o que fazem parece uma missa selvagem.

Petróvski me libera do serviço para tomar parte na "vida monástica", porque conheço muitas músicas, sei "dizer" bem as canções e consigo, sem ficar bêbado, ingerir uma quantidade de vodca, para mim, desagradável.

– Vai lá, Piechkóv! – esbraveja, e esbraveja até quando abraça as mulheres, urra como uma fera, isso é uma necessidade para ele.

1 Seita religiosa russa, também designada pelo nome de flagelantes. [N.T.]

Fico parado junto à parede e "vou lá". Escolhendo de propósito as mais bonitas e comoventes, eu "digo" as canções, tentando pôr à mostra a beleza das palavras e dos sentimentos que nelas se oculta. Sou subjugado pela força da inexorável melancolia das canções, tão afim à minha alma, que renega a razão de forma hostil.

– Meu Deus – clama o diácono, agarrando a cabeça, e as pequenas e ternas palmas das mãos afundam completamente nas madeixas semigrisalhas dos cabelos. Stiepákhin olha para mim admirado, e parece que com inveja, seu rosto treme de maneira desagradável, Petróvski cerrou os dentes de tal forma que as maçãs do rosto ficaram salientes como calombos. E Máslov, depois de sentar Kubássova em seus joelhos, esqueceu-se dela e olha para o chão que nem um cachorro doente. Não entendo para que essa gente precisa de mim, mas às vezes pensava que se eu os fartasse de canções, até a plenitude da alma, eles então, de algum modo, se transformariam, se revelariam mais compreensíveis para mim. Lá estão eles, encantados, me abraçam, me beijam, o diácono chora.

– Seu bandido – me diz Máslov, olhando para a minha mão. Stiepákhin me beija sem dizer nada.

– Beba, se acabe de uma vez! – zurra Petróvski, enquanto Lieska, abanando os braços, diz:

– Estou apaixonada por você, digo na frente de todos... apaixonada, as pernas até ficam bambas...

Um minuto depois, insaciáveis, exigem mais música.

Sei que são pessoas imprestáveis, mas reverenciam religiosamente a beleza, servem-na até a abnegação, embebedam-se com o seu veneno e são capazes de se matar por ela.

Dessa contradição, surge uma nuvem turva de tristeza que me sufoca. O frenesi de êxtase daquelas pessoas alcança o ponto culminante, mas já se cantaram todas as canções, dançaram-se todas as danças.

– Vamos tirar a roupa das mulheres! – esbraveja Petróvski.

Era sempre Petróvski quem tirava a roupa das mulheres, fazia isso sem afobação, desatava com cuidado os cadarços, soltava os colchetes, arrumava zelosamente num canto os casaquinhos, as saias, as camisas.

Contemplavam o lindo corpo de Lieska, tocavam com cautela seus seios provocantes, as pernas bem-feitas, o abdômen esplêndido, andavam em torno das mulheres soltando gemidos de assombro e elogiavam o corpo delas com tanto entusiasmo quanto elogiavam as canções, as danças. Depois voltavam para a mesa da sala pequena, comiam, bebiam e tinha início o indescritível, o pesadelo.

A força animal daquelas pessoas não me surpreendia – touros e garanhões são mais fortes. Mas era horrível observar como havia algo hostil em sua atitude em relação às mulheres, cuja beleza eles haviam acabado de admirar quase com veneração. Em sua voluptuosidade, eu sentia misturar-se uma vingança requintada, e parecia que essa vingança provinha do desespero, da impossibilidade de esvaziar-se, de livrar-se de alguma coisa que os oprimia e os desfigurava.

Lembro que o grito de Stiepákhin me espantou: ele viu o seu reflexo no espelho, seu rosto vermelho ficou pardo, azulado, os olhos arregalaram-se num frenesi, começou a balbuciar:

– Irmãos... olhem ali, meu Deus!

E rugiu:

– Não tenho cara de gente... olhem! Não é de gente... irmãos!

Agarrou uma garrafa e atirou-a no espelho.

– Tome, focinho do demônio, ei!

Não estava bêbado, embora tivesse bebido muito – quando o diácono veio acalmá-lo, Stiepákhin falou, em tom sóbrio:

– Pode deixar, pai... Eu sei, levo uma vida que não é humana. Será que sou um homem? No lugar da alma, tenho o diabo de um urso... Está bem, pode deixar. Não há nada a fazer...

Em cada um deles, vivia – revolvia-se – algo escuro, terrível. As mulheres ganiam de dor com as mordidas e os beliscões, mas recebiam a crueldade como algo inevitável, e até agradável, enquanto Lieska provocava Petróvski de propósito com exclamações de desafio:

– Ei, só isso? Vamos, belisque mais, hein?

Suas pupilas de gata se dilataram, e naquele momento havia em Lieska algo semelhante aos mártires das pinturas. Tive medo de que Petróvski a matasse.

Certa vez, ao amanhecer, enquanto eu caminhava ao seu lado, após deixarmos a casa do chefe da estação, perguntei para Lieska por que deixava que a torturassem, que a espezinhassem.

– Mas é ele mesmo quem se tortura. Todos eles são assim. O diácono morde e ele mesmo chora.

– E por quê?

– O diácono, é por velhice, não tem força. E os outros, Afrikan e Stiepákhin, você não vai entender. Eu sei por quê, mas não sei explicar. Sei muita coisa que não consigo dizer, enquanto junto as palavras no lugar os pensamentos vão embora, e quando os pensamentos estão em casa, as palavras não vêm de jeito nenhum.

É provável que ela de fato compreendesse algo daquele excesso de energias – lembro que numa noite de primavera Lieska chorou amargamente e me disse:

– Tenho pena de você, vai se perder, feito um passarinho no meio de um incêndio, na fumaça. Era melhor ir embora para outro lugar. Ai, tenho pena de todo mundo...

E com ternas palavras de mãe, com a sabedoria destemida de uma pessoa que olhou fundo na escuridão da alma e assustou-se com tristeza, Lieska contava-me coisas terríveis e despudoradas.

Agora me parece que à minha frente representava-se o drama sofrido da luta entre dois princípios – o animal e o humano: o homem tentava, de uma vez por todas, satisfazer o animal que havia em si mesmo, libertar-se das suas exigências insaciáveis, enquanto o animal, crescendo dentro do homem, o escravizava cada vez mais.

Contudo, na época, aquelas desenfreadas festas da carne provocavam em mim repulsa e melancolia, misturadas com pena das pessoas – em especial, pena das mulheres. No entanto, consumido pela melancolia, eu não queria renunciar a tomar parte nas loucuras da "vida monástica" – para falar em estilo elevado, eu padecia então do "fanatismo do saber", "Satanás, o fanático do saber" fascinava-me e atraía-me para si.

– É preciso conhecer tudo, é preciso entender tudo – dizia-me M. A. Romas, em tom severo e entre dentes, enquanto sugava o cachimbo, cuspia fumaça e observava como os fios azuis de fumo emaranhavam-se nos pêlos grisalhos da barba. – Não tem sentido viver sem uma justificativa; isso significaria que se vive de um modo absurdo. Portanto habitue-se a espiar em todas as frestas e buracos; quem sabe lá, em algum canto, esteja enfiada uma verdade indispensável para o senhor? Viva sem temor, não fuja do que for desagradável e terrível; é desagradável e terrível porque não é compreendido. Aí está!

Passei a espiar em todo canto, sem me poupar, e assim conheci muita coisa que pessoalmente seria melhor não ter conhecido, mas que devo contar às pessoas – é imprescindível, pois essa é a nossa vida árdua, o drama sórdido da luta entre o animal e o homem, que aspira à vitória sobre os elementos da natureza, dentro e fora de si.

Se existe no mundo algo verdadeiramente sagrado e grande, há de ser apenas o homem que se educa sem cessar – precioso mesmo quando me inspira ódio.

De resto, ao me debruçar com atenção sobre o jogo da vida, aprendi a odiar, não por ser algo difícil – o ódio se oferece com muita facilidade –, mas por ser inútil e até humilhante, pois no fim das contas odiamos algo que existe em nós mesmos.

Sim, a filosofia – sobretudo a moral – é um assunto maçante, mas quando a alma está calejada pela vida a ponto de sangrar e chora amargamente de amor por essa "esplêndida insignificância" – o homem –, sem querer começamos a filosofar, pois vem a vontade de procurar consolo.

•••

Depois de viver três ou quatro meses na estação de Dobrinka, senti que não agüentava mais, porque, além dos excessos frenéticos em casa de Petróvski, a sua cozinheira, Maremiana, mulher de quarenta e seis anos, com dois *archin* e dez *vierchókes* de altura,[1] passou a me oprimir de forma tirânica; colocada sobre a balança de carga "Fairbank", ela marcava seis *pudes* e treze *funtes*.[2] Em seu acobreado rosto de lua, faiscavam com irritação uns olhinhos redondos e esverdeados de um jeito que lembrava óxido de cobre, embaixo do olho esquerdo alojava-se uma verruga, esse olho estava sempre franzido, com um ar desconfiado. Ela era alfabetizada, lia com deleite as vidas dos santos mártires e, com toda a força do seu vasto coração, odiava os imperadores Diocleciano e Décio.

– Se caíssem na minha mão, eu arrancava os olhos!

Mas tal ferocidade, direcionada para o passado remoto, não a impedia de tremer servilmente diante da "Atriz", Máslov. Na hora dos jantares ébrios, ela o servia com especial veneração, mirava-o com os olhos enganosos de um cachorro feliz. Às vezes, fingindo-se de bêbado, ele deitava no chão, batia no peito e gemia:

– Estou mal, mal...

1 Medidas russas tradicionais de comprimento: um *archin* equivale a 71 centímetros; um *vierchók*, a aproximadamente quatro centímetros. Maremiana tinha cerca de 1,86 metro de altura. [N.T.]

2 Um *pud* equivale a 16,3 quilos; um *funt* equivale a 0,45 quilo (uma libra). Maremiana pesava 103,5 quilos. [N.T.]

Maremiana o apanhava nos braços, apavorada, e como se fosse um bebê, levava-o para ficar consigo num canto da cozinha.

Chamavam-no de Martin, mas muitas vezes, na certa por causa do medo que tinha dele, Maremiana confundia o seu nome com o do patrão e o chamava:

– Martikan.

Então, levantando-se do chão com um pulo, Máslov berrava indignado:

– O quê? Como disse?

Com a mão apertada contra a barriga, Maremiana curvava-se diante dele e pedia, com voz rouca de medo:

– Desculpe, em nome de Cristo...

Ele a assustava mais ainda com um assovio fino e cortante – então a enorme camponesa ficava em silêncio, piscava os olhos com ar culpado, deles saltavam umas lagrimazinhas turvas e esverdeadas. Todos gargalhavam, enquanto Máslov, dando uma cabeçada na barriga da mulher, dizia em tom carinhoso:

– Tudo bem, vai embora, criatura! Vai embora, empregada...

E quando saía cautelosamente – falava, não sem orgulho:

– Ele é um búfalo, mas tem um coração de uma ternura enorme...

Na época em que nos conhecemos, Maremiana também me tratava com bondade e carinho, como uma mãe, mas um dia falei algumas palavras de censura à sua submissão servil à "Atriz". Maremiana até se afastou de mim, como se eu tivesse jogado água fervente em cima dela. As bolinhas verdes dos seus olhos encheram-se de sangue, tornaram-se pardacentas, depois de sentar pesadamente num banco, ofegante de indignação raivosa, balançando o corpo inteiro, ela balbuciou:

– Um me-menino... como pode? Você, falar dele? E desse jeito? Ah, eu vou... ele vai... você tinha de ser moído num moinho! Você, será que ficou doido? Ele é mais santo do que um santo, e você... Quem é?

E gritou, de modo inesperado e com voz grossa:

– Só envenenando você, alma de lobo! Vá embora!

Fiquei desconcertado com essa assombrosa explosão de raiva e, apesar da minha juventude, senti que havia tocado brutalmente em alguma verdade sagrada ou muito dolorosa. Porém, como eu podia adivinhar que aquela massa de gordura e carne, alojada sobre ossos enormes, trazia algo inviolável e tão precioso para si? Desse modo a vida me ensinava a compreender a igualdade do valor das pessoas, a respeitar o que nelas vive em segredo, me ensinava a tratá-las com mais cuidado, mais parcimônia.

Depois disso, Maremiana passou a ter por mim um ódio encarniçado, punha nos meus ombros a maior parte das tarefas da casa do chefe da estação. Terminado o meu plantão, após uma noite sem dormir, eu tinha de rachar a lenha e carregá-la para a cozinha e para os quartos, limpar os pratos de cobre, acender as estufas, cuidar do cavalo de Petróvski e fazer muitas outras coisas que consumiam quase metade do meu dia, sem deixar tempo para os livros e para o sono. A mulher me ameaçava abertamente:

– Vou tiranizar você até que fuja para o Cáucaso.

"O Cáucaso exige que a pessoa esteja habituada" – lembrei a frase de Bárinov e escrevi para a direção em Borissoglebsk um requerimento no qual – em versos – retratava a tirania de Maremiana. O requerimento obteve êxito: pouco depois me transferiram para o entreposto de Borissoglebsk, fui incumbido de guardar os encerados, os sacos, e cuidar dos seus reparos.

Lá, travei contato com um vasto grupo de intelectuais. Quase todos eram "suspeitos", haviam provado a cadeia e a deportação, liam muito, sabiam línguas estrangeiras, todos eles eram estudantes e seminaristas expulsos, estatísticos, um oficial da marinha, dois oficiais do exército.

Esse grupo – umas sessenta pessoas – tinha sido reunido em cidades do Volga por um certo M. E. Adadúrov, um negociante, que propôs à direção da ferrovia Griaz–Tsarítsin extirpar o incrível roubo de cargas com a ajuda do vigor daquele pessoal. Eles se lançaram à tarefa com ardor, desmascararam as velhacarias dos diretores de estação, dos pesadores, dos condutores, dos operários, e gabavam-se entre si do êxito na captura dos ladrões. Parecia-me que todos eles poderiam e deveriam fazer alguma coisa mais condizente com os seus méritos, com as suas capacidades, com o seu passado – na época, eu ainda não compreendia claramente que, na Rússia, é proibido "semear o razoável, o bom, o eterno".

Eu caminhava na faixa do meio, entre a gente primitiva da cidade e aqueles "campeões da cultura" de um tipo peculiar, e via muito bem a diferença que separava o dois grupos.

A cidade inteira, é claro, sabia que os "adadurovistas" eram "políticos – daqueles que são enforcados", e observando com sagacidade o trabalho deles, eu tinha-lhes ódio e temor. Era horrível reparar nos olhares raivosos, covardes e vingativos dos habitantes da cidade – odiavam os "adadurovistas" por medo, como inimigos pessoais, e por opção consciente, como inimigos "da fé e do tsar".

Um torneiro conhecido meu, Pável Kiúkov, sentado comigo numa cantina, diante de uma garrafa de cerveja, raciocinava em voz alta:

– Como é que podem contratar esse tipo de gente? Deviam expulsá-los para umas ilhas desabitadas, mandá-los para o Robinson Crusoé! Ou, melhor ainda, deviam enforcar logo! Dois anos atrás, andaram enforcando lá em Pítier![1]

Kriúkov era um homem imensamente lido, entusiasmava-se com a geografia e com os poemas de Jukóvski, possuía uns

1 Corruptela de Petersburgo. [N.T.]

vinte livros bons, e entre eles *O processo de primeiro de março*.[1] Ao me emprestar esse livro em segredo, disse:

– Tome aqui, leia, veja como eles são! Cuidado, fique atento, acabam com você por qualquer ninharia!

Não era só Kriúkov que raciocinava assim, é claro.

... Travei conhecimento com o literato Stárostin-Mánienkov – trabalhava no escritório da seção de mercadorias da ferrovia Griaz–Tsarítsin.

De estatura mediana, gordo, Stárostin fazia lembrar um castrado, com seu rosto rechonchudo e de barba raspada e olhos mortiços e sem cor; o passo pesado, os movimentos hesitantes, reforçavam a semelhança. O corpo flácido parecia o receptáculo das mais variadas enfermidades – uma cisma reforçava e agravava as doenças. Ele gemia sem parar, lamuriava-se, tossia e cuspia para todos os lados – numa caixa de macarrão que lhe servia de cesto de papéis, nos vasos de flores sobre o peitoril das janelas, num cinzeiro e no chão mesmo, na direção da porta. Fazia um esforço, cuspia, observava o resultado e, abanando a cabeça calva com um ar desolado, dizia:

– Está ruim!

De noite, em seu quarto pequeno, com cortinas de algodão vermelho nas janelas, com vasos de fúcsias e gerânios nos parapeitos, com um ícone dos mártires Kírik e Ulita num canto, ele, sentado à sua mesa, abarrotada com montes de papéis rabiscados, bebia tacinhas de vodca, comia cebola aos pedacinhos e se queixava com uns ganidos agudos:

– Gleb Uspiénski[2] achincalha os mujiques, enquanto eu escrevo com o sangue do coração! Você é uma pessoa que lê muito, então me diga: onde está, em que reside a diferença

1 O livro se refere ao processo contra os militantes do partido A Vontade do Povo, acusados de matar o tsar Alexandre II em 1881. [N.T.]

2 Escritor russo (1843-1902). [N.T.]

entre Uspiénski e Lieikin? No entanto, ele é publicado nas melhores revistas, enquanto eu...

Os contos de Stárostin eram impressos em jornais de província, mas um ou dois foram publicados, parece, no jornal *A Causa*. Stárostin adorava que o lembrassem disso.

Eu o lembrava.

– E isso é grande coisa? – Com tristeza, mas já sem tanta queixa, exclamava: – É bastante.

Stárostin deslizava da cadeira para o chão, rastejava de gatinhas para debaixo da cama larga e, após retirar dali uma grande trouxa, amarrada num xale cinzento, dava um tapa na trouxa, levantava uma nuvem de pó, e começava a gritar, arquejante:

– Veja, tudo pronto! Escrito com o sumo do coração! Sim, sim! Com o coração...

Seu rosto se ruborizava, os olhos inundavam-se com lágrimas de bêbado, mas certa vez, sóbrio, leu para mim um conto que acabara de escrever sobre um mujique, o qual, na hora de um incêndio, salvava do fogo e da morte o cavalo predileto do comissário de polícia rural, e o comissário, uma hora antes dessa façanha, tinha quebrado dois dentes do heróico mujique por causa do roubo de uma cravija. O mujique sofreu uma queimadura grave, portou-se de forma heróica, foi levado para o hospital.

Stárostin leu até o fim essa história comovente e desatou a chorar de alegria, balbuciou, encantado:

– Como é bonito, como está escrito com a alma! Pois é, irmão, aí está! Aprenda, entre fundo na alma...

O conto me desagradou muito, mas também fiquei à beira de chorar ao ver a alegria do autor. Seu sentimento sincero emocionou-me também com sinceridade.

Mas por que chorava aquele homem desagradavelmente ridículo? Pedi que me desse o manuscrito e li de novo em casa. Não, o conto estava escrito de um jeito meloso e premeditadamente sentimental, como as falsas súplicas que os "sofredores infelizes" redigem para as viúvas ricas e bondosas. No entanto o que provocara as lágrimas sinceras e a alegria infantil do autor?

– Não gosto do conto – confessei a Stárostin.

Enquanto arrumava com amor as páginas do manuscrito, soltou um suspiro:

– Você é um bruto! E um obtuso.

– O que comove o senhor nesse conto?

– A alma! – gritou, irritado. – Nele, a alma resplandece!

Depois de gritar comigo até ficar satisfeito, tomou um gole de vodca e começou a falar em tom sério:

– Aprenda! Você escreve poemas, e isso é besteira. Ninguém precisa disso. Você nunca vai ser um Nadson,[1] não tem esse fermento, não tem coração, você é um homem bruto. Lembre: nos versos, Púchkin pôs a perder o seu talento excepcional. A prosa, aí está a verdadeira literatura, a sagrada e honrada prosa.

Ele mesmo serviu para mim como a personificação daquela prosa sagrada, e sua fumaça espessa já então me sufocava.

Stárostin tinha uma amante, a sua senhoria, mulher de peitos de meio *pud* e um traseiro que a cadeira não conseguia acomodar. No dia do seu aniversário, Stárostin lhe deu solenemente uma larga poltrona de vime trançado – o que muito comoveu a mulher. Depois de beijar os lábios do amado três vezes, ela disse, dirigindo-se a mim:

– Veja, meu jovem, aprenda com os mais velhos como se deve agradar a uma dama.

Stárostin estava de pé ao lado dela, sorria, feliz da vida, e puxava com os dedos suas orelhas cinzentas, moles como as de um cachorro.

Era um dia claro do fim de março, nas janelas as fúcsias floriam viçosas, o murmúrio das águas da primavera penetrava

1 Poeta russo (1862-87). [N.T.]

no quarto, tomado pelo aroma denso de empadão quente, sabão e tabaco.

A juventude e a instrução precária não me impediam de perceber com inquietação que, na "sagrada e honrada prosa", podiam abrigar-se dramas pesadões e vulgares.

Enquanto sonhava com proezas grandiosas, com as radiantes alegrias da vida, eu vigiava os sacos, os encerados, os painéis, os dormentes e a lenha, para que não fossem furtados pelos cossacos da estação vizinha. Lia Heine e Shakespeare, e à noite, às vezes, ao me lembrar subitamente da realidade, que apodrecia em silêncio à minha volta, eu ficava sentado ou deitado durante horas, sem nada compreender, como que aturdido por uma bengalada na cabeça.

Na cidade, totalmente impregnada pelo cheiro de sal, sabão, carne podre, o presidente da câmara municipal convocava o clero a rezar o *Te-Deum* para expulsar os demônios do poço no pátio da sua casa.

O professor da escola municipal açoitava a esposa aos sábados, na casa de banho; às vezes ela se desvencilhava do marido e, nua, gorda, corria pelo jardim, ele se precipitava atrás dela com uma vara na mão.

Os vizinhos do professor chamavam os conhecidos para assistir ao espetáculo através das fendas da cerca.

Eu também fui lá para ver – a platéia; briguei com alguém e por pouco não acabei na polícia. Um dos moradores me tranqüilizou:

– Ora, por que você se exaltou? Afinal, é uma coisa que todo mundo tem interesse em dar uma espiada. Nem em Moscou se vê um caso como esse.

Um empregado do escritório da ferrovia, em cuja casa eu morava, num canto, ao custo de um rublo mensal, queria com toda a sinceridade me convencer de que todos os judeus não só eram vigaristas como também bissexuais. Discuti com ele e então, à noite, acompanhado da esposa e do irmão dela, veio até o meu catre no intuito de examinar se eu não era judeu. Foi preciso torcer o seu braço e quebrar a cara do cunhado para livrar-me deles.

A cozinheira do comissário de polícia misturava na panqueca o sangue de sua menstruação e servia isso para um maquinista seu conhecido comer, a fim de inspirar no homem um sentimento de afeição por ela. Uma amiga da cozinheira contou o terrível feitiço ao maquinista – o coitado apavorou-se, correu ao médico e declarou que uma coisa fazia barulho dentro da sua barriga, grunhia. O médico riu dele, mas o maquinista, ao chegar em casa, desceu ao porão e enforcou-se.

Eu relatava tais acontecimentos, e outros semelhantes, aos “adadurovistas”, eles os encaravam como se fossem anedotas divertidas e gargalhavam alegremente, para a minha surpresa.

Ao contar, eu procurava uma explicação para os fatos, mas não achava explicação nenhuma. Minhas histórias eram vistas como ridículas, como anedotas engraçadas ou sórdidas, e na maioria das vezes os ouvintes me diziam em tom de consolo:

– Não preste atenção a essa gente, ficaram loucos de tanta gordura!

Mas eu via que, embora vivessem só para comer e sua ocupação predileta fosse acumular provisões dos mais variados alimentos, como se estivessem na expectativa de uma fome mundial, eram eles, no entanto, que comandavam a vida, moldavam-na de maneira sórdida e mesquinha. Depois de tudo o que eu tinha visto, a vida dos bons e ajuizados intelectuais parecia-me enfadonha, sem cor, parecia manter-se à parte da confusão sombria e semilouca que engendrava a rotina pegajosa dos intermináveis dias de semana. Quanto mais atentamente observava, mais inquieto e incomodado eu me sentia. Parecia-me que os intelectuais não se davam conta do seu isolamento na cidadezinha imunda, onde todos se mostravam alheios e hostis a eles, não queriam saber nada de Mikhailóvski, de Spencer, e não tinham o menor interesse pela questão da importância do papel do indivíduo no processo histórico.

Nos saraus, os intelectuais cortejavam cautelosamente umas mulheres sem graça, duas delas, irmãs uma da outra, eram espantosamente parecidas com morcegos.

O atarracado e manco Mazin, ex-oficial da marinha, entusiasta de Schopenhauer, falava com eloqüência e exaltação sobre a "metafísica do amor", o "instinto de preservação da espécie", e quando pronunciava essas palavras puxando um pouco a letra R, as morcegas encolhiam as pernas, baixavam os olhinhos pretinhos, agasalhavam-se melhor nas asas acinzentadas das suas mantinhas, como se temessem que as palavras do filósofo pudessem desnudá-las.

Não passou muito tempo, Mazin recebeu do irmão das morcegas, um funcionário importante da diretoria da estrada de ferro, o seguinte bilhete:

– Se o senhor, cavalheiro, não parar de falar na metafísica do amor em presença de minhas irmãs, eu vou, em primeiro lugar, quebrar a sua cara e, em segundo lugar, entregar um queixa do senhor ao diretor da estrada de ferro.

Enquanto presenciava e ouvia tudo isso, eu lembrava as noites em casa de Petróvski, onde, desnudado até o âmago, representava-se o tempestuoso e sombrio drama do instinto que, cegando a razão, revelava os jogos loucos e desesperados do amor. Pessoas semi-selvagens, ladrões e bêbados alcançavam o êxtase, cantavam de forma admirável e com perícia canções bonitas, comoventes, do seu povo, mas a "filosofia", os "radicais", os "populistas" cantavam desafinados uns versinhos murchos, vulgares: "Não é a chuvinha miúda do outono", "Lá onde o Búlak lodoso", ou:

Copérnico trabalhou a vida inteira
Para provar a rotação da Terra.
Que imbecil!...

Faltavam-me a perspicácia, a imaginação e a força para reunir aqueles dois mundos, separados pela profunda ruptura de um isolamento mútuo.

Neste mesmo momento em que conto fatos ocorridos há mais de trinta anos, escrevo e vejo bem claro à minha frente as pessoas dos dois grupos, sinto-me completamente incapaz de pintar com palavras a figura dos míopes devoradores de livros, de óculos e pincenê, de calças "soltas", de paletós de cores variadas, mas com seus mantos de palavras livrescas sempre de uma cor só. E isso não por uns serem brutos, desajeitados, fáceis de entender, e os outros, esmeradamente polidos e passados a ferro pelos livros – não, aqui, no meu modo de ver, se apresenta uma separação profunda, quase de raça, em todo caso uma separação interna.*

De um lado, a força do instinto agita-se de modo insensato e sem saída, de outro a razão se debate como um pássaro sem asas, preso na imunda gaiola do dia-a-dia. Acho que em nenhum país do mundo as forças criadoras da vida encontram-se tão distantes uma da outra como se passa entre nós, na Rússia. Quando, quase com horror, eu relatava as noites frenéticas em casa de Petróvski, às vezes sentia nas pessoas "de cultura" uma inveja secreta das alegrias da vida selvagem, e parecia-me, não raro, que os prazeres de Petróvski não eram condenados a sério, mas apenas exteriormente, formalmente, por um sentimento de "decência".

* A alarmante sensação do isolamento espiritual da *intelligentsia*, como o princípio da razão, em relação ao elemento popular, perseguiu-me a vida inteira, com maior ou menor insistência. Em meu trabalho literário, mais de uma vez tratei desse tema, evoquei-o no conto "Meu companheiro de viagem" e em outros. Aos poucos, essa sensação transformou-se num pressentimento de catástrofe. Em 1905, detido na prisão da fortaleza Pedro e Paulo, experimentei elaborar esse tema numa peça fracassada, intitulada "Filhos do sol". Se a ruptura entre a vontade e a razão representa um drama penoso na vida de um indivíduo – na vida de um povo essa ruptura é uma tragédia.

Só P. E. Bájenov dizia, com um suspiro profundo:

– Ah! Que horror!

E, depois de pensar um pouco e mordiscar a barba, acrescentava:

– No meio deles, eu me perderia feito um boi no pântano. Quanto mais forte é o movimento, mais depressa o pântano suga. Sim. Entendo o que há neles que atrai pessoas como você: levamos uma vida insípida, sem festas e acanhada. Ao passo que lá é quase um epos, uma vida épica. Sabe, esse Petróvski já está sendo processado há muito tempo, mas tem as "costas quentes" na diretoria. Há pouco, deram uma busca na casa dele por causa de uma outra questão: o roubo de chá de um vagão de trem. Ele apanhou uma folha de papel na mesa e disse, entregando-a para o juiz de instrução: "Aqui está honestamente relacionado tudo o que roubei".

Franzindo as sobrancelhas, Bájenov cerrou os olhos, lançou as mãos atrás do pescoço, ficou calado um tempo, depois sorriu e disse:

– Roubei, honestamente. Só um russo pode falar assim, garanto ao senhor! Parece que de fato fomos vocacionados para combinar o incombinável. Divertimo-nos com pavor, amamos com crueldade... E assim por diante, nesse espírito...

Após se levantar da cadeira, ele se espreguiçou, abriu bem os braços e concluiu:

– Ah, apesar de tudo, somos um povo bom, os russos! E por isso talvez sejamos infelizes além da conta...

Bájenov foi uma das poucas pessoas que despertaram em mim um sentimento de profunda simpatia e de respeito afetuoso. Seminarista em Tomsk, após longos esforços ele conseguiu entrar na universidade de Kíev, mas foi expulso na segunda série por "deslealdade política" e ficou na prisão durante vários meses. Cabeludo, parecido com um sacerdote disfarçado, ele se movia com a cautela de um gigante, e isso dava ao seu vulto alto e forte uma pompa de grão-senhor, incomum num seminarista.

Tinha uma voz extraordinariamente suave, mas não tinha bom ouvido e tratava a música quase com hostilidade, dizendo:

– Ela chama para o caos.

Do seu grande rosto bexigoso, dentro da escura barba em leque, os olhos cinzentos e semicerrados fitavam com carinho. Eu sentia uma espécie de condescendência arguta na maneira como ele tratava a mim e a todos. Contava-me muito bem a história do desenvolvimento do cristianismo, falava de forma atraente sobre as seitas dos primeiros séculos, ajudava-me a ler a *História das ciências indutivas*, de Whewell. Enquanto conversava, Bájenov passeava bem de leve pelo quarto, sem fazer ruído, as mãos enfiadas nos bolsos da calça, e depois de levantar as sobrancelhas acenava bruscamente com a cabeça – o único gesto com que sublinhava os trechos mais importantes da sua fala. Porém, às vezes, no meio de uma frase, sem terminá-la, punha-se a refletir, enquanto mordiscava entre os lábios os fios da barba, coçava com o dedo mindinho a testa alta, cavada de bexigas, e ficava um bom tempo em silêncio. Tais momentos, por algum motivo, sempre me perturbavam de um modo vago. Certa vez, perguntei no que estava pensando.

– É terrível a quantidade de inteligência gasta sem nenhum proveito, é terrível – respondeu, em voz baixa. – E que inteligência!

Falava muitas vezes, e de forma convincente, sobre a beleza e a força do pensamento:

– No fim, meu caro, é a inteligência que decide tudo, é ela a alavanca que, com o tempo, deslocará o mundo inteiro.

– E o que servirá de apoio? – perguntei.

– O povo – respondeu com convicção, sacudindo a cabeça. – Em especial, o senhor, o seu cérebro.

Eu gostava muito dele, acreditava em Bájenov com sinceridade.

Numa tarde calma, deitado a seu lado na estepe, contei o que disse o policial Nikíforitch a respeito da piedade, e o que disse um tolstoiano sobre o Evangelho e sobre Darwin.

Depois de me ouvir com atenção e em silêncio, respondeu:

– Quanto a Darwin, é uma verdade que não me agrada, como não me agradaria o inferno, se fosse verdade. Mas, veja bem, meu caro: quanto menos atrito há nas peças da máquina, melhor ela funciona. Na vida é o contrário: quanto mais forte é o atrito, mais depressa a vida caminha rumo ao seu objetivo e rumo a uma racionalidade maior. A racionalidade é também justiça, harmonia de interesses. Quando raciocinamos de forma coerente, é preciso reconhecer que a luta é uma boa lei da vida. E nisso o seu policial tem razão: se a vida é luta, a piedade não tem cabimento.

Bájenov pôs-se a refletir, deitado de costas, mirando o céu com os olhos muito abertos.

O sol, escondendo-se numa nuvem, deixou-a incandescente e nela derreteu-se, transformando-se numa enorme fogueira de chamas vermelhas, raios vermelhos estendiam-se pela estepe e sobre as hastes grisalhas das ervas do ano anterior, que pareciam borrifadas por um orvalho cor-de-rosa. Os aromas do capim e das flores da primavera ficaram mais fortes, mais embriagadores.

Bájenov sentou-se de repente, começou a fumar um cigarro, mas logo o jogou fora, dizendo, com as sobrancelhas franzidas:

– Acho que o humanismo já demorou muito a entrar na vida, está com um atraso de uns três mil anos!... Bem, eu preciso ir à cidade... O senhor vai comigo?

No fim de maio, fui transferido para ser pesador na estação de Krútuia, no ramal Volga–Don, e em junho recebi uma carta de Borissoglebsk, escrita por um amigo encadernador, na qual ele me informava que Bájenov se matara com um tiro em junho, no cemitério. Junto da carta, fora colocado um bilhete de Bájenov:

> Micha, venda os meus pertences e pague à proprietária do meu quarto 7 rublos e 30 copeques. Quanto aos livros de Whewell, encaderne e mande para Krútuia, para o Maksímitch Piechkóv, o

"cabeçudo". Os de Spencer, mande também para ele. O resto fica para você. O fardo de livros em latim e em grego, mande para Kíev, o endereço está junto deles. Adeus, amigo! B.

Ao ler o bilhete, senti uma pancada ensurdecedora no coração. Era difícil resignar-me ao fato de um homem com uma alma, aparentemente, tão sensata e tão forte retirar-se da vida.

O que o matou?

Lembro que certa vez, na taberna, ao me oferecer cerveja, meio bêbado, Bájenov disse-me de repente:

– Sabe, Maksímitch, qual é a melhor canção do mundo?

Inclinou-se sobre a mesa e, fitando-me com os olhos de um urso manso, cantou baixinho e triste, com uma voz suave de baixo:

Quand j'étais petit
Je n'étais pas grand,
J'allais à l'école
Comme les petits enfants...[1]

Terminou de cantar e os olhos ficaram úmidos.

– Que cançãozinha linda, palavra de honra. Tem tanta simplicidade e, sabe, uma tristeza tão ridícula...

Traduziu para o russo as palavras da canção, eu não entendi o que nela encantava, quase até as lágrimas, aquele homem cabeludo, grande, inteligente...

Mais tarde, vi muita gente ser morta por essa "tristeza ridícula".

•••

1 Em francês, *Quanto eu era pequeno/Não era grande/Eu ia à escola/Como as crianças pequenas...* [N.T.]

Alguns meses depois, a vida, que me educava com rispidez, mas com afinco, fez-me recordar Petróvski, ao me obrigar a experimentar uma das impressões mais penosas da minha existência.

Em Moscou, numa taberna imunda, em algum lugar perto da torre Sukharev, estava sentado à mesa na minha frente um homem alto, descarnado, de óculos; seu rosto ossudo, a barbicha pontuda, o bigode ralo – em ponta – faziam-me lembrar o Dom Quixote dos desenhos de Doré. Pendia dos seus ombros um casaco azul, nitidamente de outra pessoa, as calças cinzentas de nanquim com remendos nos joelhos eram ridiculamente curtas, num dos pés ele calçava uma galocha de borracha, no outro, uma surrada bota de couro. Enquanto retorcia as pontinhas do bigode, afiadas que nem uma sovela, o homem fitava-me faminto com seus olhos turvos, levantou-se, fixou os óculos nas sobrancelhas grisalhas e, cambaleando, com os braços abertos como um cego, aproximou-se de mim:

– O advogado Gládkov.

Com os dedos sujos, assinou uma rubrica no ar e repetiu, em tom sério:

– Aleksiei Gládkov.

Falando com voz rouca, ele revirava o pescoço como se um nó, invisível para mim, o esganasse.

Revelou-se claramente um homem de coração nobre, que sofrera por ter servido à verdade com abnegação e fora precipitado para "o fundo da vida" pelos inimigos da verdade. Agora estava no comando da ordem do "Reverendo Aquavita", ocupava-se com a transcrição de falas de personagens para teatros, com a defesa da inocência oprimida, e também em "bombardear o coração e o bolso de comerciantes generosos com os humildes".

– O russo e sobretudo a sua mulher adoram sofrer: o sofrimento, ou um relato de sofrimento, é a mostarda espiritual sem a qual nada penetra em seu coração, que ficou obeso por causa de uma nutrição variada e abundante.

Eu já havia observado muitas pessoas desse tipo, estava habituado a tratá-las com desconfiança, mas sempre com um interesse intenso – é perfeitamente compreensível, num homem que tenta de forma tenaz alcançar um patamar elevado, o interesse pelas pessoas que de lá caíram. Por isso as chamadas "pessoas decaídas", os pecadores sombrios, muitas vezes se mostram espiritualmente mais ricos e até mais belos do que os justos afamados, nos quais eu percebia, ainda na minha juventude, haver algo em comum com os bonecos de um museu de cera.

Mais ou menos duas horas depois, eu estava deitado perto de Gládkov, em camas de tábua num lúgubre abrigo noturno. Com as mãos enfiadas embaixo da cabeça, o corpo esticado como uma vara, o advogado me consolava com aforismos de uma ferocidade de lobo, sua barbicha sobressaía como a cauda de um diabo, e tremia quando ele tossia; chegava a dar pena a sua maldade impotente e, a exemplo de um ouriço, enfeitava-se com as agulhas das palavras cáusticas.

Por cima de nós, pendia o teto abaulado do porão, uma umidade ruiva e fedorenta escorria pela parede, um cheiro de terra apodrecida subia do chão, deliravam e roncavam na penumbra corpos envoltos em andrajos. A janela com grade de ferro dava para um fosso revestido com tijolos, e dentro do fosso morava um gato; na certa doente, o gato miava num tom sofrido. Sobre um leito de tábua, ao pé da janela, estava sentado à maneira turca um homenzinho monstruosamente gordo e peludo, consertava as calças à luz de um toco de vela e buzinava com voz rouca:

Voievoda *guerreira triunfante,*
Que nos livras da desgraça,
Cantamos agradecidos a Ti,
Teus escravos, Virgem Maria.

Depois de cantar, estala ruidosamente os lábios grossos – e começa a puxar desde o início o mesmo hino.

– Pímen Máslov, químico, um homem genial – explicou Gládkov. Naquela cova, rolavam diversas pessoas de gênio, entre elas o "ilustríssimo" pianista Bráguin, miúdo e ágil como um jovem, apesar do seu denso gorro de cabelos ondulados em mechas grisalhas, e apesar das bolsas azuis debaixo dos olhos. Espantava-me a dualidade do seu rosto: a beleza triste dos olhos de mulher contradizia de forma irrefutável a curva do sorriso, tinha os lábios finos e um sorriso feroz parecia colado nele, imóvel, para sempre.

De manhã, Gládkov me disse:

– Agora vamos consagrar Cavaleiro da Ordem de Aquavita um recém-convertido. Lá está ele. Assista, é uma cerimônia notável.

Apontou-me um jovem de cabelo encaracolado, só de camisa, sem calças – havia muito que estava bêbado, a ponto de ter ficado azul, e as pupilas azuis dos seus olhos se haviam congelado, com um ar estupefato, na tela sanguinolenta da parte branca dos olhos. Estava sentado num leito de tábua, de pé, à sua frente, se achava o químico gordo, que coloria as bochechas do jovem com fúcsia e pintava as sobrancelhas e o bigode com uma rolha queimada.

– Não precisa – balbuciava o jovem de cabelo encaracolado, balançando as pernas nuas, enquanto Gládkov me dizia, torcendo os bigodes:

– É filho de um comerciante, um estudioso, está há cinco semanas bebendo conosco. Bebeu tudo o que tinha: o dinheiro, as roupas...

Surgiu uma mulher redonda e gorda, com o intercílio afundado ou partido, e uns olhos descarados; trazia um rolo de esteiras e jogou-o sobre um leito de tábua, dizendo:

– Os paramentos... pronto...

– Vestir-se! – gritou Gládkov.

Cinco vultos enormes moviam-se de modo fantasmagórico no escuro do porão, cinzentos, descabelados; o "pianista" soprava zelosamente os carvões dentro de uma caçarola. As pessoas, de quando em quando, trocavam palavras curtas em tom rabugento:

– Mexa-se...

– Calma!

– Espere aí, para que lado?

Puxaram uma cama de tábua para o meio do porão. Máslov enfiou-se numa casula de esteira, vestiu um barrete sacerdotal de papelão, enquanto Gládkov envergava os paramentos de diácono.

Quatro pessoas seguraram, pelas pernas e pelos braços, o estudante de cabelo encaracolado.

– Não precisa... por favor! – arquejou ele, quando o puseram sobre o leito de tábua.

– O coro está pronto? – gritou o advogado, sacudindo a caçarola e defumando o rapaz deitado, os carvões estalavam dentro da caçarola, onde uma vassourinha de folhas ardia em fogo lento e soltava uma fumaça azul, o homem deitado na cama de tábua franzia o rosto, tossia, de olhos fechados, retorcia as pernas que nem uma mosca, batia os calcanhares na tábua.

– Atenção! – exclamou Gládkov; vestido numa esteira, ele estava de pé, com um ar tenebroso caricatural; de um jeito especialmente brusco, virou o pescoço, levantou a cabeça e torceu a cara.

Máslov, que estava postado junto às pernas do estudante, começou a falar com voz cantada e fanhosa:

– Irmãos! Imploremos ao Diabo pela paz da alma do boiardo Iákov, recém-tombado na bebedeira e na servidão babilônica, que Satã o receba com honra e alegria, e o mergulhe na infâmia do inferno pelos séculos dos séculos!

Os cinco maltrapilhos descabelados, de pé num amontoado compacto, à direita da cama de tábua, começaram a cantar em tom lúgubre uma canção sacrílega; as vozes roucas ressoavam surdas, subterrâneas, naquela cova de pedra. O papel de maestro cabia a Bráguin, que regia lindamente com a mão direita, enquanto mantinha erguida a mão esquerda, em sinal de advertência.

Era difícil eu me espantar com a obscenidade – já a conhecia em diversas formas –, mas aquelas pessoas cantavam algo indescritivelmente sórdido, por meio de uma combinação de palavras e imagens obscenas, haviam descoberto uma autêntica fantasia do demônio, uma perversão desenfreada. Nem antes, nem depois, até hoje, nunca ouvi uma perversão mais requintada, mais desesperada. Cinco goelas despejavam sobre o homem uma torrente de imundícies venenosas – faziam-no sem entusiasmo, como se fosse uma obrigação, não se divertiam, apenas cumpriam um ofício, e estava bem claro que não era primeira vez que o cumpriam, a cerimônia de aniquilamento de um homem desenrolava-se de maneira fluente, lógica, solene, como numa igreja.

Abatido, eu ouvia os bramidos ignóbeis e cada vez mais complicados de Gládkov, a declamação cínica do "químico", o mugido surdo do coro e observava o homem a quem, ainda em vida, celebravam uma missa de corpo presente, oficiando para ele uma liturgia sacrílega.

Com as mãos sobre o peito, ele remexia os lábios, balbuciava de forma inaudível e berrava alguma coisa, piscava os olhos arregalados, sorria de um jeito idiota e de repente teve um sobressalto de pavor, tentou descer da cama, os coristas apertaram-no em silêncio contra a tábua.

Na certa a "cerimônia" me pareceria menos repulsiva se os espectros imundos a encarassem como uma diversão, uma brincadeira – se eles rissem, ainda que com um riso cínico, com o riso de desespero das "ex-pessoas", dos deformados pela vida, dos amargamente ofendidos por ela. Em vez disso, procediam a sua tarefa com a tensão lúgubre de um assassino, portavam-se como sacerdotes que sacrificassem a alma da vítima a uma imaginação desenfreada de forma doentia e vingativa.

Sem forças, emudecido, eu sentia que um peso terrível me oprimia, afundando-me num pântano sem saída, eu sentia que aquelas pessoas fantasmagóricas celebravam uma missa de corpo presente também para mim, e me sepultavam. Lembro que eu sorria de modo tolo e desnorteado e houve um momento em que eu quis pedir:

– Parem, isso não está certo, isso é horrível e não tem graça nenhuma.

Sobretudo a voz fina do "pianista" feria o ouvido e o coração; o pianista uivava com uma voz rascante, de olhos fechados, cabeça baixa, o pomo-de-adão saltado; seu uivo, que encobria as vozes roucas dos demais cantores, flutuava na penumbra enfumaçada e, de algum modo, com uma volúpia especial, punha a nu a torpeza das palavras. Uma vontade animal de uivar me torturava.

– A sepultura! – berrou Gládkov, sacudindo a caçarola-turíbulo.

O coro ribombou com toda a força:

Venha, venha,
O caixão, o caixão...

E entrou a mulher de nariz quebrado, totalmente nua, andava aos saltinhos, seu corpo flácido tremia, os peitos desciam como bolsas até a barriga, a barriga pendia como um saco gordo sobre as pernas grossas, cheias de manchas roxas, de cicatrizes e de chagas, e dos nós azuis das varizes.

Máslov recebeu-a com um gesto indecente, o diácono Gládkov repetiu o gesto, a mulher, guinchando uma obscenidade, beijou-os um após o outro; os coristas levantaram-na pelos braços, pelas pernas, e colocaram-na sobre a cama de tábua, ao lado do infeliz.

– A-ah, não precisa – gritou, esganiçado, tentando retirar a perna da cama de tábua, mas apertaram-no contra a prancha e, ao som de motivos novos, quase dançantes, mas ainda assim lúgubres, de uma cançãozinha repugnante, a mulher debruçou-se sobre ele, sacudindo os peitos cinza-encardidos, que nem bolsas, e começou a masturbá-lo.

Nisso me lembrei da Rainha Margot[1] – a mais bela visão de toda a minha vida – algo explodiu radiante em meu peito, atirei-me contra aquela escória e comecei a bater na cara deles.

... Ao anoitecer, dei por mim ao pé do aterro da estrada de ferro, em cima de um monte de dormentes, os dedos das mãos estavam quebrados, gotejavam sangue, um inchaço fechava o olho esquerdo. Do céu, sujo como a terra, caía uma chuva de outono, arranquei um tufo de capim murcho e molhado e, enquanto esfregava com ele o rosto e as mãos, pensei no que havia presenciado.

Eu era saudável, tinha uma força invulgar, conseguia fazer o sinal-da-cruz nove vezes com um peso de dois *pudes*, sem me afobar e com todo o capricho, carregava com facilidade dois sacos de farinha de cinco *pudes* – mas daquela vez me senti completamente sem fôlego, enfraquecido, como uma criança doente. Tinha vontade de chorar, ferido por uma afronta amarga. Eu procurava sofregamente comungar com aquela beleza da vida que os livros respiravam de forma tão sedutora, eu queria me admirar alegremente com algo que me desse forças. Para mim, já chegara a hora de provar as alegrias da vida, pois sentia, de modo cada vez mais freqüente, os afluxos e os impulsos da maldade – como uma onda quente e escura, a maldade levantava-se dentro do peito, cegando a razão, sua força transformava a atenção aguçada com que eu observava as pessoas em um enojado e opressivo desprezo por elas.

1 Personagem de *Ganhando meu pão* (São Paulo: Cosac Naify, 2007), o segundo volume desta trilogia. [N.T.]

Era atormentador e ultrajante – por que eu encontrava tanta gente sórdida e desprezível, tremendamente estúpida ou estranha?

Era terrível lembrar a "cerimônia" no abrigo noturno, o grito de Gládkov perfurava o meu ouvido:

– A sepultura!...

E derramava-se diante dos meus olhos o corpo repulsivo da mulher – um amontoado de infâmia luxuriosa e maligna, no qual queriam enterrar um homem vivo.

•••

Então, ao recordar a devassidão da "vida monástica" de Petróvski, senti como é inocente o furor da carne das pessoas saudáveis, em comparação com a loucura dessa podridão que mantém o aspecto exterior de um homem.

Lá, havia uma espécie de idolatria da beleza; lá, pessoas semi-selvagens rezavam devido a um excesso de energia, considerando tal excesso um pecado e uma punição – revoltavam-se talvez numa ilusória esperança de liberdade, com receio de "perder a alma" no apetite insatisfeito do corpo.

Aqui, a impotência afundava-se até um desespero sombrio, até o mais torpe e vingativo escárnio do instinto que, sem cessar e de forma triunfal, semeia os campos da vida devastados pela morte e constitui o instigador de toda a beleza que há no mundo; aqui, os porcos solapavam as próprias raízes da vida, envenenando com o pus de uma imaginação doente suas fontes misteriosamente belas.

Mas, afinal, o que seria aquela vida elevada, de onde as pessoas despencavam de modo tão horrível e baixo?

1922

SOBRE O PRIMEIRO AMOR

... Então, o destino – a fim de me educar – obrigou-me a enfrentar as turbulências tragicômicas do primeiro amor.

Um grupo de conhecidos combinou um passeio de bote no rio Oká, incumbiram-me de convidar para o passeio o casal K. Tinham chegado da França havia pouco, mas eu não os conhecia. Fui à casa deles ao anoitecer.

Moravam no porão de um prédio velho, na frente da casa, em toda a largura da rua, estendia-se um charco imundo que não secava durante toda a primavera e quase todo o verão; os corvos e os cachorros usavam-no como espelho, os porcos, para tomar banho.

Encontrava-me numa espécie de estado meditativo, fui cair na casa daqueles desconhecidos como uma pedra que despenca da montanha, e provoquei em seus moradores uma estranha perturbação. À minha frente, barrando a porta para o quarto contíguo, erguia-se um homem de ar sombrio, corpulento, de estatura mediana, com uma barba russa em leque e uma expressão bondosa nos olhos azuis.

Enquanto ajeitava a roupa, perguntou, com voz áspera:

– O que o senhor deseja?

E acrescentou, no tom que quem dá uma lição:

– Antes de entrar, é preciso bater na porta!

Às suas costas, na penumbra do quarto, algo se agitava e palpitava, como um grande pássaro branco, e ressoou uma voz alegre e alvoroçada:

– Ainda mais em casa de pessoas casadas...

Perguntei em tom irritado: seriam mesmo eles as pessoas a quem eu procurava? E quando o homem, que parecia um merceeiro próspero, respondeu afirmativamente, expliquei por que eu tinha vindo.

– Está dizendo que foi o Clark quem o mandou aqui? – informou-se o homem, em tom sério e pensativo, enquanto afagava a barba, e nesse instante teve um sobressalto, girou como um pião, exclamando com voz dolorida:

– Ai, Olga!

Pelo movimento convulsivo da mão, tive a impressão de que o haviam beliscado naquela parte do corpo que não é agradável mencionar – sem dúvida por estar localizada um pouco abaixo das costas.

Segurando-se na ombreira da porta, no lugar onde estava o homem, surgiu uma jovem, que me observou com um sorriso e com olhos azulados.

– Quem é o senhor? Um policial?

– Não, são só as calças – respondi, de forma cordial, e ela riu.

Não me ofendi, pois nos olhos dela brilhava exatamente aquele sorriso que eu esperava desde muito tempo. Pelo visto, o seu riso foi provocado pelas minhas roupas; eu vestia uma calça larga azul, semelhante à usada pelos policiais, e em lugar de camisa eu vestia um jaleco branco de cozinheiro; é uma coisa muito prática: cumpre de forma bastante jeitosa as funções de um paletó e, abotoado até o pescoço com um colchete, dispensa o uso de uma camisa. Botas de caça que não me pertenciam e um chapéu largo de bandoleiro italiano arrematavam magnificamente a minha indumentária.

Depois de me levar pela mão para o quarto e me empurrar para uma cadeira, ela perguntou, de pé na minha frente:

– Por que o senhor está vestido de modo tão engraçado?

– Por que é engraçado?

– Não se zangue – aconselhou, em tom amistoso.

Que moça estranha – quem poderia ficar zangado com ela?

O marido barbado, sentado na beira da cama, enrolava um cigarro. Perguntei, indicando-o com os olhos:

– É pai ou irmão?

– Marido! – respondeu ele, convicto.

– Por quê? – perguntou ela, rindo.

Depois de refletir um pouco, observando-a, falei:

– Desculpe!

Desse mesmo jeito lacônico, a conversa prolongou-se por uns cinco minutos, mas eu me sentia capaz de ficar parado na cadeira naquele porão durante cinco horas, um dia, um ano inteiro, olhando para o rostinho oval da mulher e para os seus olhos meigos. O lábio inferior na boca pequena era mais grosso do que o superior, como se estivesse inchado; os cabelos densos de cor castanha eram curtos e jaziam sobre a cabeça como um chapéu fofo, cobrindo com caracóis as orelhas cor-de-rosa e as faces coradas de menina. Tinha os braços muitos bonitos – quando estava de pé na porta, segurando-se à ombreira, vi os braços nus até os ombros. Vestia-se de forma particularmente simples – uma blusinha branca de mangas largas rendadas e uma saia branca muito bem-feita. Porém o que havia nela de mais notável eram os olhos azuis: reluziam tão alegres, tão meigos, com tamanha curiosidade amistosa. E – disso não havia dúvida! – ela sorria com aquele sorriso absolutamente indispensável para o coração de um homem de vinte anos de idade, um coração ofendido pela brutalidade da vida.

– Daqui a pouco vai cair uma chuva – informou o marido, fumigando a barba com a fumaça do seu cigarro.

Olhei de relance para a janela: no céu sem nuvens, as estrelas chamejavam. Entendi então que estava incomodando aquele homem e fui embora num estado de alegria serena, como se tivesse encontrado algo que há muito tempo eu procurava, sem revelar a mim mesmo.

Caminhei pelo campo a noite inteira, encantando-me com o brilho meigo dos olhos azulados, e ao amanhecer estava inabalavelmente convencido de que aquela pequena senhora não convinha de forma alguma como esposa para aquele homem lerdo, com olhos bondosos de gato saciado. Cheguei a ter pena dela – coitada! Viver com um homem em cuja barba escondiam-se migalhas de pão...

E no dia seguinte fomos passear pelo turvo rio Oká, junto à margem escarpada, formada por largas camadas de argila endurecida, de várias cores. O dia era o mais bonito desde a criação do mundo, o sol brilhava de forma admirável no céu claro e festivo, por cima do rio pairava o aroma dos morangueiros prestes a amadurecer, todas as pessoas lembraram-se de que eram na verdade pessoas excelentes, e isso me saturava de um amor alegre por todos. Até o marido da senhora do meu coração me parecia um homem extraordinário – sentou-se no bote onde estava a sua esposa e onde eu era o remador –, o dia inteiro ele se portou com uma sabedoria ideal – de início, contou a todos coisas tremendamente interessantes sobre o velho Gladstone, e depois bebeu um pote inteiro de um leite magnífico, deitou-se embaixo de uns arbustos e até o anoitecer dormiu o sono tranqüilo de uma criança.

Claro que o nosso bote foi o primeiro a chegar ao local do piquenique; quando segurei minha dama nos braços para retirá-la do bote, ela falou:

– Mas como o senhor é forte!

Eu me sentia em condições de derrubar qualquer campanário da cidade e informei à dama que podia carregá-la nos braços até a cidade – sete verstas.* Ela riu baixinho, olhou-me com doçura, seus olhos brilharam à minha frente durante todo o resto do dia e, é claro, persuadi-me de que brilhavam só para mim.

Tudo o mais se passou com rapidez, completamente natural para uma mulher que encontrava pela primeira vez aquele animal interessante, como nunca tinha visto, e para um jovem saudável a quem eram tão necessários os carinhos de uma mulher.

Logo me dei conta de que ela, apesar de seu aspecto de menina, era dez anos mais velha do que eu, tinha estudado no "instituto de meninas nobres" de Bielostok, foi noiva do comandante do Palácio de Inverno, viveu em Paris, estudou pintura, formou-se parteira. Além disso revelou-se que sua mãe também tinha sido parteira e cuidara de mim na hora do meu nascimento – nesse fato enxerguei uma espécie de predestinação e me alegrei tremendamente.

O convívio com boêmios e emigrantes, a ligação com um deles, depois a vida seminômade e semi-esfomeada nos porões e nos sótãos de Paris, de Petersburgo, de Viena – tudo isso fazia dessa aluna de colégio interno uma pessoa divertidamente confusa, interessante ao extremo. Ligeira, animada, como um pássaro, observava a vida e as pessoas com a aguda curiosidade de um adolescente perspicaz, cantava cançonetas francesas com entusiasmo, fumava cigarro de um jeito bonito, desenhava com arte, representava muito bem no palco, sabia costurar vestidos e fazer chapéus com habilidade. Não prestava serviços de parteira.

– Tive quatro sessões práticas, mas houve setenta e cinco por cento de mortalidade – disse ela.

Isso afastou-a para sempre da ajuda indireta na tarefa da multiplicação das pessoas – de sua participação direta nessa tarefa, dava testemunho a sua filha – uma criança meiga e bonita de uns quatro anos. Falava de si no tom em que falamos de

* É provável que não conseguisse.

uma pessoa muito conhecida, de quem já estamos bastante fartos. Porém, às vezes, ela parecia surpreender-se ao falar a seu próprio respeito, os olhos escureciam e brilhavam de um jeito bonito, neles surgia um leve sorriso de constrangimento – do jeito que sorriem as crianças envergonhadas.

Eu sentia perfeitamente a sua inteligência aguçada, tenaz, compreendia que ela era superior a mim quanto à cultura, via a sua atitude bondosa e condescendente com as pessoas; era incomparavelmente mais interessante do que todas as senhoritas e senhoras que eu conhecera; o tom negligente de suas histórias me surpreendia e eu tinha a seguinte impressão: essa pessoa, que sabe tudo o que sabem os meus conhecidos de espírito revolucionário, sabe algo além disso, algo mais precioso, no entanto ela olhava para tudo de longe, de lado, com o mesmo sorriso com que um adulto observa as brincadeiras de criança que ele já praticou, brincadeiras que lhe eram tão queridas, embora fossem às vezes perigosas.

O porão onde ela morava dividia-se em dois cômodos: o menor era a cozinha – que servia também de ante-sala – e o grande tinha três janelas para a rua e duas para um pátio imundo. Era um local adequado para uma oficina de sapateiro, mas não para uma mulher pequena e graciosa que havia morado em Paris, o lar sagrado da Grande Revolução, a cidade de Molière, de Beaumarchais, de Hugo e de outras pessoas brilhantes. Havia ainda muitas discrepâncias entre o quadro e a moldura – todas elas irritavam-me brutalmente, provocando, entre outros sentimentos, compaixão pela mulher. Porém ela mesma parecia não perceber nada do que – a meus olhos – deveria chocá-la.

Ela trabalhava da manhã até o anoitecer – pela manhã, trabalhava de cozinheira e arrumadeira, depois sentava-se a uma mesa grande, ao pé das janelas, e o dia inteiro desenhava a lápis retratos dos moradores – a partir de fotografias –, traçava mapas, coloria gráficos, ajudava o marido a reunir uma coleção de estatísticas sobre os *ziémstvos*.[1] Da janela aberta sobre a sua cabeça e acima da mesa, tombava a poeira da rua, as sombras grossas das pernas dos pedestres deslizavam sobre as folhas de papel. Enquanto trabalhava, cantava, e, quando se cansava de ficar sentada, saía valsando com uma cadeira ou brincava com a menina e, apesar da abundância de trabalhos sujos, estava sempre asseada como uma gata.

Seu marido era benevolente e preguiçoso. Gostava de ler – deitado na cama – romances traduzidos, sobretudo de Dumas Pai.

– Isso refresca as células do cérebro – dizia. Gostava de encarar a vida "do ponto de vista rigorosamente científico". Chamava o almoço de ingestão de alimentos e, depois de almoçar, dizia:

– O transporte da polpa alimentar do estômago para as células do organismo requer um repouso absoluto.

E, esquecendo-se de limpar da barba as migalhas de pão, deitava-se na cama, lia profundamente durante alguns minutos um livro de Dumas ou de Xavier de Montépin e depois assoviava liricamente pelo nariz durante umas duas horas, seus bigodes claros e macios mexiam-se de leve, como se por eles rastejasse algo invisível. Depois de dormir, ficava olhando demoradamente e com ar pensativo as rachaduras do teto, e de súbito lembrava:

– Ontem o Kuzmá interpretou de forma incorreta o pensamento de Parnell.

E precipitava-se para desmascarar Kuzmá, dizendo para a mulher:

– Por favor, termine para mim a estatística dos sem-cavalo na comarca de Maidansk. Volto logo!

Voltava em torno da meia-noite, e às vezes ainda mais tarde, muito satisfeito.

1 Conselhos rurais criados em 1864, com membros eleitos apenas entre os senhores de terra. [N.T.]

– Puxa, sabe, hoje dei uma lição no Kuzmá! O tratante tem uma memória muito ágil para citações, mas nisso também eu não fico atrás dele. Aliás, o Kuzmá não entende nada da política oriental de Gladstone, é um espanto!

Falava constantemente de Binet, Richet e da higiene do cérebro, e quando o tempo estava ruim, ficava em casa e cuidava da educação da filha de sua esposa.

– Lélia, quando você come, tem de mastigar com cuidado, facilita a digestão, ajuda o estômago a transformar mais rapidamente a polpa alimentar num conglomerado assimilável de substâncias químicas.

Depois do jantar, pondo-se num "estado de repouso absoluto", deitava a criança na cama e lhe contava:

– Então, quando o sanguinário e ambicioso Bonaparte usurpou o poder...

Sua esposa ria convulsivamente, até as lágrimas, ao ouvir essas aulas, mas ele não se zangava com ela, não tinha tempo para isso, pois logo pegava no sono. A menina, depois de brincar um pouco na barba sedosa do padrasto, também adormecia, encolhida feito uma bola. Fiquei muito amigo dela, que ouvia minhas histórias com mais interesse do que as aulas de Boleslàv sobre o usurpador sanguinário e sobre o amor infeliz que Josephine Beauharnais tinha por Napoleão – isso provocou em Boleslàv um divertido sentimento de ciúme:

– Eu protesto, Piechkóv! Em primeiro lugar, é necessário incutir na criança os princípios fundamentais da sua atitude frente à realidade, e só depois dar a conhecer a realidade. Se o senhor soubesse a língua inglesa e pudesse ler *A higiene da alma da criança...*

Parece que do inglês ele só sabia duas palavras: *good bye*.

Era duas vezes mais velho do que eu, mas tinha a curiosidade de um jovem *poodle*, gostava de contar mexericos e de mostrar-se um homem a par dos segredos dos círculos revolucionários, não só da Rússia como também do exterior. De resto, é possível que ele fosse de fato bem informado – não raro, vinham visitá-lo umas pessoas misteriosas, todas se portavam como atores trágicos que por acaso tivessem sido escalados para representar papéis de simplórios. Vi em sua casa Sabunáiev, que vivia na clandestinidade, usava uma peruca ruiva colocada de mau jeito e vestia uma roupa colorida, ridiculamente apertada e curta para ele.

Mas certa vez, ao chegar à casa de Boleslàv, vi ali um homem agitado, de cabeça pequena, muito parecido com um cabeleireiro – vestia uma calça xadrez, um casaco acinzentado e botinas que rangiam. Após me despachar para a cozinha, Boleslàv explicou num sussurro:

– Esse homem veio de Paris, com uma missão importante, precisa de qualquer jeito encontrar-se com Korolenko, portanto o senhor vá e trate de resolver isso...

Eu fui, mas aconteceu que já haviam apontado o recém-chegado na rua para Korolenko e o escritor declarara com sagacidade:

– Não, por favor, não me apresentem a esse metido a besta!

Boleslàv ficou ofendido pelo parisiense e, em nome da "causa da revolução", redigiu durante dois dias uma carta a Korolenko, experimentou todos os estilos, desde o raivoso e severo até o repreensivo-afetuoso, e depois queimou na boca da estufa as suas amostras de literatura epistolar. Pouco depois começaram as prisões em Moscou, em Níjni, em Vladímir, e parece que o homem de calça xadrez vinha a ser o posteriormente célebre Landezen-Harting, o primeiro agente provocador que conheci.

Apesar de tudo isso, o marido da minha bem-amada era um bom sujeito, um tanto sentimental e sobrecarregado de "bagagem científica". Assim, também dizia:

– O sentido da vida do intelectual é o acúmulo incessante de bagagem científica com o fim de compartilhar desinteressadamente essa bagagem com as camadas da massa popular.

•••

O meu amor, tornando-se mais profundo, transformou-se em sofrimento. Eu ficava no porão olhando como a senhora do meu coração trabalhava debruçada sobre a mesa e me inebriava de modo sombrio com o desejo de tomá-la nos braços e levá-la não sabia para onde, levá-la embora daquele maldito porão, atravancado com a larga cama de casal, com o sofá velho e pesado onde dormia a menina, com as mesas onde ficavam pilhas de livros e papéis empoeirados. Pelas janelas, passavam pernas, às vezes o focinho de um cachorro sem dono vinha espiar na brecha de uma janela; era abafado, um cheiro de lama aquecida pelo sol se derramava da rua – a pequena figura de menina cantava baixinho, o lápis ou a pena rangiam, os meigos olhos azuis sorriam para mim com carinho. Eu amava aquela mulher até o delírio, até a loucura, e a desejava até a angústia raivosa.

– Fale mais sobre você – pedia ela.

Eu falava durante alguns minutos e ela dizia:

– Não está falando sobre você.

Eu mesmo percebia que nada que eu falava era sobre mim, mas sobre algum assunto no qual eu me embrenhara às cegas. Eu precisava me encontrar na colorida barafunda de impressões e incidentes que tinha vivido, mas não sabia como, e temia fazê-lo. Quem e o que era eu? Essa pergunta me deixava muito embaraçado. Eu tinha raiva da vida – ela já me convencera da tolice humilhante de uma tentativa de suicídio. Eu não entendia as pessoas, sua vida parecia-me injustificável, estúpida, sórdida. Em mim, fermentava a curiosidade apurada de um homem para quem, por algum motivo, era preciso espiar em todos os cantos escuros da existência, no fundo de todos os segredos da vida, e às vezes eu me sentia capaz de cometer um crime por curiosidade – estava pronto a matar, só para saber o que aconteceria comigo depois.

Parecia-me que, se eu afinal me encontrasse, surgiria na frente da mulher do meu coração um homem repugnante, enrolado numa sólida e espessa rede formada por sentimentos e pensamentos estranhos, um homem de delírio, de pesadelo, que lhe causaria medo e repulsa. Eu precisava fazer alguma coisa comigo. Estava convencido de que exatamente aquela mulher era capaz e me ajudar não só a sentir o meu eu verdadeiro, como poderia fazer algum feitiço que me libertaria do cativeiro das impressões sombrias da existência, algo que eu arrancaria para sempre da alma, e ela se inflamaria na chama de uma grande força, de uma grande alegria.

O tom displicente em que ela falava de si e a sua atitude indulgente com as pessoas incutiram em mim a convicção de que ela sabia algo de extraordinário. Tinha consigo a chave para todos os mistérios da vida, por isso era sempre alegre, sempre segura de si. Talvez eu a amasse sobretudo porque não a compreendia, mas eu a amava com toda a força e a paixão da juventude. Para mim, era uma dificuldade torturante conter essa paixão – ela já me consumia e me debilitava fisicamente. Para mim seria melhor ser mais simples, mais rude, no entanto eu acreditava que as relações com uma mulher não se restringiam àquele ato de união fisiológica que eu conhecia em sua forma grosseira e miserável, simples e animal – esse ato incutira em mim quase que uma repulsa, apesar de eu ser um jovem forte e bastante lascivo, e dotado de uma imaginação facilmente excitável.

Não entendo como esse sonho romântico pôde formar-se e viver dentro de mim, contudo eu estava inabalavelmente convencido de que, por trás daquilo que eu sabia, existia algo desconhecido, onde se ocultava o sentido elevado e misterioso das relações com a mulher, algo grande, alegre e até terrível se ocultava atrás do primeiro abraço – após provar essa alegria, o homem se transformaria completamente.

Parece-me que não assimilei tais fantasias dos romances que li, mas sim as criei e as desenvolvi a partir de um sentimento de contradição da realidade, pois:

"Eu vim ao mundo para não concordar".

Além disso, havia em mim uma recordação estranha, confusa:

Em algum lugar além das fronteiras da realidade e em algum momento no início da infância, experimentei uma espécie de violenta explosão do espírito, o doce tremor de uma sensação – ou melhor, de um pressentimento de harmonia –, provei uma alegria mais radiosa do que o sol da manhã, quando desponta. Talvez isso tenha acontecido ainda naqueles dias em que eu vivia na barriga da minha mãe e essa explosão feliz da sua energia nervosa se transmitiu a mim como um estímulo ardente que criou minha alma e pela primeira vez acendeu-a para a vida, talvez esse formidável momento de felicidade da minha mãe tenha se refletido em mim para toda a vida como uma expectativa fremente de que algo extraordinário me viria de uma mulher.

Quando não se sabe, se imagina, e a coisa mais sensata que o homem inventou foi a capacidade de amar a mulher, adorar a sua beleza – do amor à mulher nasce tudo o que existe de belo na terra.

•••

Certo dia, enquanto me banhava, pulei da popa de uma barca para dentro da água, meu peito bateu no cabrestante, o pé enganchou numa corda, fiquei pendurado dentro da água de cabeça para baixo e comecei a sufocar. Um carroceiro me puxou, reanimaram-me, depois de me esfolarem a pele toda, pus sangue pela boca e tive de ficar de cama, engolindo gelo.

A minha dama veio me visitar, sentou-se no catre e, enquanto perguntava como tudo aquilo havia acontecido comigo, pôs-se a acariciar minha cabeça com a mão leve e gentil, e seus olhos ensombrecidos fitavam aflitos.

Perguntei: será que ela via que eu a amava?

– Sim – respondeu, sorrindo com cautela. – Vejo, e isso é muito ruim, apesar de eu também ter me apaixonado pelo senhor.

Claro, depois das suas palavras, a terra inteira estremeceu e as árvores no jardim puseram-se a dançar e brincar de roda. Emudeci de surpresa, de espanto e de júbilo, afundei a cabeça nos seus joelhos e, se eu não a tivesse abraçado com força, sem dúvida teria voado pela janela, feito uma bolha de sabão.

– Não se mexa, isso faz mal ao senhor – alertou com severidade, tentando colocar minha cabeça no travesseiro. – E não fique agitado, senão vou embora. O senhor é mesmo um cavalheiro muito louco, eu nem imaginava que existiam pessoas assim. Sobre os nossos sentimentos e as nossas relações, conversaremos quando o senhor sair da cama.

Falou tudo isso com muita calma e, com uma ternura indescritível, sorriu através dos olhos ensombrecidos. Logo depois saiu, deixando-me na chama radiante da esperança, na certeza feliz de que agora, com a sua boa ajuda, eu me alçaria com entusiasmo até uma esfera de sentimentos e de pensamentos diferentes.

Alguns dias depois, eu estava sentado no campo, na beira de um barranco – lá embaixo, nos arbustos, o vento murmurava. O céu cinzento tinha uma ameaça de chuva – com palavras cinzentas, em tom de quem trata de negócios, a mulher falou sobre a diferença entre as nossas idades, disse que eu precisava estudar e que, para mim, era prematuro unir-se a uma mulher com uma filha. Tudo aquilo era opressivamente correto, dito num tom maternal, e incitava ainda mais o amor, o respeito pela mulher querida. Era triste e doce ouvir sua voz, suas palavras ternas – era a primeira vez que alguém me falava desse modo.

Eu olhava para a goela do barranco, onde os arbustos, sacudidos pelo vento, corriam como um rio verde, e jurei para mim mesmo retribuir com todas as forças da minha alma o carinho que recebia daquela pessoa.

– Antes de tomar qualquer decisão, temos de pensar bem – eu escutava a voz baixa. Ela fustigava o seu joelho com um raminho arrancado de uma aveleira, enquanto olhava de esguelha para a cidade, escondida entre colinas verdes. – E, é claro, tenho de conversar com Boleslàv, ele já pressente alguma coisa e anda muito nervoso. Eu não gosto de dramas.

Tudo era muito triste e muito bom – mas tinha de acontecer alguma coisa trivial e ridícula.

Minhas calças largas estavam folgadas na cintura e eu a prendia com um grande alfinete de cobre, de três polegadas de comprimento – agora não existem mais esses alfinetes, que faziam a felicidade dos namorados indigentes. Toda hora a pontinha afiada do maldito alfinete arranhava de leve a minha pele – fiz um movimento descuidado e o alfinete cravou-se inteiro no meu quadril. Consegui retirá-lo sem ser visto e senti com pavor que, da ferida profunda, escorria um sangue abundante, encharcando a calça. Eu não tinha roupa de baixo e o jaleco de cozinheiro era curtinho, só chegava à cintura. Como eu poderia levantar e andar com as calças molhadas, coladas ao corpo?

Ciente do ridículo da situação, profundamente revoltado com o seu aspecto vexaminoso, eu desandei a falar numa excitação desenfreada, com a voz artificial de um ator que esqueceu o seu papel.

Depois de escutar minhas palavras durante alguns minutos, a princípio com atenção, depois com evidente perplexidade, ela disse:

– Que palavras pomposas! De repente o senhor parece uma outra pessoa.

Isso deixou-me definitivamente surpreso e calei-me, como que atônito.

– Está na hora de ir embora, está armando uma chuva.

– Vou ficar aqui.

– Por quê?

O que eu podia responder?

– O senhor ficou zangado comigo? – perguntou, fitando-me no rosto com carinho.

– Ah, não! Foi comigo mesmo.

– Mas não tem por que zangar-se consigo mesmo – aconselhou, depois de ficar de pé.

E eu, sem poder me levantar, sentado numa poça morna, tinha a impressão de que o meu sangue escorria do quadril, murmurejava como um riacho – e a qualquer momento a mulher ia ouvir o barulho e perguntar:

– O que é isso?

– Vai logo! – supliquei mentalmente para ela.

Com gentileza, brindou-me com mais algumas palavras de carinho e se foi, ao longo do barranco, pela beirada, balançando com graça as perninhas bem feitas. Segui com os olhos como a sua figura flexível foi diminuindo enquanto se afastava e depois deitei sobre a terra, abatido pelo golpe da certeza de que o meu primeiro amor seria infeliz.

E assim foi, é claro: seu marido derramou uma larga torrente de lágrimas, de baba sentimental, de palavras queixosas, e ela não se decidia a atravessar a nado aquela torrente pegajosa e vir para a minha margem.

– Ele é tão desamparado. E o senhor é forte! – dizia ela com lágrimas nos olhos. – Ele diz: Se você for embora e me deixar, vou morrer como uma flor sem sol.

Desatei a rir, ao lembrar as pernas curtinhas, o quadril de mulher, a barriga redonda como uma melancia daquela flor. Na sua barba, moravam moscas – ali sempre havia alimento para elas.

A mulher, sorrindo, comentou:

– Sim, é ridículo quando a gente fala, mesmo assim ele sofre muito.

– Eu também.

– Ah, o senhor é jovem, o senhor é forte...

Parece que então, pela primeira vez, eu me senti um inimigo das pessoas fracas. Mais tarde, em situações mais sérias, aconteceu-me muitas vezes de verificar como os fortes se tornam tragicamente desamparados no ambiente dos fracos, como se desperdiçam as mais preciosas energias do coração e da razão a fim de amparar a existência estéril dos que estão destinados à extinção.

Pouco mais tarde, meio doente, num estado próximo à loucura, saí da cidade e durante quase dois anos perambulei pelas estradas da Rússia, como um cardo solto da terra. Passei pela região do Volga, do rio Don, pela Ucrânia, pela Criméia, pelo Cáucaso, suportei impressões e aventuras de uma variedade incalculável, endureci, fiquei com mais raiva ainda, e no entanto conservei imperecível na alma a imagem preciosa daquela mulher, embora visse outras melhores e mais inteligentes.

E quando, mais de dois anos depois, no outono, em Tíflis, me disseram que ela havia chegado de Paris e ficou muito alegre ao saber que eu morava na mesma cidade, eu, um jovem vigoroso de vinte e três anos, pela primeira vez na vida, caí desmaiado.

Não me resolvi a ir visitá-la, mas logo ela mesma, por intermédio de conhecidos, convidou-me.

Pareceu-me ainda mais bonita e mais meiga. A mesma figura de menina, o mesmo rosto ruborizado e terno, e os mesmos olhos radiantes, carinhosos, de um azul vivo. O marido ficara na França, apenas a filha estava com ela, vivaz e graciosa como um cabrito.

Quando cheguei à sua casa, uma tempestade desabou sobre a cidade, com trovões e raios, a chuvarada começou a zunir pela rua, um rio caudaloso rolou com ímpeto da montanha de São Davi, arrancando as pedras da rua. O uivo do vento, o barulho irritado da chuva e um estrondo de desmoronamento abalaram a casa, os vidros retiniram nas janelas, o cômodo se encheu com uma chama azulada e pareceu que tudo em volta se precipitava num abismo molhado e sem fundo.

A menina assustada enfiou-se na cama, enquanto nós continuamos na janela, cegos com as explosões do céu e falávamos – por algum motivo – em voz baixa.

– É a primeira vez que vejo uma tempestade assim – farfalharam ao meu lado as palavras da mulher amada.

E de repente ela perguntou:

– E então? O senhor já se curou do amor por mim?

– Não.

Surpreendeu-se visivelmente e falou no mesmo tom de sussurro:

– Meu Deus! Como o senhor está mudado! É uma outra pessoa, completamente.

Devagar, deixou-se cair no sofá junto à janela, estremeceu, semicerrou os olhos, cega pelo horripilante clarão de um raio, e sussurrou:

– Falam muito a respeito do senhor por aqui. Por que veio para cá? Conte-me como tem vivido.

Puxa, como toda ela era pequena e bonita!

Até meia-noite, falei como quem se confessa. Os assustadores fenômenos da natureza sempre produzem em mim um estímulo benigno – disso me persuadiam a sua atenção e a expressão concentrada dos seus olhos muito abertos. De quando em quando, ela apenas sussurrava:

– Isso é horrível!

Ao sair, notei que se despediu de mim sem aquele sorriso provocador, de pessoa mais velha, que antes sempre me magoava um pouco. Caminhei pelas ruas encharcadas, olhando como a pontuda foice da lua cortava as nuvens em farrapos e a minha cabeça rodava de alegria. No dia seguinte, mandei uns versos para ela pelo correio – mais tarde, declamou os versos muitas vezes e ficaram gravados na minha memória:

Senhora!
Por um carinho, por um olhar de ternura
Submete-se à escravidão um hábil ilusionista,
Que conhece a fundo

A arte divertida
De criar pequenas alegrias
A partir de bobagens, de ninharias!
Aceite o alegre escravo!
Talvez de pequenas alegrias
Ele crie uma grande felicidade –
Pois alguém não criou um mundo inteiro
Com o pó insignificante matéria?
Ah, sim! O mundo não foi criado alegre:
Suas alegrias são avaras e miseráveis!
Mas há nele muita coisa divertida,
Por exemplo: o seu humilde servidor,
E também há nele alguma beleza –
É da senhora que falo!
Da senhora!
Mas, silêncio!
O que significam os pregos rombudos das palavras
Em comparação com o coração da senhora –
A melhor de todas as flores
De uma terra indigente de flores?

Claro, isso mal chega a ser um poema, mas foi feito com uma alegria sincera.

Lá estava eu de novo sentado diante daquela que me parecia a melhor pessoa do mundo e, por isso, tão necessária para mim. Usava um vestido azul que não escondia o contorno elegante do seu talhe, a envolvia como uma nuvem cheirosa e suave. Enquanto brincava com as borlas do cinto, dizia-me palavras incomuns – eu observava os movimentos dos seus dedos pequenos, com nós rosados, e sentia-me como um violino que um músico habilidoso afina com amor. Tinha vontade de morrer, de inalar aquela mulher para dentro da minha alma de algum jeito, para que ficasse lá para sempre. O meu corpo cantava numa tensão aflitiva, forte a ponto de doer, e parecia-me que o coração ia rebentar a qualquer momento.

Li para ela o meu primeiro conto, que acabara de ser publicado – mas não lembro o que ela achou – creio que ficou admirada:

– Ora, então o senhor agora passou a escrever em prosa!

Como num sonho que vem de algum lugar distante, eu ouvi:

– Pensei muito no senhor durante esses anos. Será possível que por minha causa tenha experimentado tanto desgosto?

Respondi que num mundo onde ela vivia, não existia desgosto nem horror.

– Como é gentil...

Eu tinha uma vontade louca de abraçá-la, mas os meus braços eram estupidamente compridos, desajeitados e pesados, eu não ousava tocar seu corpo, tinha medo de machucá-la, fiquei de pé na sua frente e, cambaleando sob as pancadas violentas do coração, murmurei:

– Venha morar comigo! Por favor, venha morar comigo!

Ela riu baixinho e com ar acanhado. Seus olhos gentis rebrilharam de modo ofuscante. Afastou-se para o canto da sala e, de lá, me disse:

– Vamos fazer o seguinte: o senhor vai para Níjni e eu fico aqui, vou pensar e vou escrever para o senhor...

Cumprimentei-a com uma reverência respeitosa, como fez o herói de algum romance que li, e fui embora. Flutuando.

•••

No inverno, ela e a filha vieram para a minha casa em Níjni.

"Para quem casa com pobre, até a noite de núpcias é curta", diz com ironia e tristeza a sabedoria popular. Comprovei por experiência própria a profunda verdade desse ditado.

Por dois rublos mensais, alugamos um pavilhão – uma velha casa de banho situada no jardim de um pope. Eu me instalei no vestiário enquanto a minha esposa alojou-se na sala de banho propriamente dita, que servia também de sala de visita. O pavilhãozinho era totalmente impróprio para a vida em família – gelava nos cantos e nas fendas. À noite, enquanto trabalhava, em me enrolava em todas as roupas que possuía, e ainda punha um tapete por cima, e mesmo assim peguei um reumatismo grave. Isso foi uma coisa quase sobrenatural, levando em conta a saúde e a resistência que eu tinha na época, e das quais me orgulhava.

Dentro da sala de banho era mais quente, mas quando eu acendia a estufa toda a nossa habitação se enchia de um cheiro sufocante de podridão, de sabão, de vassouras vagabundas. A menina, uma graciosa bonequinha de porcelana e de olhos maravilhosos, ficava nervosa, tinha dor de cabeça.

Na primavera, uma multidão de aranhas e lacraias começou a invadir a casa de banho – mãe e filha tinham tanto medo que chegavam a sofrer calafrios e eu passava horas matando os insetos com uma galocha de borracha. As janelas pequenas eram densamente cobertas por arbustos de sabugueiro e de framboeseira silvestre, o quarto estava sempre na penumbra, mas o pope bêbado e caprichoso não permitia que eu arrancasse e nem mesmo podasse os arbustos.

É claro, seria possível encontrar uma habitação mais confortável, porém estávamos devendo ao pope e eu gostava muito dele – o pope não nos deixava ir embora.

– Vocês se habituam! – dizia ele. – Ou então paguem a dividazinha e depois podem ir até para os ingleses.

Ele não gostava de ingleses e garantia:

– É uma nação preguiçosa, não inventou nada a não ser o jogo de paciência e não sabe guerrear.

Era um homenzarrão enorme, de cara redonda e vermelha, com uma barba ruiva e larga, embriagava-se a tal ponto que já não podia rezar missas na igreja e sofria até as lágrimas de amor por uma pequena costureira preta e de nariz pontudo, parecida com uma gralha.

Enquanto me contava as perfídias dela, o pope enxugava com a palma da mão as lágrimas presas na barba e dizia:

– Eu entendo, é uma patife, mas me faz lembrar a santa mártir Femiam, e por isso eu a amo!

Examinei atentamente o calendário eclesiástico – não existia nenhuma santa com esse nome.

Revoltado com a minha incredulidade, ele sacudia a minha alma com argumentos como este em favor da fé:

– O senhor, meu filho, considere a questão de maneira prática: os descrentes são dezenas, já os crentes são milhões. E por quê? Porque assim como o peixe não pode viver sem água, da mesma forma a alma não vive fora da igreja. Está demonstrado? Portanto vamos beber!

– Eu não bebo, estou com reumatismo.

Após espetar o garfo num pedaço de arenque, ele o erguia ameaçadoramente e dizia:

– Também isso lhe vem da incredulidade.

Era um tormento para mim e eu tinha insônia de tanta vergonha diante da minha mulher por causa daquela casa de banho, por causa da freqüente impossibilidade de comprar carne para o almoço ou um brinquedo para a menina, por toda aquela maldita e irônica miséria. A miséria era um vício que a mim pessoalmente não incomodava e não atormentava, mas para a pequena e elegante ex-aluna de colégio interno, e sobretudo para a sua filha, aquela vida era humilhante, mortal.

De noite, sentado à mesa no meu canto, enquanto copiava petições, apelações e recursos, e redigia contos, eu rangia os dentes e maldizia a mim mesmo, as pessoas, o destino, o amor.

A mulher se portava de modo generoso, uma perfeita mãe, quando não queria que a filha visse como a situação era difícil para ela. De seus lábios, não escapava nem uma queixa sobre aquela vida infame; quanto mais duras se tornavam as condições de vida, mais animada soava a sua voz, mais alegre o seu riso. Desde a manhã até o anoitecer, ela desenhava retratos dos popes, de suas esposas defuntas, traçava mapas de comarcas – por causa daqueles mapas, o *ziémstvo* ganhou uma medalha de ouro numa exposição. E quando se esgotavam as encomendas de retratos, fazia, com retalhos de materiais diversos – de palha e de arame –, chapéus da última moda parisiense, para as moças e as senhoras da nossa rua. Eu nada entendia de chapéus de mulheres, mas era evidente que neles se ocultava algo humorístico e cômico – a estilista, ao provar diante do espelho o fantástico adorno de cabeça feito por ela mesma, sufocava com um riso convulsivo. Mas eu percebia que aqueles chapéus exerciam uma influência estranha nas freguesas – após embelezar a cabeça com os coloridos ninhos de galinha, elas caminhavam pelas ruas empinando a barriga com uma espécie de orgulho diferente.

Eu trabalhava no escritório de um advogado e redigia contos para jornais locais ao preço de dois copeques a linha. De noite, durante o chá, se não tivéssemos visitas, minha esposa contava de maneira curiosa como o tsar Alexandre II visitava o internato para moças de Bielostok, distribuía bombons para as mocinhas nobres e, por causa dos bombons, algumas engravidavam miraculosamente e não raro uma ou outra mocinha bonita sumia, ao sair para caçar com o tsar na floresta de Bielovejsk, e depois de um tempo se casava em Petersburgo.

Minha esposa me falava de Paris de um modo fascinante; eu já a conhecia pelos livros, em especial pela obra considerável de Maxime Du Camp, ela aprendera sobre Paris nos cabarés de Montmartre e na vida buliçosa do Quartier Latin. Aquelas histórias me excitavam mais do que o vinho e eu escrevia uns hinos à mulher, sentindo que justamente por meio da força do amor pela mulher criava-se toda a beleza da vida.

O que mais me agradava e me entusiasmava eram os relatos dos romances que ela mesma vivera – narrava de um modo admiravelmente interessante, com uma franqueza que – às vezes – me perturbava bastante. Entre risadinhas, com palavras ligeiras, como riscos de um lápis de ponta bem afiada, ela desenhava a figura cômica do general Rebinder, o seu noivo, que depois de atingir um bisão com um tiro diante do tsar, gritou para o animal ferido:

– Perdoe, Vossa Alteza Imperial!

Ela falava dos emigrantes russos e em suas palavras eu sempre percebia um oculto sorriso de condescendência pelas pessoas. Às vezes, sua franqueza descia até um cinismo ingênuo, sua língua de gata, pontuda e cor-de-rosa, lambia os lábios com deleite e os olhos brilhavam de um modo peculiar. Em certos momentos, me parecia que neles cintilava uma luzinha de repulsa, porém na maioria das vezes eu via nela uma menina que brinca com bonecas, esquecida de si mesma.

Um dia, falou:

– O russo apaixonado é sempre um pouco grandiloqüente e pesado, e não raro de uma eloqüência repugnante. Só os franceses sabem amar de modo bonito; para eles o amor é quase uma religião.

Depois disso, sem querer, passei a tratá-la com mais comedimento e parcimônia.

Sobre as mulheres francesas, dizia:

– Nem sempre se encontra nelas a ternura apaixonada do coração, mas a substituem esplendidamente por uma sensualidade alegre, finamente elaborada. O amor para elas é uma arte.

Dizia tudo isso num tom muito sério, estudado. Não se tratava em absoluto dos conhecimentos de que eu precisava, mas mesmo assim eram conhecimentos e eu a escutava com avidez.

– Entre as russas e as francesas, há provavelmente a mesma diferença que existe entre as frutas e os bombons de fruta – falou certa vez numa noite de luar, sentada no caramanchão do jardim.

Ela mesma era um bombom. Ficou muito admirada quando, no início de nossa vida conjugal, eu – é claro, em tom entusiástico – expus minha visão romântica a respeito da relação entre o homem e a mulher.

– O senhor fala a sério? Pensa assim mesmo? – perguntou deitada nos meus braços, sob a luz azulada da lua.

Seu corpo rosado parecia transparente, vinha dele um embriagador e amargoso cheiro de amêndoas. Seus dedinhos fininhos brincavam distraídos com a minha cabeleira, fitava o meu rosto com os olhos ansiosamente arregalados e sorria com incredulidade.

– Ah, meu Deus! – exclamou ela, levantou-se de um salto e começou a caminhar pensativa no interior do quarto, da luz para a sombra, o cetim da pele reluzia nos raios da lua, enquanto os pés descalços roçavam o chão sem fazer barulho. E aproximou-se de mim outra vez, afagou minhas faces com as palmas das mãos e falou em tom de mãe:

– O senhor devia ter começado a vida com uma mocinha, sim, sim! E não comigo...

Quando a tomei nos braços, começou a chorar, enquanto falava baixinho:

– O senhor sente como eu o amo, não é? Nunca me aconteceu de experimentar tanta alegria como a que sinto com o senhor... É verdade, acredite! Nunca amei com tanta ternura e carinho, com o coração tão leve. Sinto-me assombrosamente bem com o senhor, mas mesmo assim eu digo para mim mesma: estamos enganados, eu não sou aquilo de que ele precisa, não sou! Eu é que me enganei!

Sem a compreender, fiquei assustado com suas palavras e me apressei em apagar a sua aflição com a alegria dos carinhos. Mesmo assim aquelas palavras estranhas ficaram na minha memória. Alguns dias depois, em lágrimas de enlevo, ela repetiu com tristeza estas palavras:

– Ah, se eu ainda fosse mocinha!

Lembro que nessa noite, no jardim, desabou uma nevasca, os ramos dos sabugueiros batiam nos vidros das janelas, o vento uivava como um lobo na chaminé, nosso quarto estava escuro, frio e o papel de parede descolado farfalhava.

***

Quando ganhávamos alguns rublos, convidávamos uns conhecidos e organizávamos jantares magníficos – comíamos carne, bebíamos vodca e cerveja, comíamos doces e nos deliciávamos à vontade. A minha parisiense, que tinha um apetite formidável, gostava da culinária russa: *sítchug* – bucho de vaca, recheado com mingau de trigo sarraceno e banha de ganso –, pastéis com gordura de peixe, sopa de batata com carneiro.

Ela criou a ordem das "barriguinhas gulosas" – dez pessoas que gostavam de comer com fartura e de beber bem, tinham conhecimentos refinadamente estéticos sobre o assunto e falavam de maneira eloqüente e incansável sobre os deliciosos mistérios da culinária, enquanto eu me interessava por mistérios de outro caráter, comia pouco e o processo de saciar a fome não me entusiasmava, permanecia algo estranho às minhas aspirações estéticas.

– São pessoas vazias! – eu dizia a respeito das "barriguinhas gulosas".

– Como qualquer um, quando se examina de perto – retrucava ela. – Heine disse: "Todos estamos nus debaixo das roupas."

Ela conhecia muitas citações de teor cético. Mas parecia-me que nem sempre as empregava de maneira pertinente e oportuna.

Gostava muito de "sacudir" os seus próximos do sexo masculino e fazia isso com total facilidade. Incansavelmente alegre, espirituosa, flexível como uma cobra, ela inflamava rapidamente à sua volta uma animação ruidosa, despertava emoções de um tipo não muito elevado.

Bastava um homem conversar com ela alguns minutos que as orelhas dele ficavam vermelhas, depois se tornavam lilases, os olhos umedeciam-se de modo sombrio e a fitavam com a expressão de um bode na frente de uma couve.

– Mulher magnética! – deslumbrava-se um certo notário substituto, um fidalgo fracassado, com verrugas iguais às de Dmítri Impostor[1] e uma barriga do volume de uma cúpula de igreja.

Um louro, aluno do liceu de Iaroslav, escrevia versos para ela – sempre dátilos. Pareciam-me abomináveis, ela ria dos versos até chorar.

– Para que você os excita? – eu perguntava.

– É tão interessante, é como pescar percas com anzol. Chama-se coquetismo. Não existe nenhuma mulher que se respeite que não goste de se fazer de coquete.

Às vezes perguntava, sorrindo, fitando-me nos olhos:

– Está com ciúmes?

Não, eu não tinha ciúmes, porém tudo aquilo atrapalhava um pouco a minha vida. Eu não gostava de gente vulgar. Era um homem alegre e sabia que o riso é uma das qualidades mais belas. Considerava os palhaços do circo, os comediantes de rua, os cômicos do teatro pessoas sem talento, sentia sinceramente que eu poderia fazer rir melhor do que eles. E não raro conseguia obrigar as nossas visitas a rir até sentirem dor nos quartos.

– Meu Deus – exclamava ela –, que comediante incrível você poderia ser! Vá para o teatro, vá!

Ela mesma representava com êxito em espetáculos amadores, empresários sérios convidavam-na para trabalhar.

– Gosto do palco, mas tenho medo dos bastidores – respondia.

Era franca nos desejos, nos pensamentos e nas palavras.

1 Refere-se a um homem que se fez passar por herdeiro do trono e, vindo da Polônia, invadiu a Rússia em 1604. [N.T.]

– Você filosofa demais – me ensinava. – A vida, no fundo, é simples e bruta; não é preciso complicá-la procurando algum sentido especial, é preciso apenas aprender a suavizar a sua brutalidade. Não se pode conseguir nada além disso.

Na sua filosofia, eu percebia um excesso de ginecologia e parecia-me que, para ela, o "Curso de parteira" fazia as vezes do Evangelho.

Contou-me como a perturbara um certo livro científico – o primeiro que leu depois de sair do colégio interno.

– Mocinha ingênua, senti um golpe igual a uma tijolada na cabeça; parecia que me haviam jogado das nuvens para a lama, eu chorava de pena das coisas em que eu já não podia acreditar, mas logo senti debaixo de mim um solo firme, ainda que cruel. Acima de tudo, eu tinha pena de Deus, eu o sentia tão próximo, tão bom, e de repente ele se dissipava como a fumaça de um cigarro e, junto com ele, desapareceu o sonho da beatitude celestial do amor. E todas nós, no internato, pensávamos tanto, falávamos de maneira tão bonita sobre o amor.

O seu niilismo de parisiense e ex-aluna de colégio interno me fazia mal. Por vezes, à noite, depois de me levantar da mesa de trabalho, eu ia olhar para ela – na cama, parecia ainda menor, mais elegante, mais bonita – eu olhava e com grande amargura pensava na sua alma partida, na sua vida emaranhada. A pena que tinha dela aumentava o meu amor.

Nossos gostos literários divergiam de maneira inconciliável: com entusiasmo, eu lia Balzac, Flaubert; ela preferia Paul Féval, Octave Feuillet, Paul de Kock e sobretudo *Senhorita Giraud, minha mulher* – considerava esse livro o mais espirituoso do mundo, já eu o achava enfadonho como o *Código penal*. Apesar de tudo isso, nossas relações corriam muito bem – não perdíamos o interesse um pelo outro e a paixão não se extinguia. Porém no terceiro ano de vida em comum comecei a perceber na minha alma um rangido de mau agouro, e que se fazia ouvir cada vez mais forte. Eu lia e estudava com sofreguidão, sem parar, e começava a me empolgar a sério com o trabalho literário; as visitas me incomodavam cada vez mais – pessoas pouco interessantes, elas aumentavam de número, pois eu e a minha mulher passamos a ganhar mais e podíamos organizar almoços e jantares com mais freqüência.

A vida para ela parecia uma espécie de museu de cera e como nos homens não havia uma tabuleta de advertência: "Favor não tocar" – às vezes se aproximava deles com um descuido excessivo, os homens julgavam a sua curiosidade simpática a eles em demasia e por causa disso surgiam mal-entendidos que eu era obrigado a esclarecer. Fazia-o, às vezes, sem a devida moderação e, na certa, sempre de mal jeito; um homem a quem puxei as orelhas, queixou-se de mim:

– Puxa, está bem, reconheço que sou culpado! Mas puxar as minhas orelhas... O que eu sou, afinal? Algum moleque? Tenho quase o dobro da idade desse selvagem e ele vem puxar as minhas orelhas! Puxa, antes me desse uns murros, pelo menos seria mais digno!

Obviamente eu não dominava a arte de castigar o próximo na medida do seu amor-próprio.

Minha esposa tratava os meus contos com bastante indiferença, mas isso não me incomodava nem um pouco – até uma determinada época, eu mesmo não acreditava ainda que pudesse me tornar um escritor sério e encarava o meu trabalho no jornal apenas como um meio de ganhar a vida, embora não raro já experimentasse o afluxo da onda quente de um alheamento estranho. No entanto, certo dia pela manhã, quando eu lia para a minha mulher o conto "A velha Izerguil", escrito durante a noite, ela adormeceu profundamente. No primeiro momento isso não me ofendeu, apenas parei de ler e me pus a pensar, enquanto olhava para ela.

Com a cabeça pequena, e querida para mim, apoiada nas costas do sofá, e com a boca entreaberta, ela respirava de forma regular e serena como uma criança. Através dos ramos do sabugueiro, o sol da manhã espiava pela janela, manchas douradas que pareciam flores aéreas jaziam sobre o peito e sobre os joelhos da mulher.

Levantei-me e saí de mansinho para o jardim, experimentando a dor de uma profunda ferida de ofensa, abatido pela dúvida a respeito das minhas forças.

Durante todos os dias que eu vivera, só tinha visto mulheres em trabalhos pesados, servis, na imundície, na depravação, na baixeza, ou na saciedade semimorta e vulgar, satisfeita consigo mesma. Eu tivera apenas uma bela impressão na infância – a "Rainha Margot", mas dela me separava toda uma cordilheira de outras impressões. Achei que a história da vida de Izerguil deveria agradar às mulheres, poderia despertar nelas um anseio de liberdade, de beleza. E ali estava, a mulher mais próxima de mim não se comoveu com o meu conto – dormiu.

Por quê? O sino que a vida fundira em meu peito não era sonoro o bastante?

O meu coração aceitou aquela mulher em lugar da mãe. Eu esperava e acreditava que ela fosse capaz de me nutrir com o mel embriagador que desperta as forças criadoras, esperava que a sua influência abrandasse a brutalidade inoculada em mim nos caminhos da vida.

Isso aconteceu trinta anos atrás e me recordo com um sorriso na alma. Porém, na época, o direito irrefutável de um homem dormir quando tinha sono muito me afligia.

•••

Eu acreditava que se falasse de coisas tristes com alegria, a tristeza desapareceria.

E suspeitava que alguém astuto interferia no mundo, alguém que gostava de se deliciar com os sofrimentos das pessoas; parecia-me que existia um espírito, o criador dos dramas do dia-a-dia, que estragava a vida com habilidade; considerava o dramaturgo invisível meu inimigo pessoal e me esforçava para resistir às suas manobras.

Lembro que quando li no livro *Buda, sua vida, doutrina e comunidade*, de Oldenburg, "toda a existência é sofrimento", isso me revoltou profundamente – eu não havia provado muitas alegrias na vida, mas seus suplícios amargos pareciam-me acidentes, e não uma lei. Depois de ler a obra consistente do arcebispo Khrissanf *Religiões orientais*, senti com ainda mais revolta que as doutrinas sobre o mundo que tinham por base o medo, o desânimo, o sofrimento eram totalmente inaceitáveis para mim. E tendo vivenciado de forma penosa o estado de espírito de um êxtase religioso, senti-me ultrajado pela esterilidade desse estado de espírito. A aversão pelo sofrimento gerou em mim um ódio orgânico por quaisquer dramas e aprendi com destreza a transformá-los em ridículos *vaudevilles*.

É claro, não seria preciso contar tudo isso só para dizer que entre mim e minha mulher amadurecia um "drama doméstico", mas nós dois reprimíamos a sua evolução. Filosofei um pouco porque eu queria mencionar os ridículos meandros do caminho por onde eu andava em busca de mim mesmo.

A minha mulher – em razão da sua natureza alegre – também era refratária às representações dramáticas domésticas – representações que tanto entusiasmam os russos de ambos os sexos, gente "psicológica" em demasia.

Mas mesmo assim os dátilos tristonhos do louro aluno do liceu afetavam-na como a chuva de outono. Com a sua caligrafia bonita e arredondada, ele enchia com esmero umas folhinhas de papel de carta e as enfiava em segredo em todo canto – nos livros, no chapéu, no açucareiro. Ao encontrar essas folhas cuidadosamente dobradas, eu as entregava para a esposa, dizendo:

– Receba, senhora, uma tentativa de praxe de atingir o seu coração.

No início, as flechas de cupido de papel não a afetavam, ela lia para mim os longos poemas e ríamos juntos, ao deparar com versos memoráveis:

Dias, noites – eu e a senhora a dois,
Tudo se reflete em meu coração:
O movimento das mãos, o aceno da cabeça,
A senhora arrulhará qual meiga rolinha,
E como um abutre, em pensamento, vou pairar sobre ti.

Porém, certa vez, depois de ler uma dessas declarações do estudante do liceu, ela disse, pensativa:

– Tenho pena dele!

Lembro que não foi dele que tive pena, e a partir desse instante ela parou de ler os versos dátilos em voz alta.

O poeta, um rapaz atarracado, quatro anos mais velho do que eu, era taciturno, muito afeiçoado a bebidas alcoólicas e excepcionalmente assíduo. Chegando às duas horas da tarde para o jantar, num feriado, ele podia ficar sentado, mudo e imóvel, até as duas horas da madrugada. Assim como eu, ele era escriturário de um advogado, sua distração assombrava ao extremo o patrão bondoso, tratava o trabalho com negligência e muitas vezes falava com rouca voz de baixo:

– No geral, tudo isso é uma bobagem!

– E o que não é bobagem?

– Como vou explicar ao senhor? – perguntava ele, pensativo, levantando na direção do teto os olhos cinzentos e entediados, e não dizia mais nada. Parecia entediado de um jeito particularmente sofrido, como se fosse para se exibir, e era isso o que mais me irritava. Embriagava-se devagar; bêbado, fungava de um jeito irônico – afora isso, eu não percebia nele nada de especial, pois existe uma lei por força da qual, do ponto de vista do marido, um homem que tenta conquistar a sua esposa é sempre uma pessoa ruim.

De algum canto da Ucrânia, um parente rico mandava para o estudante do liceu cinqüenta rublos todo mês; bastante dinheiro naquele tempo. Nos feriados, o estudante do liceu dava bombons para a minha mulher e no dia do seu aniversário lhe deu um despertador – um cepo feito de bronze e, sobre ele, uma coruja que despedaçava uma cobra.

Aquela máquina repugnante sempre nos acordava uma hora e sete minutos antes do horário marcado.

A esposa, que havia parado de provocar o estudante do liceu, passou a tratá-lo com a ternura de uma mulher que se sente culpada de ter destruído o equilíbrio espiritual de um homem. Perguntei-lhe como, na sua opinião, havia de terminar aquela história triste.

– Não sei – respondeu. – Não tenho por ele um sentimento determinado, mas sinto vontade de sacudi-lo. Algo dorme dentro dele e parece que posso despertá-lo.

Eu sabia que ela dizia a verdade – ela queria despertar todo mundo, e nisso ela alcançava êxito com facilidade: desperte o próximo e nele vai acordar um animal. Lembrei-lhe a história de Circe, mas isso não amansou sua ânsia de "sacudir" os homens e vi como gradualmente, à minha volta, crescia o rebanho de carneiros, de bois e de porcos.

Os conhecidos contavam-me generosamente lendas sombrias e espantosas sobre a minha vida doméstica e eu era franco, brutal e prevenia os criadores da lenda:

– Vou quebrar a cara de vocês.

Alguns justificavam-se com mentiras, uns poucos ofendiamse, e não muito. Enquanto isso a esposa me dizia:

– Acredite, com brutalidade não se consegue nada, só serve para falarem coisas ainda piores. Afinal, você não está com ciúmes, está?

Sim, eu era jovem demais e seguro demais de mim mesmo para sentir ciúmes. Porém existem sentimentos, pensamentos e pressentimentos que só dizemos à mulher amada e a mais ninguém. Nas relações com a mulher, há um momento em que o homem se torna estranho a si mesmo e se descobre diante dela, como um crente diante do seu Deus. Quando me passava pela cabeça que tudo aquilo – coisas só minhas e muito minhas – poderia ser contado por ela a algum amigo num momento de intimidade, eu me sentia arrasado, sentia a possibilidade de algo muito parecido com uma traição: quem sabe não é esse receio que está na raiz do ciúme?

Eu sentia que uma vida assim podia desviar-me do caminho que eu seguia. Já começara a pensar que qualquer outro lugar na vida, que não a literatura, não servia para mim. Naquelas condições, era impossível trabalhar.

O que me livrava de grandes escândalos era o fato de, no curso da vida, eu ter aprendido a tratar as pessoas com tolerância, sem perder nem o interesse espiritual nem o respeito por elas. Já então eu via que todas as pessoas eram mais ou menos pecadoras perante o desconhecido deus da verdade perfeita, enquanto perante o homem pecavam sobretudo as pessoas tidas como justas. Os justos são monstros nascidos do coito do vício com a virtude e esse coito não ocorre por coação do vício sobre a virtude – ou o contrário –, mas é o resultado natural do seu matrimônio oficial, em que a necessidade irônica desempenha o papel do pope. O matrimônio é um sacramento por meio do qual dois opostos brilhantes, ao se unir, engendram quase sempre uma mediocridade lamentável. Naquela época, eu gostava de paradoxos – como um menino gosta de sorvete –, sua sutileza me estimulava, como um bom vinho, e o caráter paradoxal das palavras sempre atenuava os brutais e ultrajantes paradoxos dos fatos.

– Acho que seria melhor se eu fosse embora – disse para a minha esposa.

Após refletir, concordou:

– Sim, tem razão! Esta vida não serve para você, eu entendo!

Ficamos tristes e calados por alguns instantes, abraçamo-nos e fui embora da cidade, mas em pouco tempo ela também partiu, foi trabalhar no teatro. Assim terminou a história do meu primeiro amor – uma boa história, apesar do final ruim.

Há pouco tempo, minha primeira esposa morreu.

Em seu louvor, direi: foi uma mulher de verdade!

Sabia viver com o que tinha, mas para ela todo dia era a véspera de uma festa, sempre esperava que no dia seguinte fossem nascer da terra flores novas e extraordinárias, que de algum lugar fossem surgir de repente pessoas interessantes, fossem irromper fatos notáveis.

Tratando as adversidades da vida de maneira jocosa, com um semidesprezo, ela as enxotava como se fossem mosquitos e na sua alma vibrava sempre uma disposição de admirar-se com alegria. Porém já não eram os deslumbramentos ingênuos de uma ex-aluna de colégio interno, mas a alegria saudável de uma pessoa que aprecia o colorido rebuliço da vida, os laços tragicômicos que ligam as pessoas, a torrente dos fatos miúdos que, como grãos de poeira, faíscam nos raios do sol.

Não direi que ela amava o próximo – não, mas gostava de observá-los. Às vezes acelerava ou complicava o desenvolvimento dos dramas cotidianos de pessoas casadas ou enamoradas, habilmente instigava os ciúmes de alguns e viabilizava a aproximação de outros – esse jogo repleto de perigos a empolgava muito.

– O amor e a fome governam o mundo, enquanto a filosofia é a sua infelicidade – dizia ela. – Vivam para o amor, ele é o assunto mais importante da vida.

Entre nossos conhecidos havia um funcionário de um banco estatal: alto, magro, andava devagar e com o ar imponente de uma cegonha, vestia-se com apuro e, examinando-se cuidadosamente, dava piparotes dos dedos secos e amarelos para expulsar da roupa grãos de poeira invisíveis para todos, exceto para ele. O pensamento original e as palavras brilhantes eram seus inimigos, pareciam causar desgosto à sua língua, pesada e rigorosa. Falava de modo pausado, compenetrado e, antes de dizer qualquer coisa – sempre em tom peremptório –, alisava com os dedos frios os ralos bigodes arruivados.

– Com o correr do tempo, a ciência da química adquire cada vez mais importância na indústria de transformação de matérias-primas. A respeito das mulheres, diz-se com total razão que são caprichosas. Entre a esposa e a amante, não existe diferença fisiológica, apenas jurídica.

Eu perguntava a sério para a minha esposa:

– Você é capaz de afirmar que todos os notários têm asas?

Ela respondia com ar de culpa e de pena:

– Ah, não, eu não sou capaz disso, mas asseguro o seguinte: é ridículo alimentar elefantes com ovos estrelados.

Nosso amigo, depois de acompanhar tal diálogo durante uns dois minutos, declarava com perspicácia:

– Parece-me que vocês falam tudo isso sem a menor seriedade!

Certa vez, depois de esbarrar o joelho dolorosamente na perna da mesa, ele franziu o rosto e disse, com toda a convicção:

– A densidade é uma incontestável propriedade da matéria.

Às vezes, depois de levá-lo até a porta, agradavelmente agitada, ardente e leve, minha esposa dizia, meio sentada nos meus joelhos:

– Veja bem como ele é total e absolutamente tolo. Tolo em tudo, até no jeito de andar, nos gestos, tudo é tolo. Eu gosto dele como algo exemplar. Faça um carinho no meu rosto.

Ela gostava quando eu, mal tocando com os dedos a pele do seu rosto, desenrugava pregas quase imperceptíveis embaixo dos seus olhos meigos. E, semicerrando os olhos, encolhendo-se como uma gata, ronronava:

– Como as pessoas são incrivelmente interessantes. Mesmo quando a pessoa não é interessante para todos, me estimula.

Sinto vontade de espiar, como se fosse uma caixinha. De repente, lá se esconde alguma coisa que ninguém percebeu, nunca foi mostrada, e vou ser a única e a primeira pessoa a ver isso.

Em suas buscas de "algo que ninguém percebeu" não havia tensão, ela procurava com o prazer e a curiosidade de uma criança que entra pela primeira vez num quarto desconhecido. E às vezes ela de fato acendia nos olhos embaçados de um homem irremediavelmente entediado o brilho penetrante de um pensamento intenso, mas na maioria das vezes despertava o desejo tenaz de possuí-la.

Gostava do próprio corpo e, nua, ficava diante do espelho, maravilhava-se:

– Como é bem feita, a mulher! Como tudo nela é harmonioso!

Dizia:

– Quando estou bem vestida, sinto-me mais saudável, mais forte e inteligente!

Assim era, de fato: arrumada, ficava mais alegre, espirituosa, seus olhos rebrilhavam com ar de triunfo. Sabia costurar para si lindos vestidos de chita, usava-os como se fossem de seda ou veludo e, vestindo-se sempre com muita simplicidade, parecia-me esplendidamente vestida. As mulheres encantavam-se com suas roupas, é claro – nem sempre com sinceridade, mas sempre de forma ruidosa, sentiam inveja dela e, recordo, uma falou em tom triste:

– Meu vestido custou três vezes mais do que o da senhora e é dez vezes mais feio, olhar para a senhora me deixa magoada e ofendida.

Claro, as mulheres não gostavam dela, é óbvio, inventavam mexericos sobre nós. Uma enfermeira nossa conhecida, muito bonita, porém mais ainda carente de inteligência, me prevenia com generosidade:

– Essa mulher vai sugar todo o seu sangue!

Aprendi muito em companhia da minha primeira mulher.

Mesmo assim me queimava dolorosamente um desespero ante a diferença inconciliável que existia entre mim e ela.

Para mim, a vida era uma tarefa séria, eu via coisas demais, pensava e vivia numa inquietação incessante. No meu espírito, como um coro desafinado, esbravejavam questões estranhas ao espírito daquela mulher excelente.

Certa vez, no mercado, um policial espancou um velho judeu respeitável e caolho porque, ao que parecia, o judeu tinha roubado um molho de rabanetes de um comerciante. Encontrei o velho na rua; coberto de poeira, ele andava devagar, com uma espécie de solenidade pictórica, o grande olho preto fitava severo o céu vazio e abrasador e, da boca partida, o sangue escorria em finos filetes pela barba branca e comprida, tingindo os pêlos prateados com um púrpura claro.

Isso aconteceu trinta anos atrás e ainda vejo na minha frente aquele olhar, voltado para o céu numa recriminação muda, vejo como tremem no rosto do velho as agulhas prateadas das sobrancelhas. Os ultrajes infligidos a um homem não se esquecem – e não serão esquecidos!

Cheguei em casa completamente esmagado, desfigurado pela angústia e pela raiva, impressões como aquela me arrancavam para fora da vida, eu me tornava uma pessoa estranha à vida, um homem a quem, de propósito – para o seu tormento – mostram tudo o que há de sórdido, estúpido e horrível no mundo, tudo o que pode ultrajar o espírito. E eis que nessa hora, justamente nesse dia, vi claramente como estava distante de mim a pessoa que me era mais próxima.

Quando lhe contei sobre o judeu espancado, ela se admirou muito.

– E por isso você fica doido? Ah, que nervos fracos você tem!

Depois perguntou:

– Você diz que o velho era bonito? Mas como pode ser bonito se é caolho?

Todo sofrimento era seu inimigo, ela não gostava de ouvir relatos sobre infelicidades, poemas líricos quase não a tocavam, o sofrimento raramente inflamava o seu pequeno coração alegre. Seus poetas preferidos eram Beranger e Heine, o homem que sofria rindo.

Em sua relação com a vida, havia algo semelhante à confiança de uma criança na ilimitada habilidade de um mágico – todos os truques apresentados são interessantes, porém o mais interessante ainda está para vir. Vão apresentá-lo agora mesmo, talvez amanhã – um dia vão apresentar.

Penso que também no instante da morte ela ainda esperava ver esse último truque, totalmente incompreensível e de uma habilidade espantosa.

1923

❯❯❯ POR ÁGUA, FOGO E CANOS DE COBRE

Boris Schnaiderman

Nos anos estranhíssimos que se seguiram à Revolução bolchevique, na Rússia, ouvi com freqüência esta frase feita, proferida por alguém sobre as vicissitudes que havia sofrido. "Eu asseguro a vocês: já passei por água, fogo e canos de cobre" – costumava dizer então um primo adolescente (por razões de eufonia em russo, esses substantivos seguiam-se em ordem um pouco diferente).

Essa frase ressoa com insistência em meus ouvidos, sempre que volto à trilogia autobiográfica de Górki. Pois, na realidade, é um texto a que devemos voltar sempre, dada sua vitalidade e exuberância. E isso passa realmente por um caminho de paus e pedras.

A meu ver, pouquíssimos escritores souberam extrair tanto, diretamente, da experiência vivida. Não se tem aí "um homem em toda a verdade da natureza", como queria Rousseau, nem a luta incessante com o "pecado", que nos relata Santo Agostinho nas *Confissões*. Tudo é visto com aparente naturalidade, tudo parece mais simples, mais direto, e a grande verdade vem do mundo externo.

O jovem Górki vê a maldade que existe em volta e ele a apresenta sem rebuço ou qualquer propósito moralizante. Estamos longe do teorizador do realismo socialista, que o escritor se tornaria mais tarde, e para quem o povo simples seria o depositário das maiores virtudes.

O que se tem na trilogia é o ritmo solto da narrativa, o grande relato que se espraia no livro, como se repetisse em termos literários a vastidão das estepes. Ou as cheias periódicas do Volga, em sua confluência com o Oká.

Se existe pureza e virtude altiva numa pessoa, ela se revela na trilogia pelas ações, mais do que por um comentário do autor. E essa pureza e altivez podem estar encarnadas, por exemplo, em mulher que se prostituiu, como é o caso da lavadeira Natacha, de *Ganhando meu pão*.

Chega a ser surpreendente a intensidade da simpatia de Górki pelos que se desviaram da senda previsível. Isso aparece de modo franco e desabusado, bem diferente da comiseração quase melosa, como se lê em alguns de seus contos, sobretudo "Certa vez, no outono".[1] E, de modo geral, o ritmo largo da narrativa marca muito bem a superação daquela prosa próxima da poesia, no mau sentido, que havia provocado a reação bem negativa do escritor Vladímir Korolenko, muito conhecida na época. E que também suscitava fortes críticas de Tchekhov,[2] que se tornara seu amigo e revelava por ele sincera admiração. Aliás, Tolstói também lhe fazia muitas observações sobre seus escritos, conforme o então jovem escritor registrou mais de uma vez.[3]

Estes três livros autobiográficos estão certamente no ápice do que Maksim Górki produziu. Mas temos de reconhecer: eles não estão sozinhos. Desigual, às vezes até contraditória,

1 Máximo Górki, "Certa vez, no outono", in *Contos*, seleção, tradução, prefácio e notas de Boris Schnaiderman, 2ª ed. Rio de Janeiro: Philobiblion, 1985.

2 Incluídas em Sophia Angelides, *Carta e literatura: correspondência entre Tchekhov e Górki*. São Paulo: Edusp, 2001.

3 Sobretudo em seu livro de reminiscências sobre ele, do qual existem várias traduções para o português, entre as quais: Máximo Górki, *Leão Tolstói*, trad. Rubens Pereira dos Santos. São Paulo: Perspectiva, 1983.

sua obra tem momentos intensos, que devem ser valorizados justamente agora, quando a velha adoração deu lugar a uma condenação em bloco. Certamente, poucas vezes um autor teve a sua imagem atirada com tanta violência na lama, depois de glorificada ao extremo.

Sem dúvida, não podemos deixar de lado outros textos autobiográficos de Górki. Em conjunto, eles parecem um coro múltiplo e variado, tão variado que às vezes custa acreditar que tenham sido escritos pelo mesmo autor. Mas dá gosto acompanhar o jovem Górki, e depois o escritor maduro, em suas andanças e desventuras, não só nesses momentos de entrega a um ritmo largo, e também na abordagem de outras vivências e estados de ânimo.

Como contraponto à trilogia, penso sempre num livro que não foi muito traduzido e provavelmente não existe em português. Chama-se *Notas de um diário – Reminiscências* e contém uma narração de episódios, alguns referentes aos dias incríveis que se seguiram à Revolução de 1917. Aliás, Górki me parece insuperável nessa capacidade de captar o essencial de um momento histórico e nos dar a impressão de projetá-lo numa tela. Deste modo, o que parecia episódico e jornalístico se torna realmente grande literatura.

Assim como no livro há pouco citado, isso aparece de modo impressionante numa série de escritos realmente para jornal, neste caso o diário *Nóvaia Jizn* [Vida Nova], dirigido por ele em 1917. Publicou ali artigos políticos, de oposição frontal aos bolcheviques, dos quais fora adepto e que financiara com seus direitos autorais. Eles foram reunidos no livro *Pensamentos extemporâneos*, publicado então por uma editora russa de Berlim, e que só pôde sair na Rússia após a *glasnost*. Ele expressa aí claramente o temor de uma revolução social, dado o embrutecimento em que vivia a população pobre, e que aparece expresso com tanta veemência na trilogia.

Mas, além desses artigos políticos, publicou no mesmo jornal uma série de crônicas com um quadro bem vivo do cotidiano nas vésperas da Revolução de 1917. São particularmente impressionantes as páginas sobre o acirramento das tensões, que houve então, como as que descrevem o linchamento de um larápio numa feira de Moscou.

Evidentemente, são textos que não podiam ser incluídos em suas obras completas do período soviético.

Que eu saiba, nada disso existe em português, com exceção de "Nove de janeiro", escrito que não é propriamente um conto, mas assim mesmo foi incluído por mim na antologia de Górki, *Contos*, que organizei para a editora Civilização Brasileira na década de 1960,[1] e que descreve o *Domingo sangrento*, isto é, os acontecimentos de 9 de janeiro de 1905, o início da Revolução daquele ano, quando uma verdadeira multidão de operários em greve, acompanhados de suas mulheres e filhos, foram pedir ao tsar melhores condições de vida e foram massacrados pelos cossacos. Górki participou de uma tentativa de evitar o massacre, contra o qual protestou com veemência, o que lhe valeu mais de um mês de prisão.

Agora, depois de tantos anos, o que nos parece postiço é o toque ufanista que o próprio Górki procurou imprimir depois à literatura soviética, inclusive sua própria, e que destoa tanto do tom geral da trilogia. Basta lembrar, nesse sentido, a exclusão das suas obras, pelas editoras soviéticas, de um livro em que ele registrou as brutalidades do cotidiano do camponês russo. Nos anos em que me dediquei mais à obra de Górki, acabei lendo esse livro em francês, pois era impossível encontrá-lo em russo.[2] Mas, pensando bem, ele apenas detalha, embora com muita

1 Cf. p. 260, nota 1.

2 Maksim Gorki, *Lénine et le paysan russe*, trad. Michel Dumesnil de Gramont. Paris: Kra, 1924.

emoção e inegável toque pessoal, determinados aspectos da vida russa para os quais Górki já havia apontado na trilogia.

Esta me parece absolutamente indispensável também para compreender melhor suas reminiscências sobre personalidades com que ele conviveu, pois sempre as examina em função de sua experiência pessoal. Assim, a veemência e a profunda penetração com que soube ver a personalidade de Tolstói têm tudo a ver com o que deixou escrito nesses três livros.[1]

Para um leitor inveterado de Górki, eles estão presentes em tudo o que escreveu de melhor, mesmo quando fala em terceira pessoa. Um romance como *O negócio dos Artamonov*, certamente um dos pontos altos da ficção gorkiana, tem relação direta com os textos da trilogia. E o próprio teatro que escreveu tem também como pano de fundo aquele vasto painel.

Na obra tão extensa de Górki, tão cheia de altos e baixos, a trilogia constitui, pelo menos no meu entender, um conjunto homogêneo e rico e que faz eco a tudo o que ele produziu de melhor.

1 Cf. p. 260, nota 3.

GÓRKI, ROSE, A. TOLSTÓI, A. M. REMISOV E A. P. PINKEVICH

» SOBRE O AUTOR

Aleksiei Maksímovitch Piechkóv, que se consagrou na literatura com o pseudônimo de Maksim Górki, isto é, Máximo, o Amargo, nasceu em Níjni-Nóvgorod, em 1868, e morreu em 1936.

Sendo um daqueles autores que mais escreveram sobre sua experiência pessoal, é, ao mesmo tempo, um dos menos compreendidos em várias passagens de sua biografia, pois as tormentas do século parecem ter se encarregado de apagar as pistas para uma compreensão cabal.

Filho de um estofador, viveu até os dez anos com o avô materno, sofrendo, então, profunda influência da avó, cuja imagem fixaria com tanto carinho em *Infância* e em *Ganhando meu pão*. Freqüentou escola em 1876-77, executando pequenos serviços para ganhar a vida. Os passos seguintes são bem conhecidos pelos leitores de *Ganhando meu pão*, o segundo livro desta trilogia autobiográfica: seu emprego numa sapataria, aos dez anos; o trabalho no escritório de um arquiteto; a vivência como lavador de pratos num navio do Volga e, depois, a volta à casa do arquiteto.

(Quer antes da Revolução de Outubro, quer depois, foi-lhe apontado mais de uma vez que ele não era propriamente de origem operária, como se esta fosse absolutamente indispensável para alguém atingir a sua posição de escritor revolucionário.)

Transferiu-se em 1884 para Kazan, na esperança de ingressar na universidade local, o que não conseguiu, sofrendo, naqueles dias, grandes privações, que narraria em *Minhas universidades* e vários contos. Foi jardineiro, estivador, cantor de coro e, finalmente, padeiro. Na mesma época, ligou-se a um grupo de populistas, mas, desde cedo, não parecia muito inclinado a aceitar a exaltação do mujique, típica daquele movimento, o mesmo camponês que ele conhecia bem e que lhe parecia longe de encarnar as maiores virtudes humanas.

Não conseguindo encontrar um sentido para a existência, tentou suicidar-se, perfurando um pulmão a bala. Internado, conseguiu restabelecer-se, mas aquele ferimento contribuiu para o aparecimento da tuberculose, da qual sofreria pelo resto da vida.

Passou os três anos seguintes em andanças pelo sul do Império, quando conheceu de perto os vagabundos que seriam personagens de suas primeiras obras. Regressou a Níjni-Nóvgorod em 1890, sendo então preso, devido a vagas suspeitas de atividade revolucionária. Solto, passou a interessar-se pelo nascente movimento marxista russo. Mostrou, na época, um poema a Korolenko, que o criticou severamente. Reiniciando as suas andanças, desceu o Volga, atravessou a Ucrânia, em direção à Bessarábia, dirigiu-se a Odessa, dali à Criméia e, costeando o mar Negro, chegou a Tiflis (hoje Tbilíssi, nome autóctone de que Tiflis é a forma russificada), na Geórgia, percorrendo milhares de quilômetros a pé. Um jornal de Tiflis publicou, em 1892, o seu primeiro conto. Em pouco tempo, tornou-se conhecido como escritor e jornalista.

Passando a residir em Samara, constituiu família, mas, pouco depois, perderia o emprego, devido à amargura e franqueza com que escrevia. De regresso à cidade natal, foi secretário de um advogado e colaborou na imprensa, sendo a rebeldia dos seus escritos notada tanto pela censura como pelos revolucionários. Em março de 1898, saiu o seu primeiro livro de contos, rejeitado anteriormente por diversas editoras. Conheceu, então, um êxito estrondoso e tornou-se, do dia para a noite, uma das figuras literárias mais famosas do país.

As consideráveis somas que recebeu como direitos autorais foram quase inteiramente dedicadas ao movimento revolucionário, que ajudou também com a pena e com as facilidades advindas de sua imensa popularidade. Em 1901, foi preso pela terceira vez, mas obteve a liberdade pouco depois, graças à intercessão de Tolstói, sendo, porém, proibido de residir em sua cidade natal. Eleito membro honorário da Academia de Ciências, a eleição foi anulada por um ato do tsar, após o qual Tchekhov e Korolenko se demitiram da mesma academia, em sinal de protesto.

As primeiras peças de Górki, *Os pequenos-burgueses* (tão importante no Brasil a sua encenação pelo Teatro Oficina, dirigida por José Celso Martinez Corrêa e tendo num dos principais papéis o russo-brasileiro Eugênio Kusnet) e *No fundo* (conhecida em nosso país pelo título antigorkiano de *Ralé*), estrearam na Rússia com grandes restrições por parte da polícia, e a segunda dessas duas foi autorizada somente porque o governo esperava um fracasso completo. No entanto, a sua apresentação pelo Teatro de Arte de Moscou foi um grande êxito de público, e em pouco tempo tornou-se uma das peças russas mais representadas internacionalmente.

Preso mais uma vez em 1905, na esteira dos acontecimentos revolucionários, o governo se viu obrigado a soltá-lo, depois de protestos no mundo inteiro. Participou das manifestações de outubro em Moscou. Após o fracasso da rebelião de dezembro, deixou o país e foi para o estrangeiro coletar fundos para a revolução.

Sua chegada aos Estados Unidos, em abril de 1906, constituiu um triunfo. No entanto, a embaixada russa em Washington, que não conseguira impedir a sua entrada no país, divulgou a notícia de que a atriz Andréieva, que o acompanhava, não era sua esposa, e, em pouco tempo, a imprensa norte-americana mudou de atitude. O casal foi expulso do hotel no meio da noite, o presidente da República Theodore Roosevelt cancelou a recepção para Górki na Casa Branca e houve outras conseqüências desagradáveis, até ele regressar à Europa. Suas impressões dos Estados Unidos resultaram no livro *A cidade do diabo amarelo* (no caso, Nova York).

De passagem por Paris, teve uma polêmica violenta com intelectuais que o haviam defendido contra a prepotência tsarista, mas que se mostraram indignados com os termos de um artigo seu contra a concessão, pelo governo francês, de um empréstimo ao governo russo.

Estabeleceu-se em Capri em fins de 1906. No ano seguinte, participou, com a facção bolchevique, do congresso de Londres do Partido Social-Democrático dos Operários Russos. Em Capri, organizou uma escola para revolucionários, mas esta foi, pouco depois, desaprovada por Lênin, pois Górki estava então sob a influência de vários ativistas políticos que tendiam a uma concepção religiosa do movimento revolucionário. Esta marca se percebe claramente nos livros que escreveu então. Manteve correspondência com Lênin sobre esse assunto.

Após o início da Primeira Guerra Mundial, voltou à Rússia e apoiou a luta com a Alemanha, enquanto os bolcheviques moviam campanha contra a guerra.

Com o advento do regime de Kérenski, dirigiu o diário *Nóvaia Jizn* (Vida Nova), no qual fez críticas violentas a Lênin e seus companheiros. Mostrava-se então muito assustado com o caráter violento que teria uma revolução social na Rússia, e considerava os bolcheviques duros, prepotentes, implacáveis.

Deflagrada a Revolução de Outubro, dedicou-se particularmente à preservação dos valores culturais, em meio ao caos, e dirigiu-se freqüentemente ao governo, pedindo medidas para a proteção de obras de arte, auxílio material a intelectuais, comutação de penas de morte etc. Devotou-se também à orientação de atividades literárias sob o novo regime. Em 1919, passou a chefiar uma coleção de obras internacionais, a serem publicadas pelo Estado. Por insistência de Lênin, viajou para o estrangeiro em 1921, a fim de tratar da saúde, estabelecendo-se então em Sorrento, na costa Amalfitana.

Residindo no exterior, sua atitude era a de um defensor da Rússia soviética, para a qual viajou várias vezes. Na época, foi bastante hostilizado pelos russos emigrados, e geralmente respondia-lhes no mesmo tom. Mas, por outro lado, mantinha relações de amizade e de troca intelectual com escritores e poetas que se estabeleceram no Ocidente.

Regressou à Rússia em 1928, sendo recebido com grandes festividades. Nessa fase, mostrou-se particularmente preocupado com a situação internacional e procurou estimular a formação de uma frente internacional de intelectuais, contra a guerra e o fascismo. Poucos anos depois, a situação seria completamente diversa, com a guerra inevitável contra o fascismo, mas, naqueles anos, ainda se erguia o lema antibélico e antifascista.

Tornou-se um defensor extremado das instituições soviéticas, passando a considerar necessária mesmo a violência para a eliminação dos vestígios do passado. No período dos processos de Moscou, chegou a pedir publicamente mais repressão, e é sabido o que isso significava.

A partir de 1934, ano do Primeiro Congresso de Escritores da União Soviética, foi considerado o grande teorizador do realismo socialista, definido geralmente como o método da arte e da literatura que exigiria uma representação verídica e historicamente correta da realidade e de seu desenvolvimento revolucionário. E isso levou a extremos, no esmagamento de quaisquer atividades culturais que se afastassem do modelo exigido.

Ao mesmo tempo, as últimas obras de Górki eram apresentadas como o ideal em literatura. Um episódio ilustra bem o clima que se criou em torno dele. Numa visita que Vorochilov e Stálin lhe fizeram, leu para ambos um poema de sua mocidade, "A jovem e a morte". Pois bem, o chefe supremo escreveu então sobre a página do livro: "Esta coisinha é mais forte que o *Fausto* de Goethe (o amor vence a morte)". Depois de tanto lugar-comum e das estátuas de bronze que eram erguidas em sua homenagem, custa a crer que se tratava do mesmo Górki de *Ganhando meu pão* e tantos outros livros marcados pela exuberância de temperamento e pela veemência humana.

Todavia, houve quem interpretasse de modo diferente a sua posição. Assim fez Ievguêni Zamiátin, o grande ficcionista do romance *Nós* e de tantos contos, obras de uma lucidez extraordinária, e que conseguira deixar a Rússia em 1931 para residir em Paris, graças à intervenção de Górki. Zamiátin escreve em 1936 (!), após a morte do autor de *Infância*, que ele havia exercido uma influência benéfica sobre Stálin nos longos passeios a pé que faziam juntos, cada um com a sua casa de campo a uns cem quilômetros de Moscou. Dois anos depois, foi anunciado que Górki havia morrido em conseqüência de tratamento intencionalmente errado, devido a uma conspiração de inimigos internos, ligados (a acusação de sempre!) a potências estrangeiras.

Nos últimos anos, têm saído na Rússia muitos materiais sobre Górki, inclusive livros que não foram incluídos nas edições soviéticas de obras completas. Pessoas que o conheceram ou tiveram relação direta com sua atuação têm publicado trabalhos e mais trabalhos, mas certas passagens de sua biografia continuam sendo um enigma.

Em *O arquipélago Gulag*, Soljenítzin apresenta Górki como conivente com o terror stalinista e não vê nenhuma atenuante em sua atuação. Aliás, refere-se a ele sobretudo a propósito de uma visita feita a Solovki, ilhas do extremo Norte, onde estava instalada uma prisão terrível. Mas o importante historiador da cultura, Dmítri Likhatchóv, que esteve aprisionado ali, escreveu recentemente sobre aquela visita: "Deram-lhe a entender que, se ele não fizesse nenhuma crítica ao regime vigente na prisão, este seria abrandado. [...] Górki cumpriu a palavra, e os carrascos, não".[1]

Surgiram também nos últimos anos muitas versões sobre a sua morte. A que aparece com mais insistência é a de que Stálin mandou envenená-lo. Há também suposições de que ele estaria implicado numa conspiração.

B. S.

1 *Rossíiskaia Gazeta*, 27/1/1992, apud Vadim Baranov, *Górki sem maquiagem* (*Górki biez grima*). Moscou: Agráf, 1996.

CRÉDITO DAS IMAGENS

P. 15: biblioteca da universidade. Kazan, 1905.
© AKG/LatinStock.

P. 264: Maksim Górki, Rose, Alexiei Tolstói, Alexiei M. Remisov e A. P. Pinkevich. Berlim, 1922.
© AKG/LatinStock.

ORELHA: Maksim Górki.
© Corbis/LatinStock.

CAPA Ilustração baseada em gravuras *lubok* russas

Coordenação editorial PAULO WERNECK
Projeto gráfico FLÁVIA CASTANHEIRA
Assistência editorial ÉVIA YASUMARU
Revisão MARIA LUIZA BARBARA, RAUL DREWNICK e REGINA PEREIRA
Tratamento de imagens WAGNER FERNANDES

Dados Internacionais de Catalogação na Publicação (CIP)
(Câmara Brasileira do Livro, SP, Brasil)

Górki, Maksim [1868-1936]
Minhas universidades: Maksim Górki
Título original: *Moi universitety*
Tradução e prefácio: Rubens Figueiredo
Posfácio: Boris Schnaiderman
São Paulo: Cosac Naify, 2007
280 pp.

Caixa Górki ISBN 978-85-7503-652-5
ISBN 978-85-7503-651-8

1. Escritores russos – Memórias autobiográficas 2. Górki, Maksim, 1868-1936 I. Figueiredo, Rubens II. Schnaiderman, Boris III. Título IV. Série

07-6665 CDD 891.7803

Índices para catálogo sistemático:
1. Escritores: Memórias: Literatura russa 891.7803
2. Memórias: Escritores: Literatura russa 891.7803

COSAC NAIFY
Rua General Jardim, 770, 2º andar
01223-010 São Paulo SP
Tel [55 11] 3218 1444
Fax [55 11] 3257 8164
www.cosacnaify.com.br

Atendimento ao professor [55 11] 3218 1473

FONTES Dextor e ITC Esprit
PAPEL Pólen soft 80 g/m²
IMPRESSÃO Geográfica
TIRAGEM 4000